現代韓国政治の解明

——民主化前期の政策過程を中心として

洪 性暢 著

WORLD DOOR

〔目　次〕

序章　転換する韓国政治——権威主義体制から民主主義体制への移行

第一節　本研究の目的と課題

新型コロナウイルス禍を、安倍首相は二〇二〇年四月一〇日、「第三次世界大戦と表現した」と首相と面会したジャーナリストの田原総一朗が明らかにした。(1) この戦争をいかに成功裡に終結させるかについて、アメリカをはじめ先進諸国のリーダーはその手腕を競い合った。その最中の四月一五日、韓国では総選挙が行われた。総選挙とは国会議員の選挙である。行政府の首班の選択は、五年に一度行われる大統領選挙であり、それは二〇二二年三月九日に行われた。その結果、保守系最大野党「国民の力」の尹錫悦《ユンソンヨル》前検事総長（61）が一〇日未明、当選を確実にした。革新系与党「共に民主党」の李在明《イジェミョン》前京畿道知事（57）との異例の大接戦を制した。

二年前に行われた国会議員の選挙では新型コロナウイルスの拡散を防止するためのあらゆる手立てが施された上で、選挙は滞りなく整然かつ公正に実施された。このことを可能にしたのは、新型コロナウイルス禍にＩＴを活用して対処するという文大統領を長とする行政府が示した先駆的で効率的な行政能力であった。選挙の結果は、直前の予想とは逆に、与党の圧勝であった。それは新型コロナウイルス感染拡大の阻止に成功したことに対する国民の

評価であったと伝えられている。(2)

このように新型コロナウイルス禍という「第三次世界大戦」の最中に総選挙が公正かつ整然と行われたことは、新型コロナウイルス感染拡大の阻止に一定の成果を収めつつある他の先進自由民主主義諸国と比べても高く評価されている。ところが、こうした事は四一年前の韓国では想像すら出来ない出来事であったと言える。時計を四一年前の一九八〇年に戻すことにしよう。

当時の韓国は、一九六一年の軍事クーデターで政権を掌握した朴正熙大統領が、一年前の一九七九年に、彼の側近中の側近によって暗殺された直後であった。その権力の空白を埋めたのは、「ハナフェ（一つの会、または一心會、韓国語:하나회）」と称する朴正熙の忠実な部下である一部の将校団であった。彼らは韓国のエリート校の陸軍士官学校の第一一回卒業生で、朴正熙の出身地である慶尚北道出身の軍人の集まりであった。この集団は朴大統領を太陽と仰ぎ、心を一つにして彼に忠誠を誓った秘密結社である。この軍人集団のリーダーであった全斗煥は、クーデターを再び敢行して権力を掌握し、軍事政権を延命させた。朴政権の下で強権的支配によって抑圧されていた民衆は、この全斗煥政権の登場に反対した。それに対し、全斗煥は軍隊を動員して反政府活動を鎮圧した。軍事政権の下で抑圧されてきた民衆を代表する野党の強固な地盤であった全羅南道の道庁所在地の光州では、市民による反政府デモが激化した。全斗煥は一九八〇年五月一八日、軍隊を投入してそれを弾圧した。世に言う「光州事件」である。軍隊が、敵ではなく自分の同胞に銃を向けた、人権無視の虐殺であった。こうして韓国では一種の内乱状態が生まれたのである。このような内乱状態にあった韓国において、その四一年後、今日のように先進諸国と比肩しても劣らない自由民主主義が花開いているのは何故か。そして四一年前の光州事件を彷彿させるミャンマーの軍事クーデターとそれに反対して立ち上がったミャンマーの民衆に対する軍部の弾圧に対して抗議し、かつ民衆の民主化運動に連帯を表明する動きが世界で起こったが、その中でいち早く動いたのが韓国であった点に止目してもよかろう。こう

した驚くべき変化をもたらしたのは何だろうか。

それは、長い間抑圧されてきた民衆の現状打破を求めるエネルギーが「政治の世界」[3]において爆発し、それに動かされた与野党の政治的エリートたちの合意の下、対応としてとられた韓国政治の民主化への軌道修正であったと言えよう。論者によっては「保守的民主化」[4]と言われるが、この民主化へ向けての軌道修正が、その後の民衆による現状打破のエネルギーが制度的チャンネルへと流れ込むことを可能にした新しい制度改革となって展開されることになる。その後も、こうした制度改革から既得権益を守ろうとする新旧軍事政権の中核から成る体制側の政治的エリートと、「民主的」改革を求める保守的野党指導者との間に権力闘争が展開され、その成り行きのポジティブな面の結果が今日の韓国に出現した自由民主主義体制であると言っても過言ではなかろう。

本研究は、一九八七年を境に韓国政治を転換させた分岐点となった「六・二九民主化宣言」を軸に、それ以前については、政策決定の中枢制度であった韓国的大統領制の成立とその展開という政治過程に、それ以降については、政策過程を動かす政治システムの駆動力である政治過程の動向の中で展開された韓国における権威主義体制から民主主義体制への移行を目指す政策過程について、政治・社会・経済の三つの分野の事例を取り上げて解明し、今日の韓国政治において民主主義が開花することになるその前提となる実質的立憲主義の定着化過程の特徴と、その政治力学を明らかにすることを課題としている。

韓国の政治研究における第一人者の一人である任爀伯教授は、その著書『一九八七年以後の韓国の民主主義』の中で、権威主義体制から民主主義体制への移行には多様な道があり、とりわけ南米、そしてソ連崩壊後の東欧、南欧における権威主義体制から民主主義体制への移行の多様な形態に関する比較政治学的分析を行った現代アメリカ政治学の成果、とりわけホアン・J・リンス（Linz）の民主化の二段階説を採用して、一九八七年以降の韓国における民主主義の展開を解明している。[5]二段階説というのは、本格的な民主主義が実現されるその前提としての手続き的な民主主義、つまり公正な選挙が行われる制度作り、そして人権を抑圧する国家の暴力装置をいかにして法の支配の中で馴致させるか、この二つの点がまず実現される過程を消極的なデモクラシーと規定し、次にこの二つが実現された後に、人権保障の社会経済的裏付けとなる福祉制度の確立および下からの市民の政治参加の活性化を通じての本格的な民主主義の実現がなされる段階を積極的なデモクラシーと規定している。任教授はこの主張に依拠して民主化宣言から二〇〇二年の盧武鉉政権成立までの約一五年間のいわゆる三金（金泳三・金大中・金鍾泌）政治、とりわけ金泳三・金大中の二人の大統領による軍部主導下の権威主義体制の自由民主主義体制への転換を企てた様々な政策がみられるが、この一五年間を消極的な民主主義と規定している。私も、この民主化の二段階説に拠るが、消極的民主主義段階を民主化の前期段階と捉え直して、本書ではこの民主主義の前期段階を本格的に開花させるための前提条件となる実質的立憲主義を韓国に根付かせるための様々な制度改革が政治・社会・経済分野において遂行されているが、この三つの分野における民主主義を実現するための制度改革をめぐる政策決定過程を取り上げ、韓国における民主主義と東欧、あるいは南アメリカにおける民主化過程との違いを明らかにしたいと思う。

なお、シカゴ大学で博士の学位を取得した任教授は、アメリカ現代政治学を自家薬籠中の物としており、現代政治学の権威主義体制から民主主義体制への移行に関する研究を韓国政治分析に積極的に取り入れて、まとめたその成果を上記の著作に公表しているが、この著作の内容を含めて、一年前に英語で書かれた著作（*Democratization and Democracy in South Korea, 1960-Present*）においても、一九六〇年から現在までの韓国における民主主義の展開を活写している。その中で、民主主義の前期段階は、リンスやステファン、カンサが言う次の五つの事が実現されていることが重要であると指摘している。その五つは次の通りである。①自由で活発な市民社会、②相対的に自立した政治社会、③実効的な法の支配、④憲法によって制限された国家官僚制、⑤制度化された経済社会。[6]

この五つの事を実現する政策過程のケーススタディを公共政策論のアプローチを用いて分析したのが本書の特徴

の一つでもある。

思えば、筆者をして本研究へと駆り立てた動機、つまり本研究の目的は、筆者の祖国の有り様についての次のような勝手な思い込み、ないしは偏見を学問的な形で昇華することであったと言えよう。歴史的パースペクティブの中で朝鮮半島の政治体の自律性の来歴を考察するならば、それは圧倒的に地政学的な制約の下にあったと言えよう。周辺の覇権国の交代などによる若干の変化はあったが、そうした制約に政治体は抵抗して破滅するか、あるいは適応・順応するか、はたまた折り合いをつけながらその存続を確保するために絶えまざる苦闘を続けるか、いずれにせよ多様な形態の対応がとられた。地政学的な制約があまりにも強く作用したために、そうした制約をあまり受けずに政治体の自律性を維持出来た島国の日本と違い、朝鮮半島の政治体はその自律性が歪められ、歪な方向へと抑制されてきたと言っても過言ではなかろう。それが今日の韓国政治の特徴であると、筆者は考えている。

高等学校を卒業し、国民の義務として軍隊に徴兵され、休戦ラインで特殊部隊の一員として同族の北朝鮮軍と対峙する生活を三年間送った。その間考えたことは、自分を含めて韓国人は、日本のような先進国の国民が享受している個人の自由が、何故これほどまでに抑制され続けているのかということであった。その疑問を解く鍵はどこにあるのか、それを探し求めた。その鍵を探す方法として日本への留学を試み、学部で「政治学原論」の講義を受け、そして大学院へ進み、諸先生の指導を受けながら、アメリカ現代政治学の理論を用いて、その鍵を探し求めた。そこで気付いたのは、千数百年間の半島の歴史を振り返って考察すると、韓国には地政学的制約が外から重くのしかかっている冷厳な事実があるという点であった。その冷厳な事実の現代における政治的表現が、冷戦とともに作り出されたアメリカの対ソ包囲網の最前線の反共の砦として作り出された大韓民国と称される国家体制であった。

従って、韓国政治の特徴は地政学的な制約の中でまず大枠が決められ、次に分断国家として同胞が休戦ラインを挟んで敵対関係の中で生活するよう強制されている状態にあると思い至った。同じ分断国家ながら、西ドイツは韓国よりも比較にならないほど国民の自由が大きく保証されていることに気付いた。西ドイツは、韓国と同様にアメリカの自由主義陣営に属し、同じくソ連の侵略に対する防衛戦の最前線にあるにも関わらず、さらに言えば日本と同様に第二次世界大戦の敗戦国でありながら、自由民主主義が花開いて国民の自由が保障され、社会経済的にも国民の命が等しく尊重されているのは何故か。その理由は、ドイツでは近代国家の確立が韓国より約一〇〇年早く開始され、幾度の挫折の末に、第二次世界大戦後にようやく自由民主主義体制の近代国家の実現に成功している点にあるとの認識にも至った。

こうした思考の末、韓国で国民が不自由なのは、「個人の生命、自由、財産」を保障することを目的とする近代国家が本格的に根づいていないからであるということに思い至った。確かに、韓国では、形式的には近代国家の制度が導入されてはいる。しかし、それは形ばかりであり、あるいは表面だけであると言っても過言ではない。実際、自由民主主義体制を運営できるほど国民が政治的に成熟していない上に、自由民主主義の定着化には親和的ではない政治文化が存続し、さらに李氏朝鮮時代や日本帝国の植民地時代の悪しき遺産も清算されず、政治体の自律性が外圧と過去の遺産の重層的結合によって大いに歪められている。こうしたことを知った。そして、この過去の悪しき遺産の清算が、一九八七年の「六・二九民主化宣言」以後の韓国が自由民主主義の実現のために取り組まなければならないもう一つの課題であることをも知った。

二〇世紀が欧米先進国で確立された近代国家モデルが世界各地に拡散し移植されていった歴史であったと解釈されるならば、一九八七年以降の韓国における民主化へ向けての一連の制度改革は近代国家モデル導入の試行錯誤の試みであったとも見られよう。欧米先進国とは歴史的条件や社会経済的条件および政治文化の異なるところで、移植される制度がその本来の機能と違うものに変容する可能性もあるのは当然と言えよう。そうした態様の変容を探り、韓国的近代国家の特徴を解明することが必要であると考えるようになった。

筆者は韓国における個人の権利と自由が地政学的な制約によって抑制されてきたことを理解している。それにもかかわらず、そうした制約と折り合いをつけながら、韓国がどのようにして先進国の国民と同様の個人の権利と自由が保障される政治体へと近づこうとしたのか、つまり韓国政治の民主化への道を学問的に解明しようと試みたのが、本書を執筆する動機であり、本書の目的である。

第二節　分析視角と各章の概要

1　先行研究と本研究の関係

日本における韓国政治に関する先行研究は、韓国の政治体制の変化が激しいので、政治を不安定化させている要因を政治的エリート達のイデオロギー的対立とそれに伴う権力闘争に求めて、それに関する政治史の研究が多い。そうした研究は参考文献に挙げているので、ここではその個々の業績を紹介することは差し控えることにした。

本研究の主題と関係するものとして、二一世紀に入って、韓国の民主化を制度的に促進しているとみられる憲法裁判所[7]や選挙制度改革の紹介や[8]、社会保障体制に関する研究[9]、そして経済・財政政策[10]、外国人労働者受け入れ政策[11]についての個別研究も公刊されており、韓国政治の多様な側面の研究が現れている。また、代表的な通史として、木村幹『韓国現代史――大統領たちの栄光と蹉跌』（二〇〇八）は、韓国政治の局面転換を主導してきた大統領等について、その伝記や政治活動を中心に紹介している。木村の研究とは正反対の分析視角、つまり下からの社会運動の成立と発展の視点から韓国政治について概観した通史が、文京洙『新・韓国現代史』（二〇一五）である。同書は、民衆による下からの民主化を求める動きと体制側の対応が織りなす緊張関係を中心に、韓国における民主化の性格を明らかにしている。さらに、韓国という国家の成立から民主化への展開を国際政治の動態の中で捉えた、木宮正史『国際政治の中の韓国現代史』(二〇一二)がある。本研究は、この三つの研究から大いに示唆を受けている。

こうした先行研究と本研究の違いは次の点にある。

第一に、一九八七年の第六共和国憲法制定以前の韓国政治に関して、政策アクターは政策決定権力の中枢の大統領一人であるか、場合によっては大統領とその側近であるという政治体制の下での政治過程について、本研究は「歴史的制度論」を用いて分析している。それは、この時期に関しては韓国の政治過程の分析には「歴史的制度論」が適していると考えたからである。一方、第六共和国成立後の初期段階における政治、社会、経済の三つの分野での民主化の前期段階の基盤作りとなった政策過程の事例については、公共政策論的アプローチを用いた。「政治の世界」という激流の政治過程の横断面で展開される政策過程の解明には、公共政策論的アプローチが適していると考えたからである。

その際、一九八〇年代においては、近代国家のモデルの中の根幹部分、すなわち個人の基本的人権の保障体制が、その実態面でも韓国に移植されるための前提の市民社会が台頭したことによって、政治的アクターが多元化し、それとともに、大統領個人とその側近周辺の閉鎖された空間で行われていた政策決定が広く社会へと開かれることになり、それに伴い政策過程も社会の下からの入力にも開かれた形となった。こうした新しい政治空間の出現の下に、三つの分野における民主化の前期段階の制度作りの政策決定に関しては、政策過程の解明については主に公共政策論を用いることが韓国の政治分析において有意性を有していると考えられた。もっともその政策過程を動かしている政治過程の分析には「歴史的制度論」を併用している。

第二に、本研究の独自性は、韓国政治を民主化へ向けて前進させた制度づくりを、先進国の近代国家モデルの韓国への移植過程として捉えている点である。本書の第一章、第二章においては、「歴史的制度論」を用いて韓国的大統領制度の成立と展開を追い、韓国の政策決定過程における特徴を明らかにしている。日本においてはこれまで韓国政治に関して政治制度論的アプローチに基づいた研究は皆無に近く、とりわけ韓国的大統領制度についての解明は無いに等しい。その空白を埋めようと試みたのも、本書のもう一つの目的である。

本研究の第三の特徴は、韓国の民主化とは個人の基本的人権の保障とその充実化という先進諸国の近代国家モデルが韓国に移植される一つの過程であるとの解釈の下に、それが可能となったのは、一九八〇年代中頃から冷戦の崩壊が進み、さらに日中の台頭も相まって「アメリカの制約」がある程度緩んだことで、韓国の政治空間が少し広がり、自律性の程度が幾分増大したためであるということを明らかにした点である。

2　本研究の構成

本研究は四章の構成となっている。第一章では、近代国家モデル、とりわけその制度的枠組みが韓国という特殊な条件の存在するところに移植され、韓国的条件との接合過程の中で変容し、韓国的大統領制が作り出されて行く過程を追った。そして、政策決定における権力が大統領個人に集中した形で形成された閉鎖的政策過程の空間の有り様を探った。

第二章では、まず、近代国家モデルが定着する前提として、ある程度の市民社会の成立が韓国に存在していたかどうかを探った。周知の通り、朴政権の開発独裁の下で韓国経済は世界資本主義システムの中に組み込まれ、一定の発展を遂げ、それとともに社会の機能分化も進み、人口は職能別に大きく分化して行った。それに伴い、「市民」社会の萌芽に相当する一定の自律性を持った社会が相対的に生み出された。

一方、「市民社会」の台頭は、独裁に反対して民主主義の確立を求めた側面のみならず、経済市場の成功の故に出現した富の分配における不公正に対する抗議としての側面もあった点についても注意を払った。

こうした新しい近代的な経済・社会条件の出現とともに、それに適合する形で、それまで進められてきた近代国家モデルの移植が先進諸国の近代国家モデルに近似する方向へと変容する条件が整えられていく過程を追った。この過程については、「六・二九民主化宣言」に前後して展開された政治過程の中において分析した。すなわち、下からの現状打破を求める民衆の要求に促されて、多くの選択肢の中で近代国家モデル、とりわけ自由民主主義体制構築への歩みを進めることになった過程については、政治システムの下位部分の民主化の政策過程に焦点を当てるが、同時にそれを動かす政治過程の追跡をも政治分析の視野の中に入れて、韓国政治を複眼的かつ立体的に捉えるアプローチを取った。

その試みは第三章と第四章で成されている。自由民主主義体制の制度的基盤作りが進められる中で、国民の生存を最低限に保障するための社会的、経済的条件の整備が必要不可欠であるとの認識が高まり、その条件整備、換言するなら福祉制度導入へ向けた社会経済改革がなされた。その中で、社会面では、福祉、つまり国民の生命の最低限の保障が先進的近代国家存立の不可欠の条件となっていることを踏まえて、そうした保障制度の中核部分をなす国民皆保険制度の確立をめぐる政策過程を追跡した。次に、国家統制的資本主義的経済のシステムを自由な市場経済システムへと構造改革していく一里塚として進められた韓国電力民営化の政策過程を分析した。

【注】

（1）『朝日新聞』、二〇二〇年四月一七日、朝刊。

（2）二〇二〇年四月一六日、韓国の主要日刊紙（韓国日報・京郷新聞・朝鮮日報・東亜日報・ソウル新聞・ソウル経済・中央日報・国民日報・ハンギョレ新聞）は、政治的イデオロギーに関わりなく、与党の勝因は新型コロナウイルス禍との戦いにおける文政権の業績に対する評価であったと、社説で指摘している。文政権への評価がとりわけ高いのは『ハンギョレ新聞』であり、その社説に次のように記している。「民主主義と国民の基本権を最大限保障しようと最大の配慮を怠らない我が社会の力量を総動員してコロナ拡散を阻止したことは、世界の模範的事例として評価された。こうした国際社会の評価をわが国民も認めた事が、選挙の結果に表れたのである」。

(3) 正統性の増減に対応して生じる政治権力の循環の政治過程全体の動きを表す用語として丸山真男『政治の世界』(一九五二年)の中で使われている。詳しくは、安 世舟「政治理論の研究」『ハンドブック政治学入門53講——資料と解説』大東文化大学法学部政治学科編、二〇〇〇年、二九頁。

(4) 崔章集『民主化以後の韓国民主主義——民主化以降の民主主義』(改訂第二版)、フマニスト、二〇一六年、四九頁。

(5) 任爀伯『一九八七年以後の韓国の民主主義——三金政治の時代とその後』、『1987년 이후의 한국 민주주의——3김정치 시대와와 그 이후』高麗大学校出版部、二〇一一年、一二三頁—一二八頁。なお、リンスの研究の一部は邦訳されている。J・リンス著・内山秀夫訳『民主体制の崩壊』岩波現代選書、一九八二年。

(6) Hyug Baeg Im, *Democratization and Democracy in South Korea, 1960-Present*, 2020, p. 122.

(7) 韓国におけるこうした民主主義と立憲主義の相克問題についての研究として次の文献がある。水島玲央「シンポジウム 憲法適合的解釈についての比較法的検討7・韓国」『比較法研究』第七八号、有斐閣、二〇一六年、八八—一〇三頁、国分紀子「韓国憲法における民主主義と立憲主義」全国憲法研究会編『憲法問題』第一一号、三省堂、二〇〇〇年、九〇—一〇二頁。なお、韓国の憲法裁判所の成立とその展開についての研究としては、李範俊『憲法裁判所——韓国現代史を語る』(在日コリアン弁護士会訳)、二〇一二年がある。

(8) 浅羽祐樹『韓国化する日本、日本化する韓国』講談社、二〇一五年、浅羽祐樹「韓国における政党システムの変容——地域主義に基づく穏健多党制から2大政党制・全国政党化へ」『山口県立大学学術情報(国際文化学部紀要)』2、二〇〇九年、浅羽祐樹「ハンナラ党は自民党の前轍を踏もうとしているのか——中選挙区制における候補者擁立戦略と二〇〇六年韓国地方選挙の分析」『山口県立大学学術情報(国際文化学部紀要)』1、二〇〇八年、大西裕「韓国におけるイデオロギー政治の復活」『国際問題』第五三五号、二〇〇四年、大西裕『選挙管理の政治学——日本の選挙管理と「韓国モデル」の比較研究』有斐閣、二〇一三年、第三部「韓国モデル」の実証分析(一五三—二五〇頁)、などがある。

(9) 韓国社会科学研究所社会福祉研究室『韓国の社会福祉』(金永子編訳)、新幹社、二〇〇二年、高安雄一『韓国の社会保障——「低福祉・低負担」社会保障の分析』学文社、二〇一四年などがある。

(10)大西裕『韓国経済の政治分析』有斐閣、二〇〇五年などがある。
(11)田巻松雄「外国人労働者問題の日韓比較に関するノート」『宇都宮大学国際学部研究論集』第三二号、二〇一一年、八三—九五頁などがある。

第一章　韓国的大統領制度の成立とその展開

第一節　韓国的大統領制の成立

一九四五年八月一五日、日本の敗戦と共に、大日本帝国の植民地から解放された韓国は独立するまでアメリカの占領下にあった。

敗戦国日本もアメリカの占領下にあったが、一九五〇年六月二五日に勃発した朝鮮戦争を契機に、国際政治における冷戦体制の確立を目の当たりにした。そしてこの冷戦の進展によって隣国の朝鮮半島では、同じ民族同士が相争う悲劇が展開された。

ところが、この隣国で展開された熱戦の後方補給基地となった日本は戦争特需で敗戦によって荒廃した経済の再建のチャンスに恵まれることになり、経済復興への道へと進むことになった。そして平和憲法の下で「軽武装・経済立国」を新しい国家目標に掲げ、戦後日本は経済大国へと驀進した。これに反して、隣国の韓国では、一九五三年の休戦条約締結以降、李承晩個人独裁体制の下で、建国の目標である自由民主主義の抑圧が続き、一九六〇年四月一九日、自由民主主義の実現を求める下からの学生を中心とする四・一九革命で李（王朝）政権は崩壊し、民主化の時代が一年続いた。

一九六一年五月に朴正熙将軍のクーデターによって軍部独裁政権が出現した。同政権は朴正熙大統領が暗殺される一九七九年まで継続する。その間、朴正熙政権は経済開発路線を推進し、この路線は一九八〇年から一九八七年まで続く全斗換軍事独裁にも継承され、それが倒れるまで継続した。約四半世紀の間、韓国の軍事独裁政権は、アメリカ現代政治学の近代化論を論証するかのように経済的発展を成功裏に実現させた。これによって、韓国政治に関しては、経済発展と近代化の観点から関心が示されるようになった。言うまでもなく、経済発展は資本主義の発展を意味するので、その前提条件として経済的には資本の原始的蓄積（原蓄）が必要である。その結果、政治的には原蓄に反対する者の抑圧や、資本主義経済のための社会経済条件に適合する人間行動様式の訓育などが必要であると考えられ、上からの強権的支配が必要とされた。

これに対して、下からの民衆の抵抗や民主化の動きが絶え間なく続き、それは軍事政権によって暴力的に抑圧された。一九八〇年代に入り、S・P・ハンティントンが言う「第三の波」が世界の各地で拡がると共に、韓国でもその波は軍事政権の終焉をもたらす契機となった(1)。

一九八七年、与党の民主正義党代表盧泰愚の民主化宣言は、二六年間続いた軍事独裁政権の終焉を意味し、政治制度の面では立憲民主主義体制への移行を開始するシグナルとなった。

1　独自の政治文化

アメリカ現代政治学では「第三の波」の時期に、「権威主義体制から民主主義体制への転換」について政治発展論の研究が流行した。日本においても、その事例研究として、韓国政治に関心を示す研究者も現われるようになった(2)。

韓国における立憲民主主義体制への移行とその定着は、一進一退のコースを辿った。一九九八年末の大統領選挙において、軍事政権に果敢に抵抗した野党の金大中が当選した。この時点で、民主化もようやく定着化の方向へと進んだとみられる。現在では、立憲民主主義体制の原理は、政治制度のレベルから社会構造の底辺まで浸透しつつあり、韓国も近代国家としての韓国政治体制の成熟度を高めつつあると言えよう。

一九六八年に、アメリカ国務省のグレゴリー・ヘンダーソンが外交官として韓国滞在中に直接集めた資料や直接の経験を通じてまとめた『朝鮮の政治社会（*Korea: The Politics of the Vortex*）』が公刊された。同書は、一九六〇年までの韓国の政治文化をアメリカ現代政治学の観点から分析した、最初の優れた研究書であった。日本では、日本的観点、すなわち日本の過去の歴史的経験や欧米政治学のレンズから韓国政治を考察する傾向があり、韓国の政治文化の特徴を見逃しがちである。

ヘンダーソンは、一九六〇年代までの韓国の政治文化について、以下のように分析している。朝鮮半島では高麗王朝期に律令体制[3]が導入され、一〇世紀から二〇世紀初めの間、律令体制の管理支配部分を担当する高級官僚の選抜機関として中国の科挙制度が導入された。律令体制の下では、すべての価値配分が国王とそれを支える官僚層を中心に行われていたので、科挙制度は政治システムの中枢的機関の地位を占めるようになった。科挙に合格さえすれば、国王の専制的権力を行使し、栄華を手に入れることができたからである。

こうした政治的エリート育成機関としての科挙制度を継承・発展させた李氏王朝時代の権威主義的な政治文化は、三五年間の日本統治下においては封印されていたが、日本の敗戦とともに日本による植民地支配から解放された後、建国後の韓国において再び表面化するようになった。一九四八年の建国後の韓国において、李朝時代の家産主義的政治文化が復活し、この「渦巻き型」の政治文化はますます強まっていると、ヘンダーソンは説明している[4]。

顧みれば、一九四八年の建国から今日までの韓国の政治史は、中央の権力中枢部による大統領職をめぐる権力闘争の展開であったとみても過言ではなかろう。別の形で表現すれば、李朝時代の君主専政制の現代版が、君主制の存立余地のない共和国の韓国において導入を余儀なくされた西洋の政治制度の中では大統領制であり、それが韓国の政治文化の「渦巻き型」政治に最も適合する政治制度であったということになろう。このことを裏付けるかのように、建国から一九六〇年四月一九日までの李承晩大統領時代、そして一九六一年五月までの約一年間、韓民党によって導入された議院内閣制の時期を除いて、一九六三年から一九八七年六月の民主化宣言まで韓国の政治制度は大統領制であった。

日本では、大統領制とはアメリカの大統領制を想起し、韓国の大統領制も同類のものと想像しがちである。しかし、その実態は大いに異なる。日本ではあまり知られていないようであるが、韓国の政治制度はドイツのワイマール共和国の政治制度、フランス第三共和制の議院内閣制度、ならびに第五共和制のドゴール政権の半大統領制、アメリカの大統領制の一部の影響を受けている。(5) 戦後日本の議院内閣制とは大いに異なるので、政治制度に関して日本的レンズで韓国の政治を考察しようとするのであれば、見えない所があるのは以上のような事情によるものである。

一九四八年五月に行われた制憲議会選挙において、議員定数二〇〇の内二九議席を獲得したのは、日本植民地時代に曲がりなりにも成長した「民族資本家」を中心とする、主に韓国の西南地方〔湖南地方とも言う〕を地盤とする韓国民主党〔以下、韓民党と略す〕であった。八五議席の無所属議員を取り込んだ同党は議院内閣制を主張したが、五五名の議員の支持者を擁する李承晩は、制憲議会の議長となり、アメリカ型の大統領制の導入を主張した。両者の間で妥協が成立し、創設されたのが第一共和国(6)の政治制度である。

ちなみに、憲法原案の起草者は兪鎭午であるが、彼の憲法思想との関連において、韓国憲法の骨格がどのように形成されたのか若干考察しておきたいと思う。石川東京大学法学部教授による清宮四郎の京城帝大時代の活動についての紹介文の中で、兪鎮午を京城帝大法文学部において「当時助手、城大が生んだ最高の秀才と言われた法哲学者・小説家・韓国憲法の父」であると書いている。また京城帝大法学会翻訳叢書の一環として、一九三六年一一月に上梓された清宮四郎訳のケルゼン『一般国家学』の訳業過程の説明で、この翻訳叢書の一冊として、フランスのレオン・デュギーの『憲法概論』第一巻（*Traité de droit constitutionnel. tome 1* (E. de Boccard. 1927)）を、ローマ法とフランス法の専門家の船田亨二教授と国際私法の専門家の長谷川理衛教授との共訳で刊行が予定されていた、と紹介されている。(7)

兪鎮午の父は日韓併合前に日本の慶應義塾の中等部に留学し、その後中央大学を卒業し、大韓帝国の高級官僚であり、かつ法学者であったが、日韓併合後は銀行に転身している。従って、彼は上流階級出身で一九二四年京城帝国大学予科文科Aに日本人と朝鮮人の受験者全体で首席で合格している。一九二九年、尾高朝雄教授の助手となっている。ちなみに尾高教授は戦後に東京大学法学部で法哲学を担当し、『国家構造論』で有名な法哲学の第一人者である。兪鎮午は学部時代に清宮四郎教授の下で教科書の美濃部達吉著『憲法撮要』を通じて憲法の基礎理論を学んでおり、彼の憲法問題を考える際の基礎概念となっているのは美濃部達吉から学んだものである。朝鮮人が京城帝大教授には絶対になれないということを知り、一時、マルクス主義に走り、それを通じて「社会」を発見し、同時に社会の弊害として利己主義に走ることになる個人主義に反対する考えを身につけるようになったという。一九三二年に、東亜日報の創設者である民族資本家の金性洙の経営する高麗大学の前身の普城専門学校教授となり、親日派に転向した。そして日本が敗戦した時に「唯一の公法学者」として令名を轟かしていた。以上が一九四五年日本の敗戦時の彼の経歴である。

彼の憲法思想に関する研究で学位をとったイ・ヨンロク教授によると、彼は第二次大戦後の憲法思想の新しい潮流については十分熟知しておらず、彼の憲法思想の土台を形成していたのは城大時代に彼を指導した尾高、清宮両教授を通じて受容したドイツのワイマール時代の憲法思想であったという。彼は、ワイマール憲法を起草したプロイスと同様に、イギリスの議院内閣制を理想の政治体制と考えていたが、君主がいないのでフランス第三共和制の議院内閣制の導入を構想し、同時にまた国家目標としてもワイマール憲法の社会・経済条項の影響を強く受けていたという。彼はワイマール憲法の社会・経済条項を実現するために国家権力の強化が必要であるとの認識を持っていた。従って、彼が「自主国家の樹立と復興のために国家権力の主導的役割を最高度に確保する努力」を主張したのはこうした認識からであるという。もっともこの主張は彼の民族主義の表れであるという。彼のこの憲法思想が韓国憲法の第一原案の中に導入されていたのである。従って、アメリカ軍政庁が求める英米の自然法思想に基づく人権思想にはアレルギー反応を起こしていたこと、また北朝鮮には社会主義政権の樹立が進んでおり、南朝鮮ではそれに対抗するために国民生活の均等な発展を図るためにも、憲法の中にワイマール憲法の社会・経済条項を入れるべきであると考えていたという。彼が起草した憲法の原案では——戦前の日本の高等文官試験合格者の二〇名の朝鮮人も憲法起草に関与していたが、兪鎮午の基本的な考え方に賛成していた——、大統領はフランス第三共和制のように儀礼的な国家元首であり、国家を運営するのは議院内閣であるという政治機構案と社会・経済条項がペアになって入っていた。アメリカ軍政庁の支配下にあるにも関わらず、アメリカの憲法の影響が韓国憲法制定には見られないのは、この兪鎮午の考え方に由来するものであると言えよう(8)。

ところが、制憲議会議長の李承晩はアメリカ型の大統領制を強力に主張し、最終的に出来上がった憲法は大統領制に議院内閣制の要素を加味した折衷案となった。ちなみに、兪鎮午と彼を支えた韓民党が議院内閣制を主張したのは次のような考え方からであったという。議院内閣制は名望家の一握りのエリート支配が可能であり、彼らにとっては政治的安定と独裁防止に資すると考えられていた。そして韓民党は大統領に予定されている李承晩の権力を弱め、彼らが内閣を掌握するなら、実質的に国政の主導権を握れるという考えからであったという。しかし李承晩は大統領制導入を強力に主張して譲らなかったので、その要求を一応受け入れながら、国務総理を議会で選出させ、かつ国務総理を議会への有責制にすることで、彼らの主張の根幹を憲法の中に入れることに成功したと言える。韓民党自身も自分たちの政治的立場を誰よりもよく知っていた。つまり地主と資本家出身で過去において日本に協力した過去があるために国民に支持されない状況にあり、また初代大統領に李承晩以外には考えられず、韓民党は李承晩との共存を模索し、その結果生まれたのが韓国第一共和国憲法であった、という[9]。

以上のような経緯で制定された憲法に基づく韓国の政治制度は、その後、幾度か改革がなされながらも存続し続けることになった韓国的大統領制の原型である。この政治制度の源流は[10]、ドイツのワイマール共和国憲法にあるので、それによって創出された政治制度を先に見ておくことは、韓国的大統領制の展開を理解する上で極めて有益であろう。従って、回り道かもしれないが、ワイマール共和国憲法に基づく政治制度をここで簡単に説明しておくことにしたい。

2　ワイマール体制の考察

第一次大戦後、民主主義が国家権力の正当性原理として世界的に確立されるようになると共に、新しい政治制度を構築することを迫られた諸国においては、民主主義のモデルとして二つの制度が考えられた。一つはイギリス型の議院内閣制であり、もう一つはアメリカの大統領制である。君主のいない国では、南米などに見られるように、アメリカ型大統領制が導入された。しかし、ヨーロッパにおいては君主専制と戦う自由主義者の憧憬の的となっていたイギリス型の議院内閣制に対する期待が大きく、イギリス型の議院内閣制とアメリカ型の大統領制度とを接合した新しい政治制度の構築が試みられた。それがドイツ・ワイマール共和国の政治制度であった[11]。

周知の通り、一九一八年末から一九一九年初めにドイツでは敗戦に伴う革命の勃発によって第二帝政が崩壊し、新しい共和国が誕生した。この新しい共和国は、ゲーテとシラーで有名なワイマールという都市の国民劇場で開催された制憲議会で制定された新しい社会的かつ民主的憲法に基づいて創設されたので、ワイマール共和国とも称されている。このワイマール憲法における政治制度の原案作成に参加したのが、有名な政治社会学者のマックス・ヴェーバーである[12]。

マックス・ヴェーバーは、内乱状態にある国の秩序を回復し政治の安定性を確立するために強力な行政府の再建が急務であるという認識から、アメリカ型の強力な大統領制の導入を主張した。それに対して、革命が社会主義革命へと転化するのを阻止するために、反共産主義的な社会民主主義勢力と軍部が提携していたが、この反共的な社会民主主義勢力が制憲議会の多数派を形成しており、彼らはイギリス型議院内閣制を理想と考えていた。この両方の妥協案として、議院内閣制とアメリカ型の強力な大統領制が接合されたワイマール憲法の政治制度が生み出されたのである。議院内閣制は権力一元制と言われている。主権者である国民によって選ばれた議会が主権を行使するからである。すなわち、議会は立法権を行使するだけでなく、その立法権を実施する行政府の政治指導機関である内閣を議会の最高委員会として設置し、その内閣が議会で制定された法律を執行するシステムであるからである[13]。

一方、アメリカ型大統領制度は権力二元制と言われている。つまり、主権者である国民は直接選挙で行政府の長である大統領を選ぶが、同時に、全国を選挙区に分け、その各選挙区で選出された議員によって構成される議会が立法権を行使するので、国民の主権は立法権を行使する議会と行政権を行使する大統領とに二分され、権力二元制と称される。

権力一元制の議院内閣制においては議会が主権機関であり、極端な場合、論者によっては議会絶対主義と呼ばれる場合もある。それに対して、アメリカのように権力二元制の統治機構の場合は、権力は立法権と行政権が形式的に併存して互いに抑制・均衡の関係にある。ところで、君主制から共和制に変わったフランスの第三共和制では、イギリスの議院内閣制と違う、新しい類型の議院内閣制が作り出された。そこでは、国家元首であり行政府の形式的な長の大統領は、主権機関である議会、すなわち、上院と下院の合同会議によって選出された。そして議会で選出された最高委員会の内閣は、大統領とともに統治権を行使した。つまり、内閣は議会の信任のある限り、行政権を行使することができた。しかし、議会が内閣不信任を決議した場合、内閣は辞任するか、議会を解散するかのどちらかの道を選ぶことになっていた。それに対して、権力二元主義の国のアメリカでは、議会は立法権を有するが、大統領に対する不信任を決議して辞任を要求することはできない。また、アメリカの大統領は立法権を有しないが、議会の制定した法律に対して拒否権を行使することはできる。従って、権力二元主義の国家では、立法権と行政権が互いに独立し、かつ牽制し合う関係にある。このように行政府と立法府の関係が異なる権力一元主義と権力二元主義を折衷させて新しい統治システムを作ることが革命後のドイツでは困難を極めた。保守勢力と革新勢力の幾度かの妥協を経て、ワイマール共和国においては、アメリカ型の権力二元主義を土台にして、権力の頂点はアメリカ型とフランスの第三共和制型の議院内閣制とを接合させる形となった、世界で初めてのワイマール的な政治制度が作り出されたのであった(14)。

ワイマール憲法において導入された政治制度は、次の通りである。権力二元主義が採用されて、議会と大統領は同権的に位置付けられ、両者の間の権力均衡を保つために両者に各々相手を牽制する権限が与えられた。大統領は議会解散権を有し、それに対して議会は大統領の罷免を提案し、それを国民表決にかける権限を保持する。また、一方で大統領は内閣首班である首相の任命権および首相の推薦に基づく大臣任命権を有し、他方、首相および大臣はその職務遂行において議会の信任を必要とした。加えて、議会は首相および大臣を不信任決議によって退任させることができた。

このように、議会と大統領とは同権的に位置づけられたが、行政府の二人の責任者の一人である大統領は、国家元首として外国と同盟を結び、その他の条約を締結する権限、官職任命権、軍隊統率権、憲法第四八条に盛られた緊急命令権など、強大な権限が与えられていた。ただし、議会との均衡を保たせるために、大統領はその権限の行使に際しては、また大統領が発布するすべての政令及び命令については、議会に有責な首相並びに所轄省庁の大臣の副署を必要とした。最後に、議会を構成する議員の任期が四年であるのに対して、大統領の任期は七年であった。[15] ワイマール憲法によって新しく創設された政治制度は、後に半大統領制と称されるようになった政治制度の原型である。それは、議院内閣制と大統領制を、一応理論的に整合性のある形で統一することを試みたものである。

大統領がその人格と能力によって内閣に対して大きな影響力を持つことができるならば、大統領は議会に有責な内閣と協力することで彼に与えられた強大な権限を行使することができるので、半大統領制は純粋な大統領制として運用される可能性が大きく開かれた制度でもある。換言するならば、政党政治を行う国で、大統領が属する政党が議会の多数派を制し、かつ大統領がこの多数与党の党首であれば、その実際において、大統領は行政権のみならず、議会の立法権をもあわせ持つことになる。その結果、立法権の議会と最高裁判所の司法部によってチェックされるアメリカ大統領とは比較にならないほど強大な大統領が生まれる可能性がある制度である。[16]

ただし、大統領は議会に有責な内閣と協力しなくてはならない制約があるために、大統領と議会と内閣の三者の関係次第で、どちらの機関も政治の主導権を掌握できるメカニズムである。つまり、「政党は現代政治の生命線である」[17] と言われているが、そうであるならば、このメカニズムを実質的に動かすのは政党であることは言うまでもない。従って、半大統領制は、競合する政党が選挙ごとに国民を代表する状況の変化や動向に応じて流動するのがその特徴である。

以上、ワイマール共和国の政治制度の形成過程を述べたのは、この半大統領制の成立過程を正しく理解しておかなければ、韓国的大統領制の特徴が形成されるメカニズムが理解しえないからである。韓国的大統領制もその基本の点では半大統領制であるが、この制度は、政党政治の状況ならびに議会における多数派の成立如何によって四つのバージョンが出現する可能性があり[18]、その一つのバージョンでは大統領独裁へと変容する可能性が開かれている。半大統領制は、最悪の場合、上述の通り、議会の支配政党の党首が自分の所属する党を独裁的に支配し、その党首が大統領であるなら、大統領独裁の可能性が開かれている政治制度である。また、自由民主主義的政治制度が順当に機能する余地のない権威主義体制の下では、この制度を利用すれば、最高権力者が（軍事独裁者の場合が多いが）自分の命令に忠実な御用政党を創設し、他の政党活動を抑制する場合、同じく大統領独裁となり得るのである。

3　韓国における憲法と政治体制の変化——歴史的考察

さて、第一共和国憲法は、国民主権主義、基本的人権保障主義、権力分立主義、国際平和主義という四つの基本原則を謳い、近代憲法の体裁は制度の面では一応整えられている。この憲法における政治制度は、そのベースにフランスの第三共和制の議院内閣制が採用されており、またアメリカの違憲立法審査制度にあたる憲法委員会制度という新しい機関を作って、それを導入している点が特徴である。

もう一つの特徴は、アメリカ大統領制の影響を受けて副大統領制を設けている点である。大統領は一院制の議会によって選出されることになっていた。そして大統領は行政府の首班であると同時に、外国に対して国家を代表するものとされた。

大統領と副大統領に事故があり、職務遂行が不可能な場合には、首相にあたる国務総理がその権限を代行することになっている。大統領と副大統領の任期は四年であり、一期のみで再選が許されていない。大統領はワイマール憲法第四八条に類似した緊急命令権が与えられており、さらに経済的危機に陥った場合には、大統領に緊急財政処分権という非常大権も与えられている。内閣にあたる国務院は、大統領と国務総理その他の国務委員で組織され、合議体として大統領の権限に属する重要政策の議決を行うことができる。すなわち、制度的には合議体としての国務院が行政権の決定中枢である。

この国務院の議決は多数決制により行うことになっており、議長である大統領も投票権を持っているが、可否同数の時に限って決定権を持った。首相である国務総理は、国会の承認を受けて、大統領が任命した。国務総理は大統領を補佐し、国務院の副議長となる。大統領も国務総理も国務委員も国会に対して責任を有せず、国会は国務総理、国務委員を国会に呼び出し質問することはできず、不信任決議を出すこともできない。この制度は、アメリカ大統領制の考え方が導入されている。司法権は法院（裁判所）[19]が行使するが、違憲立法審査権は憲法委員会が行使する。憲法委員会の構成は、副大統領を委員長とし、大法院（最高裁判所）判事五名と国会議員五名の委員によって構成された。以上が第一共和国の政治制度である[20]。

初代大統領に選出された李承晩は、フランス第三共和制の場合のように「君臨すれども統治せず」の原則を守らず、君臨し統治しようとした。従って、議会第一党の韓民党と李承晩との間に、政権の指導権をめぐる権力闘争が展開され、それが第一共和国の政治過程を刻印づけたと言っても過言ではない。李承晩は「国父」と名乗り、親日派処罰法等を制定して、国民の多数の反日感情を巧みに操作して韓民党を揺さぶり、その一部を自派に抱き込むことでその弱体化に努めた。また、北から亡命してきた「越南派」を中心に自分に絶対的な忠誠を示す自由党を創設し、同党を中心とする議会内多数派工作をあらゆる権謀術数を用いて展開した。そして一九五〇年六月二五日に朝鮮戦争が勃発した。

朝鮮戦争の三年間、首都は釜山に移されていたが、李承晩は戦時中の戒厳状態を利用し、大統領再選禁止条項をクーデター的方法で取り除く憲法改正を強行した。それが韓国における第一次改憲である。朝鮮戦争が休戦状態に入った後、李承晩は対外的には李承晩ラインに象徴される対日強硬政策を展開し、国民の反日感情を掻き立て、それによって野党の韓民党を押さえ込み、他方、大統領の国民による直接選挙制を導入し、内閣制度を廃止して、政府形態を大統領制に変えるなど、自分の個人独裁体制に都合のよいように憲法改正を行った。これが第二次改憲である。

また、彼は自分を支えている勢力に対しても、各派を対立させ、自分のみに忠誠を捧げるように競い合わせる、独裁者の常套手段としての分裂支配のテクニックを用いた。アメリカの要請もあるので、形の上では自由民主主義を維持するように見せかけながら、その実際は不正、腐敗、暴力を用いて選挙操作を繰り返し、李王朝の国王さながらの家父長的権威主義独裁体制を築き上げた。しかし、一九六〇年四月一九日、一二年間の李承晩体制とその一部を形成する自由党の暴力的支配に耐えかねた民衆の怒りが、学生蜂起の形で爆発した。その結果、ついに李承晩は米国へ亡命し、第一共和国は幕を閉じた[21]。

以上の考察から分かるように、第一共和国の一二年間の政治制度の変遷を顧みれば、それは基本的にはフランス第三共和制の議院内閣制型の政治制度として出発していた。ところが、李承晩は、大統領の選出母体を議会とし、しかも議会が選出した首相とともに大統領が行政権を行使する仕組みからの解放を求めて、第一に、大統領の選出を議会から国民による直接投票制に切り替え、第二に、大統領を牽制する議会に有責な首相制度を廃止した。そして、大統領の直接選挙に際しては、あらゆる不正な手段を用いて、国民による下からの正当性を表面的に確保した。こうして李承晩は大統領独裁体制を確立した。これがその後に展開された韓国的大統領制の原型となったのである。

李承晩政権の朝鮮戦争以後における独裁体制確立に憲法論的に寄与したのは、ワイマール憲法第四八条をモデルとして作られた国家緊急権制度である。[22]

ワイマール憲法第四八条は、内乱など国家の安寧と秩序が乱された場合、大統領は軍事力を用いて危機を克服するために、憲法に保障された基本的人権を一時的に停止し、法律に代わる一切の措置をとることができるということになっていた。とはいえ、大統領のこの第四八条の行使には、議会に有責な首相および国防大臣の副署を必要としていた。従って、この権限の行使は議会のコントロール下にあったといえよう。ところが、世界大恐慌が起き、一九三〇年以降ドイツでは左右の急進政党が躍進して多党化が急速に進み、議会では多数派を形成する政党が存在せず、大統領は議会を無視して、独断で首相を選ぶことになった。そして、議会とは無関係に任命された首相の副署を得て、大統領権限を行使した。多党化し、分裂したままの議会は、立法機能を失い、政治的危機のみならず、経済的危機に対処する立法を行うことが不可能となったため、大統領は第四八条に基づく緊急命令権に基づいて、法律に代わる経済関係の立法を措置法という形で制定して統治することになり、大統領独裁体制が築かれていった。その延長線上に、ヒトラーによる第三帝国が築かれている。ヒトラー第三帝国で制定された法律はナチ党独裁下の議会の制定した通常の法律と大統領第四八条に基づく措置法の二種類となった。[23]

このようにドイツでは、議会の立法と大統領の緊急命令権に基づく措置法という二つの立法手段が存在することになった。[24] 韓国でも、朝鮮戦争時代、戒厳令が布かれ、大統領は措置法という形で法律を制定し、恣意的支配を行った。この措置法が、後に朴正熙及び全斗煥などの軍事政権によって悪用される前例となったのである。

4　冷戦体制と国内政治

ここで、李承晩政権時代に作り出された韓国的な政治空間について述べておきたい。そもそも韓国政治を語る場合には、強力な中央集権体制とその存続を可能にした強大な権力が付与された韓国的大統領制を出現させている外部要因と、それと連動する岩盤のような内部要因が存在することを忘れてはならないであろう。

周知の通り、冷戦勃発とともに、韓国は、共産圏の中国とソ連に対するアメリカの防衛の最前線にある反共の砦にされた。

この事が、韓国建国当初から運命づけられていた。これが、地政学的制約の現代的現れの「アメリカの制約」である。この「アメリカの制約」は、韓国内においては、共産主義イデオロギーとその実現を目指す勢力ないしは人間、そしてそれに共感や連帯を示す一切の政治勢力の存在の否定という冷厳なる現実を作り出した。さらに、こうした反共体制の確立に加え、北に社会主義政権が存在することから、それに反対し、あるいは弾圧されてきた人々が多く韓国に移動し、反共体制の一角を作った。彼らに支えられた李承晩政権は、日本総督府と協力した韓民党の中核分子とともに、朝鮮戦争勃発前に反政府的な民衆運動の中に浸透していた北による「間接侵略」とも言えないこともない「内部からの革命」の動きを、済州島事件などに象徴されるように、軍・警察を動員して一掃していた。

こうして、韓国の政治空間は、極端なほど左翼部分が切り捨てられてしまった。換言するならば、社会民主主義を含む左翼的な政治イデオロギーが一切排除され、日本の政治的イデオロギーのスペクトルでは中道とされる勢力が韓国では左翼となり、中道右派が左派で、右派ないし極右が主流となった「新たな政治空間」が作り出されていたのである。すなわち、任教授は韓国の政治空間の特徴の一つとして建国時に社会の階級分裂を代表する政党政治の展開がなかった点、つまり、先進自由民主主義国家における労働者階級の利益を代表する政党の活動する余地がなかった点を指摘している。その結果、労働者階級の利益を代表する政党が禁圧された点を韓国民主化以前の韓国政治の顕著な特徴の一つとしてあげている。(25)

以上のように形作られた韓国的政治空間の中では、北で日常的に使われる友人を表す「ドンム（同務）」を共産主義者がお互いに呼び合う時に使うことから、このドンムという言葉を韓国で使用する者は共産主義者であるとの烙印が押され、ただちに「パルゲンイ（赤）」とみなされて弾圧されるのは日常茶飯事であった[26]。

これが、国民の日常生活における反共の堡塁という定めの「アメリカの制約」である。さらに社会科学においても、北朝鮮が使用する「人民」、「階級」、「労働者」、「資本家」などの概念を用いて社会を分析することは「赤」と見なされて不可能となった。従って、韓国社会においてはマルクス主義的経済学の概念を用いて社会を分析研究することと自体が困難になり、あるいはそれを行うこと自体が死を意味して忌避された。そうした西洋の社会科学の研究も、当然禁止された[27]。

こうした狭隘な政治空間が李承晩政権時代において作り出され、それが異常ではなく、普通の日常と化した故に、反共さえ唱えれば、いかなる独裁政権も許容される政治文化が作り出されていたのである。このような韓国的政治空間と政治文化を背景にして、朴軍事政権が登場した。この出現の幕間は、韓民党のつかの間の支配である。

李承晩政権が去った後に、政権を掌握したのは韓民党である。権力の空白を埋めた韓民党は憲法改正を行い、念願の議院内閣制を導入した。その導入にあたって、西ドイツのボン基本法の影響が見られる。第一に、民主的基本秩序を守る限り、政党に国庫助成を行う政党国家制が導入されているからである。第二に、違憲立法審査権を行使する憲法委員会制度が廃止され、その代わりに西ドイツと同じような憲法裁判所が導入されているからである。さらに、導入された議院内閣制の統治構造は西ドイツのそれと似ており、大統領は間接選挙制で選ばれ、形式的・儀礼的権限しか与えられていないからである。

西ドイツが宰相民主主義と言われているように、韓国の第二共和国においても、首相である国務総理が執政権を行使した。但し、西ドイツの建設的不信任制度は採用されなかった。そういう意味では、日本の議院内閣制度にかなり近い制度であったといえよう[28]。

第二共和国で首相に就任したのは、韓民党党首の張勉である。同政権は李承晩の個人独裁体制に反対する民衆の反乱によって生まれた政権であるが故に、民衆の多様な要求にも関心を払うことになり、強力なリーダーシップを発揮することができなかった。それればかりか、張勉政権は韓国をどのような方向へ導くのかについてのビジョンを示すこともなく、連日のように街頭を埋め尽くす多種多様な圧力団体の陳情の対応に明け暮れた[29]。

一二年の間野党に追い込まれていた韓民党は、李承晩政権時代に党名を新民党に変えていたが、この新民党内には、学生蜂起によって突然転がり込んだ権力と利権をめぐって党内闘争が発生し、政権取得後まもなく新派と旧派に分かれての党派闘争が激化した。同党は、国民の要求を政策化して韓国政治を憲法理念に沿って自由民主主義の方向へ導く姿勢を示すことはなかった[30]。そして「溢れる自由」が謳歌された一年一ヶ月後の一九六一年五月一六日、朴正熙少将による軍事クーデターによってこの体制は打倒されたのである。

第二節　軍事政権下における韓国的大統領制の変遷

1　朴正熙による政治体制作り

一九六一年の軍事クーデターを主導したのは朴正熙少将であった。彼は慶尚北道の貧しい農家の出身で、日本の陸軍士官学校卒業生であった。日本の敗戦時、満州国陸軍少尉であった朴正熙は、帰国後米軍が創設した韓国軍に入り、朝鮮戦争を経て少将に昇進していた。彼は日本の軍事教育を受けており、近代日本をモデルにして韓国の近代化を図ろうとする国家構想を持っていた。彼は朝鮮戦争の休戦条約成立後において軍内の昇進が停滞し、不満を募らせていた佐官級の将校に担がれて張勉政権に対する軍事クーデターを主導した。その後、政治腐敗の一掃、祖国の近代化、貧困の追放をスローガンに掲げて軍事政権の樹立へと進んだ(31)。

しかし、冷戦下の自由主義陣営の最前線にある韓国に課されたアメリカの期待という「アメリカの制約」に突き当たり、朴正熙は早急に選挙を通じて政権の正当性を確保せざるを得なくなり、新しい「近代的」憲法を制定して自由民主主義の装いを新たにまとうことになった。彼は新憲法を国民投票にかけ承認を受けた後、一九六三年、この憲法に基づいて、国民の直接投票によって大統領に当選した。第三共和国の誕生である。

第三共和国の政治制度は、第一共和国のそれと基本的に変わっていないが、李承晩時代末期とは異なり、国務総理制を復活させた。国務総理は議会の同意を得て任命するという形式をとっているので、第一次憲法改正後の第一共和国の政治制度に近い。クーデターに際して、すべての政党を解散していたが、軍政から民政への移管に際して、朴大統領はクーデターに参加した佐官級の退役軍人を中心とした御用政党の「民主共和党」を創設した。そして、創党が許された野党はその存立条件を厳しくし、議会を完全にコントロール下に置いた。故に、朴大統領は実質的に立法権も独占していたのである。朴政権を支えた組織は、野党の反政府活動のガス抜き装置でもあった議会を思うままにコントロールできる民主共和党に加えて、韓国中央情報部（ＫＣＩＡ）である。ＫＣＩＡは、北朝鮮に対する諜報・謀略機関として設置されていたが、その後の経過から見ると、実際には朴政権に反対する政治活動の弾圧機関として乱用された。朴政権はこの機関を使って政敵を謀略によって葬ったり、非合法な手段によって民衆の口を封じたりするなど、恐怖政治を展開した。

こうした統治方式は、「情報政治」として知られている。朴正熙はこの二つの組織を、クーデターに加わった彼の姪の夫で、信頼の厚い金鍾泌に設立させた。金鍾泌は初代ＫＣＩＡ長官として、次に与党の総裁として、七〇年代に入ってからは国務総理として朴政権を支えたナンバー2であり、朴の後継者と目されていた。しかし、彼が実際そうした野心を少しでも見せると、政権から退けられることが幾度かあった。ちなみに、一九六五年の日韓国交正常化の基礎になった日韓条約を推進したのは、この金鍾泌である。

朴正煕は、以上のように自分の権力基盤を整えた後、政府の行政組織の抜本的改革に乗り出した。朝鮮戦争を契機に韓国軍は六〇万人にふくれ上がり、巨大な組織へと発展していた。アメリカは世界戦略の一環として韓国軍の近代化に努め、高級将校は全てアメリカで教育を受けさせ、軍事知識のみならず、軍隊という組織の管理・運営についての最新の知識、つまり経営学をも学ばせていた。

朴正煕は、韓国人で旧日本総督府の下級官吏から構成されていた従来の官僚機構がその主たる任務が治安対策の規制行政であったので、この官僚制の近代化に取り掛かった。まず、トップクラスの官職には、高級将校を退役させて就任させ、近代的軍隊をモデルとする行政組織に改編した。次に、行政運営も軍隊式にして、目標に向かって組織の力を最大限に発揮できるような実効性と効率性を重視する行政文化の育成をはかった。また、韓国経済の近代化という目標を達成するために、最高司令部にあたる政府の頂点の再編を行った。朴は経済企画院という新しい機関を設立し、その長官に副首相の地位を与え、この新しい機関に経済テクノクラートをリクルートさせ、朴正煕自らが統率した。つまり、大統領府に政治一般のみならず、経済計画と運営の全ての権限を集中させ、彼の指導の下に経済近代化政策を強力に推進できる体制が整えられていったのである。(32) こうして、朴政権は先に経済近代化、後に政治発展というスローガンの下に強権を発動し、輸出志向の重化学工業化の政策を強行した。その成果が上がり、韓国経済は高度成長の軌道に乗ることにようやく成功した。ただし、この成功の影には、国民の人権抑圧や、過酷な労働条件や低賃金を労働者に強要するというマイナスの副作用があったことは言うまでもない。国民の不満を代弁したのは、言うまでもなく野党であった。野党の新民党においては、世代交代が進行して、二人の新しいリーダーが軍事政権反対、自由民主主義擁護を唱えて、朴政権に対する批判を展開した。

その二人のリーダーとは、金大中と金泳三である。金大中の選挙地盤は湖南地方、つまり全羅道であり、金泳三の選挙地盤は慶尚南道の釜山及びその西側の地方と島嶼である。両人は朴正煕に弾圧されたが、そのことは日本のマスコミに取り上げられ、民主主義擁護の闘士として紹介された。そして韓国政治の実情に疎い人々の中には、この両人があたかも左翼系政治家であるかのような錯覚を抱いている人が多いが、実際には、彼らは憲法が掲げる自由民主主義を声高く叫んではいるが、反共右翼政党の新民党のリーダーである。アメリカの反共陣営の砦として韓国の政治体制が築かれていたために、上記の通り、狭隘化した政治空間が作り出され、左翼政治家の活動する余地は全くなかったのである。その点を想起しないのであれば、韓国政治を誤って理解することになろう。もっとも、両人が軍事政権の弾圧にもめげず、自由民主主義の実現のために戦っている内に、次第に自由民主主義者として、ある面で大きく成長を遂げていったことについては注目してもよかろう。(33)

2 第三共和国の政治的枠組

ところで、朴正煕に開発独裁を進めることを「合法的」に可能にしたのは、「アメリカの制約」のポジティブな側面として自由民主主義制度の導入が強要されていたことであり、その結果、採用を余儀なくされた第三共和国憲法であった。

以下、第三共和国の大統領制が実際にどのように運用されたのか、それについて略述することにしたい。

第三共和国の政治制度は、すでに述べたように、議会のコントロールが極めて弱い強力な大統領制である。その特徴として、まず大統領は行政府の首班であると同時に国家の代表を兼ね、国民より直接選挙で四年の任期で任命されることになっていた。そして国会に対して一切の責任を負わず、首相にあたる国務総理や国務委員から構成される国務会議（第一共和国時代に国務院と称されていたが、第三共和国になって国務会議に名称が変った）は大統領を補佐する機関にすぎなかった。

国会は、一応国務総理、国務委員の解任を大統領に建議することはできたが、この建議は、特別な理由がある場合には応じなくてもよいようになっていた。また、議会において、大統領を支える民主共和党が絶対多数を掌握していた。従って、議会についてこのような規定があっても、議会による大統領に対するコントロールはほとんど無いに等しかった。その他の大統領の強大な権限を示すものは、ワイマール共和国憲法第四八条の国家緊急権の韓国版であり、またアメリカ大統領が有しているような法律案に対する拒否権、さらに緊急財政経済命令に基づく措置法を制定する権力、国会の同意なしに発動できる国務総理、国務委員、高級官僚、軍の高級将校の任命権である。

国会は一院制であり、国民によって選出される議員によって構成される。国会議員は、小選挙区選出議員が一五三名、比例代表区選出議員が五一名、合計二〇四名であった。国会議員の候補者は所属政党の推薦を受けなければならないという規定を憲法に設けていて、無所属での立候補は禁止された。国会は立法権を有し、その他に財政に関する権限、国政調査権、政府閣僚の国会出席答弁要求権及び質問権並びに弾劾訴追権と、国務総理、国務委員に対する解任建議権を有していた。

また、国会は大法院院長任命同意権も持っていた。しかし、大統領が法律案拒否権を有して、国会に対して責任を負わないことや、国会において与党が多数を占めている状況からみて、国会の権力はほとんど大統領のコントロール下にあった。司法制度に関しては、以上のように、第二共和国においては、西ドイツの憲法裁判所制度が導入されていたが、それは廃止され、違憲立法審査権は大法院に付与されていた。大法院は憲法の解釈権、さらに政党解散権を持つ、いわゆる最高権力機関の一つの地位を占めており、第三共和国の憲法においては、軍政時代と異なって、一応権力分立制度が導入されていた(34)。

このように、第三共和国憲法では、大統領、国会及び大法院は相互に独立し牽制と均衡を図るという権力分立制が一応導入されていたが、実際は大統領が自ら党首を務める与党を通じて国会を牛耳り、司法部は違憲立法審査権を適切に行使しなかったので、現実には大統領独裁となったのである。

朴正煕は、自分の統治の方法を、韓国的民主主義であると主張した。[35] しかし、一九六〇年代末には独裁政治に反対する国民の声が日増しに高まり、それに後押しされた野党の躍進が見られ、その結果、与野党の対決の様相が激しくなった。大統領三選が禁止されていたので、朴正煕は、自分以外に祖国近代化を成し遂げるリーダーはいないという自負心から、一九六九年、大統領三選を是とする憲法改正を再び強行した。[36]

これに対して、野党や国民の多くは反対した。それは、一九七一年の大統領選挙によって証明された。金大中と金泳三は新民党の大統領候補指名において争い、勝ち抜いた金大中は、大統領選挙において朴正煕に負けたとはいえ、その得票差はわずか九四万票にすぎなかった。もし公正な選挙が行われていたならば、勝利したかもしれないと言われているほどである。[37] このことは、政権の危機の兆候にほかならなかった。朴正煕はＫＣＩＡを使って当時東京に滞在中の金大中を拉致し、抹殺を図ろうとした。これが日本でも有名になった金大中拉致事件である。それに失敗すると、朴正煕は、一九七二年一〇月に、再び上からのクーデターに打って出た。彼は米中接近という極東の国際情勢の変化を巧みに捉え、電撃的に南北和解に関する南北共同声明を発表し、南北対話を推進するために強力な体制づくりが必要であるという口実の下に、スペインのフランコ独裁政権を真似た憲法改正案を一一月に国民投票にかけ、あらゆる手段を用いて強引に国民の支持を調達した。

いわゆる維新憲法と称されているこの憲法は、大統領の選出方法を新設する官製の統一国民主体会議による間接選挙に切り替え、その任期も四年から六年に延長させ、重任に関する規制も撤廃した。また、国会の権限を大幅に縮小させたばかりでなく、議員の三分の一を統一国民主体会議によって選ぶことにした。この憲法は、合法的な大統領独裁体制の完成そのものであった。[38]

こうして、第三共和国は、軍事的権威主義体制のさらなる強化を目指して第四共和国へと転進した。その間、朴

図表1　韓国社会の階級構造変化

区　　分	1960	1966	1970	1975
upper class（上流階級）	0.7	0.9	1.0	0.8
new middle class（新中産階級）	8.6	8.6	9.5	10.5
lower class（低中間階級）	5.6	10.3	6.3	6.8
working class（労働者階級）	8.7	12.4	19.2	21.1
marginal class（周辺階級）	10.2	11.0	12.8	11.5
farmers（農民）	66.2	56.8	51.2	49.2
Total（計）	100.0	100.0	100.0	100.0

（出典）金浩鎮『韓国政治の研究』（李健雨訳）、三一書房、一九九三年、二七二頁。

政権の下で韓国は年率一〇%の経済成長を遂げ、農業国から工業国へと変貌した。産業構造の変化とともに人口構成も大きく変わり、韓国では農村から都市への人口移動も加速化し、人口四〇〇万のソウルは人口一〇〇〇万を超す大都市へと急変した。都市問題や環境問題も続出した[39]。

その上、急速な経済近代化政策の強行によって、労働問題が激化した。朴政権は、経済近代化政策の実行に際しては、日本から導入した資金の他に外資を積極的に導入し、それを活用して輸出指向型貿易立国を志向した。その際、外資を特定の資本家に融資して、戦略的産業の育成を図った。その結果、現代、三星、大宇の大財閥を生み出すことになった。政府から特別の優遇措置を受けて大財閥へと成長した資本家たちは、政府から特別の優遇措置を受けた見返りとして巨額の謝礼、すなわち賄賂を贈ったのは言うまでもない。李氏朝鮮と同様に、こうした政治腐敗が政府のトップから末端官僚に至るまで蔓延するようになった。一九七〇年代末には、韓国でも近代国家の工業化に見られる現象、すなわち工業化の成功とともに近代的労働者が大量に生み出されるということが起っていた。そして、巨大な企業の出現とともに、ホワイト・カラー層の増大現象も見られた[40]。

韓国では、いまだ李氏朝鮮時代の政治文化の影響が色濃く残っており、権力と栄華を手に入れる手っ取り早い方法は国家の高級官僚になることであるという固定観念が強く残存している。そのため、司法試験や国家公務員採用試験目当ての受験競争が、日本以上に激化した。それは国民の教育ニーズの高まりを示すものであり、それに伴う国民の高学歴化が進むことを意味する。一九七〇年代に、経済と情報のグローバリゼーションの波は韓国にも波及し、テレビが国民すべてに行き渡るようになっていた。それにより、マス・メディアの大衆に与える影響も計り知れぬほど大きくなり、それとともに、テレビ等で伝えられる政治ニュースが視聴者に与える影響も大きくなっていったことは言うまでもない。(41)

一九七九年一〇月、長い間押さえ込まれていた国民の不満が爆発する兆候が見られた。釜山の朴政権打倒デモを皮切りに、大規模な反政府運動が釜山近くの馬山等にも飛び火し、それがテレビ等を通じて全国に知れ渡り、その結果、反政府デモが全国に波及する兆しを示し始めた。この対策をめぐって、一〇月二六日、朴大統領と側近のKCIA長官との間に意見の対立が生じ、朴はKCIA長官によって暗殺された。一八年間の朴正煕独裁体制が終焉を迎えたのである。

朴正煕が暗殺された後、約六か月間、「ソウルの春」と言われる権力の空白時代があったが、それを埋めたのが、序章で述べたように、朴大統領に忠実な部下たちであるハナフェという秘密結社の将校団であった。

3 朴暗殺後の軍事政権のゆくえ

ハナフェのリーダーであった全斗煥は、一九八〇年五月、全国に戒厳令を発布し、全ての政治活動を禁止した。そして、金大中など軍事政権に反対してきた政治家の逮捕に踏み切った。その措置に対して、全羅南道の道庁所在地である光州市の人々が、金大中の即時釈放、非常戒厳令の解除、全斗煥の退陣を要求する大々的なデモを展開した。全斗煥は空挺部隊を投入し、デモを弾圧した。光州事件である。その後一〇月に、全斗煥は、維新憲法に基づいて統一国民主体会議によって大統領に選出され、さらに維新憲法を改正した新しい憲法を制定し、その新しい憲法に基づいて再び大統領に就任した[42]。

こうして、韓国は第五共和国時代を迎えた。全斗煥軍事政権は、前の朴正煕軍事政権との違いを示して国民の支持を獲得するために、大統領の任期を一期にして再選を禁止した。次に、政治腐敗の一掃を目指すと称して「正義社会の具現」というスローガンを掲げ、朴政権時代の高官についても、不正蓄財を理由に逮捕し公民権を剥奪した。その象徴が金鍾泌である。彼は一九八七年まで政界から引退を強要された。全斗煥は金鍾泌が作った民主共和党を解散させ、その代わりに新しい軍部の政党である民主正義党（略称は民政党）を創立した[43]。

全斗煥政権は、自由民主主義に対しては一応のリップサービスを示しながら、朴正煕以上に権威主義的支配を強化した。全斗煥は、経済の先進化政策を続行し、それに対する国民からの一切の反対を許さなかった。その象徴が、金大中に対する死刑の求刑や、アメリカの要請でやむなく彼をアメリカへ強制的に亡命させたこと、金泳三を自宅に軟禁させたことである。

こうした強権的政治手法が、「アメリカの制約」をはみ出ることであったことは言うまでもない。アメリカ政府は、政治の民主化を要求した。それに支えられて、国民とその不満を代弁する野党は、大きく成長した労働運動やキリスト教徒の市民運動、学生運動を背景に、政治活動の自由を要求した。その動きは一九八四年時点でもはや抑え切れなくなり、全斗煥政権は政治活動の一部自由化を認めざるを得なくなっていた。金大中も翌年帰国が許されるが、依然として政治活動は禁止されたままであった。金泳三と金大中は野党の再結集に取り掛かり、新韓国国民党（略称新民党）を立ち上げた。両人は、公然と政治活動をすることは許されていなかったので、李敏雨議員を代表者に立て、一九八五年二月の国会選挙に臨んだ。

野党は、国民の政治的自由の回復、大統領直接選挙制への憲法改正、金大中の赦免等を要求し、政府との対決姿勢を強めた。全斗煥は強硬路線を主張したが、アメリカの強い要請もあり、与党民正党の次期大統領候補に指名されていた党代表の盧泰愚は穏健路線を主張した。

こうして一九八七年六月二九日、穏健路線を主張する盧泰愚の主張が入れられて、「六・二九民主化宣言」が出され、第五共和国も終焉を迎えた。約二六年に及んだ軍事政権の時代が、幕を下ろすことになった。

ところで、次の第二章で述べるが、「六・二九民主化宣言」に基づいて憲法改正が行われ、第六共和国憲法が誕生するが、その憲法は全斗煥大統領独裁体制を支えた第五共和国憲法を土台にして改正されたものであった。従って、現行憲法は第五共和国憲法の多くの部分を継承している。ここでは、第六共和国憲法の特徴を理解するために、第五共和国憲法の特徴と政治制度について略述しておきたいと思う。

第五共和国憲法に基づく政治制度は、一応形式的には自由民主主義に対するリップサービスを示している。なぜなら、第四共和国憲法、すなわち維新憲法が、あまりにも朴大統領一人に三権を集中させ、彼の終身大統領制を露骨に規定していることに対する反発が国民の間に根強く、それが「光州事件」等に示されていた。このような内乱になりかねない一触即発の状態であった一九七九年から八〇年度にかけては、国民の自由民主主義に対する要求は、ともかくも紙の上では一応敬意を払う必要があったからである。

第五共和国憲法に基づく政治制度は、フランス第五共和制憲法とドイツのワイマール共和国憲法の影響が顕著に見られる。(44) 上記したように、フランス第五共和制の政治制度は、半大統領制と言われている。それは、権力二元主義に基づく政府である。言い換えるならば、大統領制に議院内閣制を加味した混合形態である。権力二元主義的政府において、大統領的要素の第一は、大統領が国家の元首であると同時に行政府での首班であること、第二は、大統領が大統領選挙人団により選出されること、第三は、大統領任期が一期七年制であること、第四は、大統領が国会に対して責任を負わないこと、第五は、大統領が大法院院長及び大法院判事の任命権を持つこと、第六は、大統領が法律拒否権を持つということである。

また、権力二元主義政府における議院内閣制的要素は、第一に、国務総理を置き、国務総理任命について国会の同意を必要としたこと、第二に、国務総理と国務委員に対して国会が不信任決議を行うことができること、第三に、国務総理と国務委員の連帯責任制が規定されていること、第四に、国会議員と国務委員の兼職が許されていることである。権力二元主義政府と言われる要素は、第一に、大統領に緊急事態に対処する非常措置権と戒厳令布告権が付与されていること、第二に、大統領は国務会議の議長を務める一方、大統領の権限行使においては国務総理と関係国務委員の副署を必要とするとしたこと、第三に、大統領は重要政策については国民投票に訴えることができるということである。

第五共和国憲法の規定が指示する通りに政治が運営されていたならば、全斗煥大統領の大統領独裁は不可能であっただろう。また、民衆の反乱も起きなかったことであろう。全斗煥大統領は、形式的にはこのように自由民主主義的な政治制度を作り出し、それを尊重しているかのように見せかけながら、野党の党首を死刑ないしは監禁し、或いは亡命に追いやっている。そのことを可能にしたのは、憲法を超える特別立法や、第三共和国から第五共和国の間に公布された大統領の緊急事態権に基づく非常措置法である。これらの特別立法は、憲法を含めてあらゆる制約を超える韓国の「超基本法」であった。今日の韓国でも、国家保安法はそれに当たる。

また、国会を弱体化させるための手段として、第五共和国憲法においては国会議員に関する新しい規定が設けられている。それは、国会議員の清廉義務の規定である（第四六条）。この規定によると、「①国会議員は、清廉の義務を有する。②国会議員は、国家利益を優先し、良心にしたがいその職務を遂行する。③国会議員は、その地位を濫用して、国家、公共団体、または企業体との契約、もしくはその処分によって財産上の権利、利益、また職位を取得するなど、他人のためにその取得を斡旋してはならない」。この規定を用いれば、国会を構成する個々の議員の行動を、政府の思うままにコントロールすることができるのである。これは議会制に対する不信である。国会議員の清廉義務規定が第六共和国の現行憲法にも踏襲されている点は、注目すべきであろう。

この第五共和国憲法に対して、野党は、政府形態に関して国民による政府選択権が確保されていないとして、大統領選挙の国民による直接選挙制を主張し、この要求を勝ち取るべく憲法改正運動を展開した。これが民主化宣言に繋がる運動のきっかけとなったのである。

ともあれ、この第五共和国憲法には、アメリカ大統領制とフランス第五共和国憲法の影響が見られる。まず、アメリカ大統領制の影響は、第一に、大統領は国家の元首であるとともに行政府の首班であること、第二に、大統領任期が安定していること、第三に、国会に対して責任を負わないこと、第四に、大統領は法律拒否権を持っていること、第五に、大統領による高級公務員及び大法院院長の任命に国会の同意を得るよう義務づけたこと、第六に、国会が予算審議権を持つこと、第七に、国会が国政調査権を持つこと、第八に、国会が弾劾訴追権を持つこと、等である。

アメリカの大統領制と異なる点は、副大統領が置かれていないということ、大統領が法律提出権を持っていること、大統領が国会解散権を持っていること、大統領が非常措置権を持っていること、大統領が憲法改正案を提出できること、それに対して、国会が国務総理と国務委員に不信任決議権を持っていること、裁判所が違憲立法審査権を持っていないこと、国会が一院制であることである。

フランス第五共和制の韓国第五共和国憲法への影響は、大統領の任期が七年であるということ、大統領が首相を任命し閣議を主催すること、重要事案を国民投票にかけること、基本的人権の保障機関として違憲立法審査権を持つ憲法委員会が設置され、法律の違憲審査、弾劾決定、政党解散権の決定が付与されていることである。

第五共和国の政治制度は、アメリカ式の権力分立制度を導入しているように見えるが、変形した権力分立制度であり、実質的に大統領は国会解散権、行政府構成権、法律拒否権、憲法委員会委員長等の国家機関の任命権等を持

ち、大統領への権力集中が憲法の規定においても見られる。(45)

実際においては、大統領を支える与党の民主正義党が議会の絶対多数を支配しており、さらに憲法を超える非常措置法発令権が大統領に付与されていることから、全斗煥大統領の独裁が可能となったのである。

第三節　韓国的大統領制における決定中枢の特徴

1　憲法の規定から見る特質

韓国的大統領制の原型は、上記の通り、第一共和国憲法においてすでに定められていた大統領の地位と権限にある。それによると、大統領は、まず行政府の首班であり、外国に対して国家を代表する。その他に、公務員の任命権を持ち、国軍の最高司令官であり、恩赦権を持つ。外国との条約締結権、宣戦布告権も有している。とりわけ、注目すべきことは、ワイマール憲法第四八条の影響が見られる非常大権が憲法第五七条に導入されている点である。同条の規定は次の通りである。「内憂・外患・天災・地変又は重大な財政・経済上の危機に際し、公共の安寧秩序を維持するため緊急の措置を行う必要がある時は大統領は国会の集会を待つ余裕がない場合に限り、法律の効力を有する命令を発するか、また、財務上の必要な処分を行うことができる。上記の命令又は処分は、遅滞なく国会に報告し、承認を得なければならない。もし国会の承認を得られなかったときには、その時から効力を喪失し、大統領は、遅滞なく、その事を公布しなければならない」。

また、大統領は、憲法第五八条により、法律で一定の範囲を定めて委任を受けた事項及び法律を実施するために必要な事項についての命令を発することができる。つまり、委任立法権も与えられていた。また、憲法第六四条は、大統領に戒厳令の発布権も与えている。

憲法に明記された大統領権限を見る限り、もしこの強大な権限を持つ大統領をチェックする制度がなかったならば、かつて絶対的君主が有していた権限に等しいものを韓国の大統領が有することになるのである。

もっとも、第一共和国憲法においては、大統領は国会によって選出され、憲法第六六条には、大統領の国務に関する行為は文書でなければならず、すべての文書には国務総理と関係閣僚の副署が必要であると定められている。軍事に関することもまた同じであるという規定（憲法第六六条）があり、チェック機能は存在する。

李承晩は、こうした議会による大統領をチェックする様々な制度を、二回の憲法改正によって取り除くだけではなく、自分が権力を用いて作り出した自由党によって議会の多数派を形成することで、実質的に大統領個人独裁を実現することに成功したのである。

第一共和国憲法において定められた大統領の権限は、第六共和国の今日に至るまでほとんど変わっていない。

第五共和国憲法において、韓国的大統領制における決定中枢の特性は、憲法第六四条の規定にみられる。同条では、国務会議は、大統領と国務総理その他の国務委員で組織される合議体として大統領の権限に属する重要な政策を審議するということになっている。このことを前提にして、憲法第六二条によると、国務総理は国会の承認を得て大統領が任命することになっており、大統領がもし少数党に属している場合においては、議会の多数派の代表である国務総理と大統領との関係において、合議体としての大統領権限を行使する国務会議、すなわち内閣がどのように運営されるかが問題となってくる。ところが、韓国においては、大統領が国務会議の議長であり、国務総理が副議長として合議体としての内閣を運営することになっており、さらに国務会議を構成する国務委員は大統領が任命することになっている。従って、国務会議の構成員は、大統領の意にかなった人々によって構成されていることになっている。また、憲法上の規定から見ても、大統領は行政府の首班であり、国務会議の協力を得さえすれば、その権限を実質的に一人で行使することができることになっている。

上述したように、一二年間の李承晩大統領時代の後期においては、議会のコントロールが一切取り除かれ、国務総理制も廃止され、大統領が国家権力を全て独占し、個人独裁体制が出来上がっており、実質的に李王朝時代のような家父長制的な宮廷政治が展開されたのであった。国王の地位にある大統領のお気に入りの人々が、実質的に政策決定に携わることになったのである。

議院内閣制を採用した第二共和国が軍事クーデターによって廃止された後、一九六三年に発足した第三共和国憲法に基づく大統領制は、この第一共和国憲法の大統領権限をそのまま継承している。

第三共和国憲法では、国務院は、上記の通り、国務会議にその名称が変更された。それについては、次のような規定になっている。

第三共和国憲法第六八条は、国務会議、すなわち内閣は、政府の権限に属する重要な政策を審議すると規定しており、この国務会議の議長は大統領であり、国務総理は大統領を補佐して国務会議の副議長となる。

以上のように、憲法上の内閣の態容について述べてきたのは、韓国においても日本の内閣と同様に首相が存在し、各省大臣がいて、首相の政治指導を支える内閣を構成する各省庁に当たる官庁も存在するのであるが、日本の内閣のイメージで韓国の内閣を捉えようとすると大変な誤解を招く恐れが大いにあるので、憲法の規定を縷々述べた次第である。

2　意思決定の中枢機関

第一共和国において、憲法の規定の上では、内閣は議決機関であった。しかし、朴大統領が創設した第三共和国の内閣は、憲法の規定においては議決機関ではなく、審議機関に改められている。では、国家政策のすべてを議決する機関はどこにあるのだろうか。実際、憲法に明記されていないが、大統領の国政に関する重要な政策決定を支える機構が別に存在するのである。それは大統領秘書室という機構である。機構の内容は大統領が変わると多少変更される。たとえば第五共和国時代の大統領秘書室の構成は図表3の通りである。

大統領官邸は韓国では青瓦台というが、大統領官邸には大統領秘書室（大統領官房庁）の他に、大統領警護室、国家保安室と、大統領を支える三つの部局が存在する。秘書室長（官房長官）の下に、内閣の各省に対応するそれぞれの首席秘書官室（部署）が存在し、多くの公務員を擁している。(46)

また、大統領を補佐するもう一つの機関である警護室と国家保安室にも、それぞれ別の官僚機構が存在する。

第三共和国、第四共和国、第五共和国は軍事政権であり、この時代における韓国的大統領制においては、政策決定機構は内閣ではなく、大統領の権力行使を支える大統領秘書室、大統領警護室、国家保安室の三つの室であり、この三つの室長の大統領との関係次第で、重要な政策決定では、秘書室長ではなく、警護室長ないしは国家保安室長の影響力がより大きく作用する場合もあった。この三室と内閣との関係に関しては、大統領府の青瓦台が優位にあり、一種の上下関係にあったと言えよう。(47)

この時代の韓国の決定中枢は、言うまでもなく、大統領個人である。従って、この時期は、政策決定が大統領一個人の直感に基づいて行なわれる場合もあれば、あるいは大統領に影響を与えている側近によって重要な政策が決定される場合もあった。こういう状態は、「側近政治」や「一人制独裁」、ないしは「大統領独裁」と称されていたのである。(48)あらゆる権力が大統領に集中し、政策決定権も当然大統領に帰属している。しかし、大統領は万能ではないので、国家にとって最も重要な政策を決定する場合、この秘書室が重要な関係情報を収集し、それを整理して、大統領に幾つかの政策を選定して報告する。ついで大統領の方針が固められ、その後、大統領の基本的な方針が示されるのである。それに沿って、公的な政策決定過程が始まる。また、国家全体に関わる問題についての重要

図表２　第五共和国政府機構図（1985年）

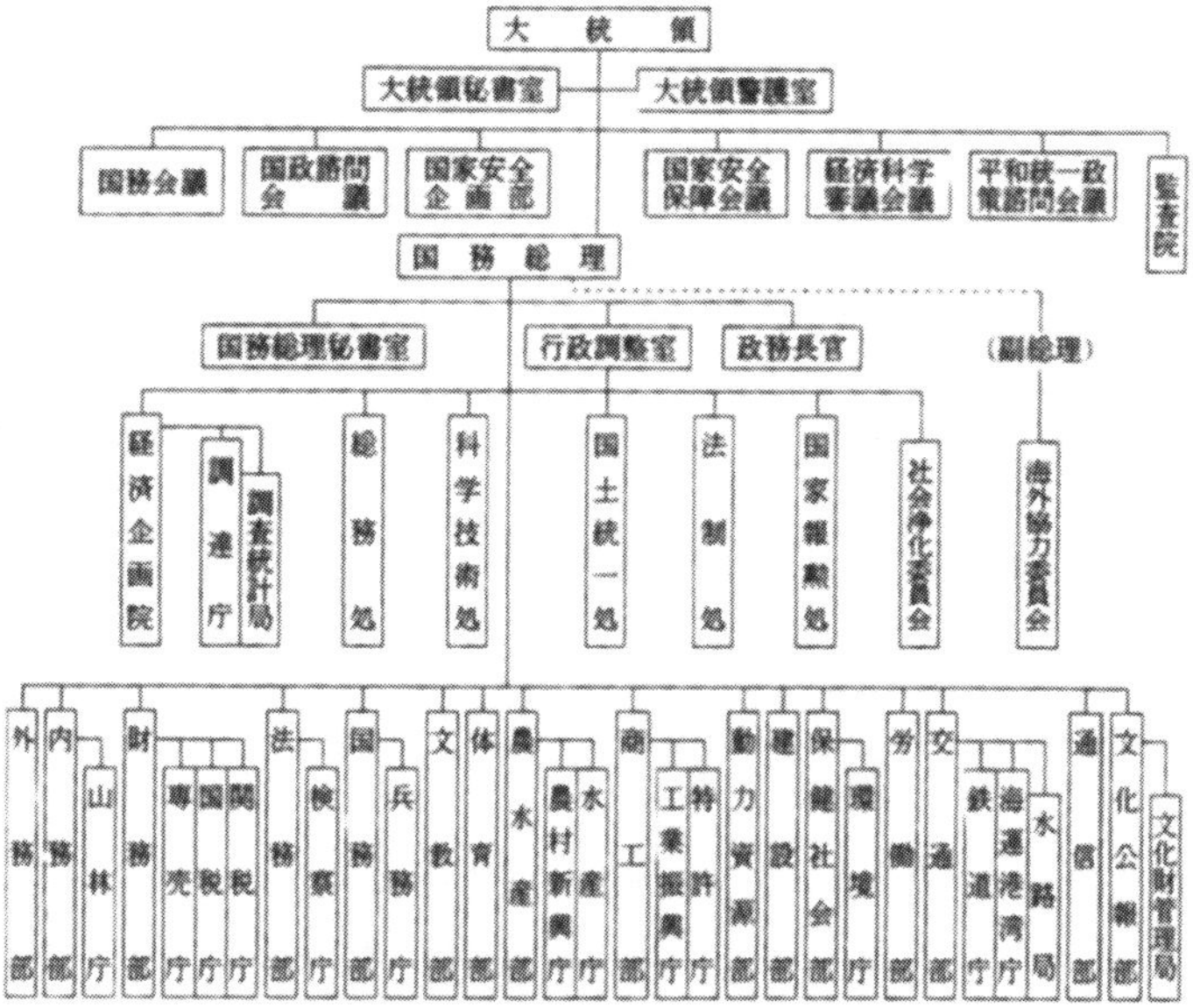

（出典）徐泰潤『韓国政府組織』、博英社（ソウル）、一九八五年、二九二頁。

な政策決定に関しては、別に諮問委員会が設けられており、そこで大統領が専門家と共に政策立案に携わったのである。

朴大統領は、大統領秘書室を立ち上げ、制度化したが、彼は大統領秘書室を軍隊の参謀本部に擬して作った。彼は政策の主要な目標を経済発展に置いていたので、経済専門家の大学教授や経済の専門知識を持つ官僚を多く諮問委員会に登用した。ところが、全斗煥大統領は、その出身が第一線の司令官であることもあり、政策決定において秘書室にあまり重きを置かず、自分一人で行う場合があった。このように、大統領の統治スタイルの違いによって、大統領と秘書室の関係も異なっていた[49]。

第三共和国は開発独裁であるが故に、朴大統領は、すでに第一節、第二節で述べたように、経済企画院という官庁を設け、その長を副首相に任命し、経済開発に関するあらゆる政策作成権を与えており、この経済企画院の提案する政策を大統領

図表３　第五共和国の大統領秘書室

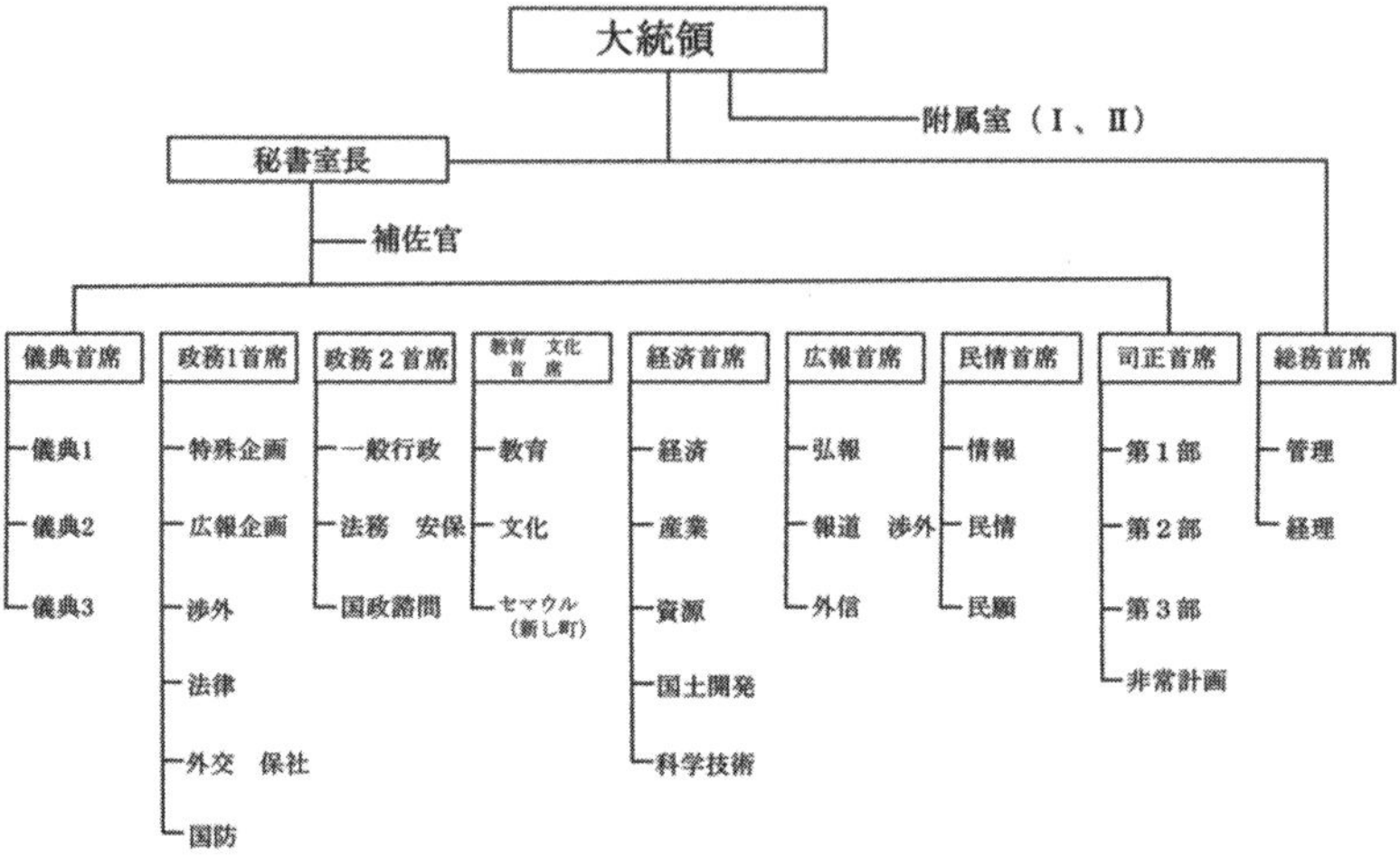

（出典）大統領記録館（http://www.pa.go.kr/）を基に、筆者作成。

が受けて、それを承認し執行するという形で、開発独裁を推進する体制が出来上がっていた(50)。

上述のように、韓国における国務総理を中心として各省長官から構成される内閣は、憲法上は審議機関となっているので、実際に国務会議には参加するのだが、実質的には、大統領秘書室においてすでに決定された内容を知らされるだけの立場に置かれている。政策の企画・選定・決定は大統領秘書室で行われ、それが実質的に一種の「小内閣(51)」の地位を占めていたとみてもよかろう。つまり、議院内閣制における内閣の役割は、大統領秘書室が担っていた。従って、内閣と大統領秘書室は、全体的な政策決定は事前にこの大統領秘書室が行い、決定された政策の執行とその執行の責任を首相はじめ各部〔省〕長官が負わされるというような関係にあったとみられるのである。

青瓦台の秘書室の各部分の首席で構成される大統領の秘書室、各部分の秘書室は、関連内閣の各部〔省〕の上に君臨しながら、それらの各省庁の利益を代弁するという構成になっていた。

各省間の縄張り争いは、韓国でも、各省においてのみならず、大統領の秘書室の間でも行われていた[52]。換言するならば、韓国の決定中枢は青瓦台にあり、内閣は有名無実である。そして青瓦台は、大統領個人の独断を支える官僚機構であった。つまり、日本から見れば、大統領の参謀機関と思われるものが、実質的に内閣の役割を果たしていたと見た方がよかろう。第三共和国から第五共和国まで、内閣及び国務総理と大統領との関係は、それほど根本的な変化はなかったようにみられる。

国務総理は、憲法上は大統領を長とする政権のナンバー2として行政を統括する権限が与えられ、さらに国務会議の副議長として、国務委員の任命提案権と解任建議権などが付与されていた。しかし、歴代政府のほとんどの国務総理は、国の主要な政策決定過程や調整の過程における役割が憲法に明記されているにもかかわらず、その与えられた役割を果たせなかった。国務総理の重要な権限の一つである閣僚任命提案権と解任建議権を実質的に行使できた国務総理は非常に珍しく、行政統括権も適切に行使されていなかった。むしろ、多くの首相は、実質的な権限もなく、大統領の代わりに政治的責任を負わされ、または大統領の失政の責任を負わされるなど、局面転換または世論の収拾のために利用されることが大いにあった。従って、首相は大統領の装飾品と言われた[53]。政権与党との関係でも、韓国歴代首相は、内閣と党を接続する役割を適切に果たすことができず、国会との関係でも、主に政権の行為について、責任を負う役割だけを担わされた。このため、「雇われマダム」や「政権の盾[54]」と揶揄されたのである。

このように、国務総理は政策決定において曖昧な地位に置かれ、それ故に政策決定過程において重要な役割を果たすことがなかったのである。こうしたことから、その補佐機関が大きく発展しなかったことも、ごく当然の結果であったといえよう。行政調整室など国務総理の補佐機関は、第一共和国時期には、組織自体がなかった。この組織は、第三共和国以降に設置されたが、実際の機能は非常に不十分で、国務総理の補佐機関としての機能を正常に果たすことができなかったとされている。

それは当然の成り行きであり、国務総理の職に就いた人物の問題ではなく、韓国的大統領制には、国務会議や国務総理が大統領に従属する立場に置かれているということが埋めこまれているからである。つまり、前述したように、韓国の憲法は大統領制を中心とするが、内閣責任制の要素を加味して、大統領の権限を制限するという意図を有してはいる。しかし、第三共和国から第五共和国までの大統領は、憲法の規定に反して、大統領をチェックする議会および議会とつながる国務総理と国務会議を、あらゆる手段を使って実質的に無力化させていたので、大統領は「帝王的大統領」と呼ばれる程の強い権限を行使できたのであった。この大統領への権限と権力の集中は、当然、大統領の側近、つまり大統領秘書中心の国政運営システムの形成へと導き、国家の主要政策決定が青瓦台秘書陣によって行われるようになった。国務総理や国務委員は、大統領を中心とする閉鎖された政策決定空間の中で決定された政策の、法制化の第一段階として国務会議の議を経るという儀式の一端に、単に参加するだけの役割が与えられていたのである。従って、実際の政策過程からは疎外されているのが実情であった[55]。

さて、第六共和国憲法第八八条には、第五共和国憲法第六四条の国務会議の規定がそのまま引き継がれている。つまり、国務会議は議決機関ではなく、審議機関となっている。しかし、条文の内容は同一でも、第六共和国憲法下においては、大統領と議会の関係がそれ以前とは全く異なり、従ってその意義も異なることになる。なぜなら、政策決定において、議会が重要な政策アクターとして位置づけられているからである。第六共和国憲法下の政策決定過程では、決定権が大統領とその直属の官僚達に置かれているのではなく、まず議会の支持に依拠する国務会議において政策の立案が行われ、政策決定は議会との協議の下に進行するようになった。それまで密閉されていた政策過程が開かれ、オープンになった空間に多様な政策アクターが参加し、政策決定をめぐる政治力学もそれ以前とは全く異なる様相を示すようになったのである。民主化された現在の第六共和国憲法において、政策決定の中枢は大統領個人ではなく議会の多数派の支持を得た内閣首班の国務総理へ移行するのか、あるいは、大統領と国務総理の「共同統治」へと変化するのか、それとも、軍事政権時代と同様に大統領個人であり続けるのか、次章で見て行くことにしたい。

【注】

（1）「近代化論」は、一九五〇年代後半、アメリカの政治学者によって構築された比較政治学の理論である。「近代化論」は、「伝統社会」と「近代社会」の二分法に基づき、都市化・工業化・民主化・機能別集団の分化といった諸基準を用いて各国の社会体制を比較し、前者から後者への進化の単線的発展経路を示唆する理論として知られ、政治経済・社会発展に関する最も有力な説明理論である。S・P・ハンティントンは、その著作『第三の波――二〇世紀後半の民主化』（坪郷實他訳）、三嶺書房、一九九五年、一〇八頁において、近代化の第一の波は、アメリカ合衆国の独立やフランス革命などを起点として第一次世界大戦までの間における封建貴族制が根強く残っている絶対君主制の精算の試みを表し、第二の波は、第一次世界大戦後から第二次世界大戦後の間に発生した、ファシスト国家、植民地支配、個人主義的軍事独裁の精算の試みを表わしている。第三の波は、一九七四年から一九九〇年代までの民主化の波であり、一党独裁体制、軍事体制、個人独裁の解体と消滅を表している。

（2）例えば、大西裕「韓国におけるイデオロギー政治の復活」『国際問題』第五三五号、二〇〇四年一〇月、一七―三〇頁。

（3）刑罰と行政に関する法規（律令格式）。中国の隋・唐代に完成した国家的成文法体系。この時の律は刑法、令は行政法の制度に関する規定である。律令体制ないしは律令国家では儒教の教養を持った科挙によって選抜された官僚団による「刑法」による人間の統制と「行政」によって、国家が運営された政治体制である。

（4）グレゴリー・ヘンダーソン『朝鮮の政治社会』（鈴木沙雄・大塚喬重訳）、サイマル出版会、一九七三年、一四九―一五〇頁。韓国の政治文化についてヘンダーソンの規定した「渦巻き型政治」が作り出された要因は、彼があげた儒教的官僚文化のみではなく、第二の要因として日本の植民地統治機構と支配体制における中央集権化の強化、第三の要因として建国後の韓国における冷戦によって生み出された左右のイデオロギー闘争と南北対立構造の枠組みが権力と資源の集中化の原動力を強固に推進し続けた点、第四の要因として軍事政権による国家主導型産業による集中化を、崔章集はあげている。崔章集『民主化以後の韓国民主主義――起源と危機』（磯崎典世他訳）、岩波書店、二〇一二年、三八―三九頁。

（5）金哲洙『韓国憲法五〇年――分断の現実と統一への展望』敬文堂、一九九八年、三九頁、五〇―五七頁。

（6）韓国は君主がいないので当然共和制である。そして日本と違い年号がないので、時代区分の方法として政治体制が利用されている。例えば、憲法改正によって政治体制が変更された場合、第二共和国、第三共和国という表現を使っている。フランスでも第三共和制、第四共和制、第五共和制という用語が使われているが、日本では、フランスについては、共和国の代わりに共和制という言葉が使われている。例えば、ドゴール憲法は第五共和制憲法と言われている。もともと「リパブリック」を翻訳すると共和制ないし共和国ということになるので、日本では共和制と訳され、韓国では共和国という訳を用いているために、第五共和国のように称している。

（7）石川健治「統治のヒストーリク」奥平康弘・樋口陽一編『危機の憲法学』弘文堂、二〇一三年、三一頁。

（8）李ヨンロク「兪鎮午　憲法の思想の形成と展開」（博士論文）、ソウル大学大学院法学科基法学専攻、二〇〇〇年、一八―三一頁、五九―六一頁、六四頁、六七―七二頁、八一頁、九三頁、九八頁。

（9）李チャンホン「第一共和国期の権力構造をめぐる葛藤の研究――憲法制定、一・二次改憲の過程を中心に」（修士論文）、釜山大学大学院政治外交学科、二〇一八年、六一―六五頁。

（10）全カンソク『韓国憲法論』法文社、二〇〇四年、二九頁。

（11）小林昭三『ワイマール共和制の成立』成文堂、一九八〇年、一二三―一二九頁、小林昭三『ワイマール大統領論研究序説』成文堂、一九六四年、第四章・第五章、安 章浩『憲法改正の政治過程――ドイツ近代憲法政治史から見えてくる憲法の諸相』学陽書房、二〇一四年、一三〇頁。

（12）ワイマール憲法起草におけるヴェーバーの活動とその役割については、W・モムゼン『マックス・ヴェーバーとドイツ政治一八九〇～一九二〇Ⅰ』（安 世舟他訳）、未來社、一九九四年、第九章が詳しい。

（13）W・バジョット『イギリス憲政論』（小林春雄訳）、中央公論社、一九七〇年、七三頁。

（14）ワイマール共和国の政治制度についての憲法学的解釈の古典は、C・シュミット『憲法論』（阿部照哉・村上義弘訳）、みすず書房、一九七四年がある。第二七章を参照せよ。

（15）ワイマール憲法の邦訳は、注（14）のC・シュミット翻訳書の付録（四四七―四七二頁）にある。

（16）半大統領制の諸国の政治動向に関する比較政治学的研究として、J・リンス／A・バレンズエラ編『大統領制民主主義の失敗――その比較研究』（中道寿一訳）、南窓社、二〇〇三年がある。

（17）S・ノイマン編著『政党――比較政治学的研究』（渡辺一訳、一九五六）、みすず書房、一九五八年、一頁。

(18) カール・シュミットは、①狭義の議院内閣制、②首相制、③内閣制、④大統領制の四つのバージョンを指摘している。阿部照哉・村上義弘訳『憲法論』、三九五頁。この指摘を、注（5）の金哲洙教授は、上記の著作の四三頁と七九頁に韓国大統領制の変遷の分析において紹介して利用している。

(19) 李氏朝鮮が日本に併合される直前に、近代日本をモデルにして、国名も大韓帝国と変え、近代的な政治制度を導入したことがある。その際、李王朝時代と同じ機能を果たす官庁は使い慣れた李王朝時代の用語を用い、新しい官庁は明治日本の官庁名を参考にするか、または中国の名称等を参考にして新しい名称を作っている。そうした過去の官職名は、今日の韓国にもそのまま継承されている。例えば、日本の裁判制度は韓国では法院、裁判官は法官という。最高裁判所は大法院、最高裁判所判事は大法官という。こうした用語例は多く、例えば、日本の内閣は韓国では国務院または国務会議と称し、大臣は国務委員または長官という。また、日本の省は韓国では部である。本書では、韓国の官庁名や韓国特有の専門用語を出来る限り使い、それに該当する日本の用語を括弧の中に入れておくことにした。文脈によっては、韓国の官庁名をそのまま使う場合もあることを予めご了解願いたい。また、政府組織の名称で、日本では用いられていない「處（略字：処）」の付く役所名もある。その典型は法制処であるが、それは日本の内閣法制局に相当する役所である。これは韓国の政府組織としては、国務総理の管轄下にある各省庁とは別個に設置された、特殊な職務を担当する官庁である。さらに、科学技術処、国土統一処なども該当する（一九八五年の政府組織の例である）。また日本の政府組織の名称にはない「秘書室」がある。それは単なる秘書が働く役所ではなく、日本の官房に当たる。その典型が大統領秘書室であり、日本の内閣官房、ないしは第二次安倍政権の内閣府に当たる。

(20) 本書では、九回改正された韓国の憲法すべてについて、韓国法制処の「国家法令情報センター」編集のものを使用した。

(21) 兪炳勇他『韓国現代政治史』（韓国政治外交史学会編）、集文堂、一九九七年、八九―九二頁。

(22) 金哲洙、前掲書、四三頁。

(23) 安章浩、前掲書、一六四―一七〇頁。

(24) 二つの立法手段の研究として、E・フランケル『二重国家』（中道寿一訳）、ミネルヴァ書房、一九九四年がある。

(25) 任爀伯、前掲書、二〇頁、四〇八―四一五頁、木宮正史、前掲書、一一七頁。

(26) 李泳采・韓興鉄『なるほど！　これが韓国か――名言・流行語・造語で知る現代史』朝日新聞社、二〇〇六年、一三頁。

(27) 崔章集、前掲書、一三一頁。

(28) 金哲洙、前掲書、四四頁。

(29) 兪炳勇他、前掲書、一三四—一四二頁、李ジョンボク編『21世紀韓国政治の発展方向』ソウル大学出版文化院、二〇〇九年、一一—一二頁。
(30) 李ジョンボク編、前掲書、一二八—一三一頁、任爀伯、前掲書、一八七頁、木宮正史、前掲書、四六頁。
(31) 木宮正史、前掲書、九六—九八頁。田中誠一『韓国官僚制の研究——政治発展との関連において』大阪経済法科大学出版部、一九九七年、第三節。なお、本書は経済発展を推進する行政組織の近代的再編に焦点を当てた朴政権の成立と崩壊までの政治過程に関する研究であるが、本節の執筆において大いに参考にした。
(32) 田中誠一、前掲書、一三八—一四一頁。
(33) 両金の政界へのデビューについて日本語で書かれたものは、木村幹、前掲書、四五—五四頁。
(34) 金哲洙、前掲書、一四四—一四七頁。
(35) 田中誠一、前掲書、一六三頁。朴大統領は、「韓国的民主主義」を「行政的民主主義」と言い換えて主張する場合もあった。『朴正熙全集』①の『韓民族の進むべき道』鹿島研究所出版会、一九七〇年、二一三頁。
(36) 兪炳勇他、前掲書、一七九—一八三頁。
(37) 同書、一八三—一八四頁。
(38) 同書、二〇九頁以下。なお、維新憲法については、起草者の一人である韓泰淵は、その論文（「韓国憲法の三〇年——戦後の廃墟から近代化国家へ」鈴木敬夫編訳『現代韓国の憲法理論』成文堂、一九八四年）の中で「ただその危機の構造による危機克服のような積極的目標だけに局限されず、いまでは積極的に韓国民族の飛躍を念願するため「使命の政治形態」に関する憲法を意味している」（二七〇頁）と持ち上げている。
(39) 文京洙『新・韓国現代史』岩波書店、二〇一五年、一二四頁以下。
(40) 田中誠一、前掲書、二二六—二二七頁。
(41) 同書、二三五頁。
(42) 兪炳勇他、前掲書、二四九—二五四頁。
(43) 同書、二五六頁以下。
(44) 金哲洙、前掲書、四九頁。
(45) 同書、一五三頁。

(46) 咸成得『大統領学』ＮＡＮＡＭ出版、二〇〇三年、一八四―一八五頁。
(47) 同書、一七九頁。
(48) 同書、一七八頁以下。
(49) 金錫俊『韓国大統領研究1』図書出版大栄文化社、二〇〇二年、三〇一―三〇三頁。
(50) 朴一『韓国：ＮＩＥＳ化の苦悩――経済開発と民主化のジレンマ』（増補二版）、同文舘出版、二〇〇二年、一六五―一六六頁。
(51) 咸成得、前掲書、一八五頁。
(52) 同書、一八五頁。
(53) 同書、一八一頁。
(54) 同書、一八三頁、一八七頁。
(55) 同書、一七九頁。

第二章　転機となる憲法改正——第六共和国憲法の誕生へ

第一節　全斗煥軍事政権に反対する民主化運動

国民に対して暴力行使をいとわない全斗煥率いる新軍事政権の成立からその崩壊までの経過を、第一章第二節の第五共和国における韓国的大統領制についての記述の中で、望遠レンズを通して見る形で簡単に述べた。本節では、重複するところもあるが、全斗煥政権の暴力支配とそれに反対する民衆の抵抗運動との緊張関係が民主化宣言の形で解けていき、今日の韓国において花開く自由民主主義への転換の礎となった第六共和国憲法誕生までの政策過程を追うことにしたい。

全斗煥・盧泰愚・鄭鎬溶などが中心となった新軍部勢力は、一九七九年の「一二・一二事件[1]」で軍隊を動員し、戒厳司令官鄭昇和を連行することによって軍部の実権を掌握した。一九七九年一二月二一日、全斗換らによって招集された統一主体国民会議で、国務総理であった崔圭夏が第一〇代大統領に選任されたが、実権は専ら新軍部勢力にあった。

しかし、崔圭夏大統領及び憲法に基づく政治制度が存在する以上、それらを一挙に廃止することはできず、新軍部は彼らの意向に沿う新しい憲法を制定し、形式的にも権力の正当性を調達するための時間が必要であった。

一九八〇年四月中旬、韓国の江原道にある舎北炭鉱労動者や学生の反政府的デモが勃発した。また、長い間、抑圧されていた労働者大衆も立ち上がり始め、労働争議が全国的に拡大する様相を示した。それに対抗するために「一二・一二事件」で政権を掌握した全斗煥を指導者とする新軍部は、一九八〇年五月一七日、非常戒厳令を全国に発動し、「政治風土刷新のための特別措置法」を公布してすべての政党と政治活動を禁止し、金大中を含む野党の指導者達や朴政権のナンバー2であった金鍾泌まで含めたすべての政治リーダーたちを逮捕した。そうすることで、表面的には、朴政権の人権の抑圧と政治腐敗に対する鬱積した国民感情を浄化させせようとした。他方、全斗煥を指導者とする新軍部は、一九八〇年五月一七日には、非常戒厳令拡大措置に反対する「五・一八光州民主化運動（光州事件）」に対しては、上述の通り、軍を投入して鎮圧した。

このように、一切の反政府勢力の抑圧をはかる一方で、一九八〇年八月一六日、崔圭夏大統領を退陣させた全斗煥は、同年九月一一日、維新憲法に基づく統一主体国民会議を通じて大統領に就任した。その後、全は戒厳令下で新しい憲法を成立させた。

全斗煥は、この新しい憲法に基づいて設置された大統領選挙人団によって再び大統領に選出されると、一九八一年三月に就任し、第五共和国が誕生したのであった。

こうして出現した全斗煥政権は、朴政権の「亜流」として、朴政権が敷いた軌道をさらに進めた。その結果、経済発展は進んだが、発展した経済と政治的後進性の落差は一層拡大していくのみであった。それは、次の二点において明確に現れた。第一に、全政権に見られた政・官・財癒着体制のマイナス面、すなわち政治腐敗である。とりわけ大統領とその一族やその他の政治家・高級官僚による権力乱用、不正蓄財は、その規模の点において想像を絶するほど大きく、維新体制の改悪版の寿命もそう長くないことを示した。第二は、全斗煥政権が、こうした不正に憤る国民の声を聞く耳を塞ぐだけでなく、国民の民主化への要求に対して徹底した拒否の姿勢を強めていた点である。極端な暴力が極端な暴力を招くことは歴史の教えるところであるが、全政権の下では、下からの民衆の不満が表出し、それを解決する制度が機能せず、民衆の不満がある時点で体制を崩壊させる恐れがあった。それにも関わらず、全政権は、そのような不満にただ蓋をしていればよいというような姿勢を示したのみであった。こうした民衆の不満は、学生や労働者、キリスト教者の一部によって時折表出されたが、それはすぐに軍隊と警察機動隊によって強権で抑圧されるというシーソー・ゲームが展開された。

李承晩政権を打倒した一九六〇年代初めから二〇数年が経過し、韓国社会は朴政権の進めた経済開発による急速な工業化、都市化によって一変していた。上記のように、経済開発に伴って国民の生活水準もある程度高まり、それと共にテレビなどのコミュニケーション手段も飛躍的に普及した。全斗煥が、経済と情報の国際化によって、韓国を先進国入りさせるために先頭に立って頑張っているのだという自画自賛の演説をするニュースが毎日放映された。その一方、警察がデモ中の学生を棍棒で殴ったり蹴ったりする場面も、テレビで映し出された。一般国民はこうした落差に驚き、全大統領に対して自然に怒りを感じるようになり、静かに民主化を求めるエネルギーが蓄積されていた。他方、学生や労働者の抗議行動を暴力で抑制する場面が、テレビを通じて国内ばかりでなく国外にも生々しく映し出されることになり、それは輸出重点工業で経済発展を推し進めてきた韓国のイメージダウンにもつながったので、強権支配は早晩限界に近づいていたとみられよう。

全政権の強権支配体制において、国民の反政府の声の高まりにどう対処するかをめぐって、政府内部では対立が続いていた。穏健派を代表したのは、ナンバー2の盧泰愚であった。

盧泰愚は、全とともにクーデターを敢行し、政権掌握後は全の右腕として政権を支え、一九八五年時点では、内相を経て与党民正党の代表委員、つまり党首となっていた。彼は与党党首として国会で野党のリーダーと渡り合っており、かつ彼らと会う機会が多かったために、全大統領よりも国民の意識の変化をより直接的に知り得る立場にあった。彼は、従来のような方法ではこれ以上政権を維持することができないと察し、穏健路線への転換を主張した。その後、政権内部では意見の対立が続き、ある時は穏健派が、ある時は強硬派が指導権を握り、政策において硬軟が入れ替わる形でジグザグコースを示しながら、全大統領の退場まで続くことになったのである。[2]

一九八四年に穏健派の勢力が強くなり、ついに、全斗煥政権は反政府活動に対して柔和的な姿勢を示すようになり、御用労働組合や学生団体の活動も許し始めた。一九八五年に入ると、全政権は「政治風土刷新のための特別措置法」を停止し、野党の政治活動の制約を解いた。それによって、朴正煕政権と全斗煥政権という軍事独裁との不屈の戦いを続けてきた金泳三、金大中の二人の野党指導者が政治活動を再開する可能性が生まれることになったのである。

金泳三、金大中をリーダーとする野党は、党名を新民党に改めて政治活動を開始した。二月一二日に行われた第一二代国会選挙では、政府による選挙干渉が成功し、与党民政党が得票率三五・二%で一四八議席を獲得した。野党の新民党も、政府の選挙妨害にもかかわらず、善戦し、得票率二九・三%で六七議席を獲得して野党第一党に躍り出た。二月には金大中も亡命先のアメリカから強行帰国したが、政治活動は禁止されたままであった。公正な選挙が行われたならば、新民党が議会第一党になったと考えられた。下からの反政府運動に助けられて、野党第一党の新民党を中心とする反政府勢力は、韓国政治の民主化のための改革の第一歩として大統領直接選挙制の実施を主張した。新民党は、一九八五年、通常国会で「改憲のための特別委員会」の設置を提案し、改憲問題を政治的争点にした。[3]

一九八六年五月二七日、与野党は、「国会憲法改正特別委員会」設置に合意した。しかし、大統領直接選挙制を主張する新民党と内閣責任制を模索する民正党の立場は互いに拮抗し、国会での改憲議論が進展しない状況の中、一九八六年九月末、新民党は国会憲法改正特別委員会から脱退した。この過程で、公的に政治活動が許されていない金大中と金泳三の代理として、上記の通り、党創立時から総裁に李敏雨が暫定的に就いていた。新民党李敏雨総裁は、民主化を先に進めるならば、与党の主張する議院内閣制を肯定的に検討してもよいという、いわゆる「李敏雨構想[4]」を一二月二四日に発表した。

こうして、新民党は、大統領直接選挙制を主張する勢力と与党との妥協を盛り込んだ李敏雨構想を受け入れようとする勢力の二つに分裂し、しばらくの間混乱が続いた。新民党内部の混乱は、一九八七年四月、金大中と金泳三が七四人の国会議員と一緒に新民党を離党し、新党（統一民主党）を創党する形で決着がついた。これに伴い、「李敏雨構想」は挫折した。両金の離党と新党創設は、大統領直接選挙制への改憲を除いたいかなる妥協も拒否するという立場、つまり「鮮明野党[5]」たることを明確にし、全斗煥政権の選択肢の幅を狭めた。

野党は言うまでもなく、財界も、間接選挙制で選出された第五共和国大統領全斗煥の道義性と正当性の欠如と非民主性を批判し、大統領直接選挙制への改憲を主張し始めた。そこで全斗煥は、一九八七年四月一三日、一切の改憲論議を禁止する護憲措置を発表した。それはのちに「四・一三護憲措置」と称されるようになる。このような状況の中、ソウル大学の学生朴鍾哲が警察の拷問によって死亡した事が知られ、政局は対決局面に突入した。

一九八七年五月二七日、在野勢力は統一民主党と連帯して「護憲反対民主憲法争奪国民運動本部（国民運動本部）」を結成した[6]。国民運動本部は、在野と宗教勢力のみならず、民主化推進協議会（民推協）などの政治団体までを総網羅し、広範囲にわたる連合体として、大衆的信頼と権威を基に全国的な闘争の中心になった。これにより、民主化運動は加速度的に活性化した。同年六月一〇日、全国一八都市で民主憲法国民運動本部が主催する大規模街頭集会が開かれ、学生と市民たちのデモが連日続いた。二六日には、全国三七都市で史上最大人数となった一〇〇万人余りが夜遅くまで激しいデモを繰り広げた。警察力の不足で政府は軍隊の投入を検討したが、与党内では、それに反対する穏健派が優勢となり、政府側は国民の大統領直接選挙制への改憲要求を受け入れることにし、「六・二九民主化宣言」が発表されたのである。

一九八七年六月二九日に、与党民正党の代表盧泰愚が国民の民主化と大統領直接選挙制導入のための改憲要求を受け入れる特別宣言を発表した。その主要な内容は、次の通りである。(7)

①大統領直接選挙制を導入し、一九八八年二月に平和的政権委譲を行う。
②大統領選挙法改正を通じ、公正な競争を保障する。
③金大中の赦免復権と政治犯たちを釈放する。
④人間の尊厳性を尊重するため改憲案に基本権強化条項を補完する。
⑤言論の自由を最大限に保障する。
⑥地方自治及び教育自治を実施する。
⑦政党の健全な活動を保障する。
⑧果敢な社会浄化措置を断行する。

この「六・二九民主化宣言」は、韓国国民が求めてきた民主化の要求を全面的に受け入れたものであった。これによって、韓国では権威主義体制から民主主義体制へ移行する基盤が作り出されたのであった。

第二節　憲法改正と大統領選挙法改正の政策過程

1　与野党八人政治会談

与野党の妥協の産物として「六・二九民主化宣言」が出されると、それをもって下から燃え上がった反政府運動は沈静化し、宣言の内容を具体的に実現するための憲法改正、大統領選挙法の改正、国会議員選挙法の改正など、韓国政治の民主化のための制度改革のイニシアティブが与野党のリーダーたちの手に委ねられることになった。

改憲交渉の全過程は、全斗煥・盧泰愚側の与党民政党代表国会議員四人と、野党新民党の代表国会議員四人（金泳三側二名と金大中側二名）によって行われた。その「八人政治会談」の重要な論争点は、大統領の任期であった。民正党改憲案実務を担当した玄敬大議員は、「当時、民正党は一期六年制再任禁止案を、新民党は任期四年の再選可案を主張したが、まず人を変える訓練から始める意味で任期一期案を選んだ。任期は両側の主張を折衝し、五年と決めた」と説明している。(8)

任期一期の五年制で合意したのは、次の大統領職を狙う人（両金）が、年齢的には二期八年という長い時間を待つことに耐えられないという事情によるものであった。国民が民主化運動で権力から勝ち取った憲法改正であったが、そもそも国民の生命・財産・人権などの基本的人権を保障するために政府を拘束するはずの憲法が、このように権力者間の取り引きによって決められる格好となったのである。権力欲の旺盛な全斗煥、盧泰愚、金泳三、金大中の四人によって、まったく新しい憲法を制定するのではなく、第五共和国憲法を土台にして、それに野党の要求を盛り込む形で恣意的に憲法が改正されていくことになった。

「八人政治会談」の民正党代表李漢東議員は、次のように述べている。(9)

金泳三、金大中、わが党の盧泰愚代表も交渉案件に関して詳細なことについては問い詰めなかったよ。早く、早く終わらせろと、大統領になりたくて、そうしたのか、些細なことで争うなんて、盧泰愚代表は非常に大統領直接選挙制を敬遠していた。しかし私たちは大統領直接選挙制には自信があった。なぜなら、六・二九宣言中に金大中を赦免復権するというのが入っていて、神の一手、それこそ〔と思ったからである〕。

また、「八人政治会談」で野党の金大中側を代表した李龍熙議員は、次のように述べている。[10]

話は改憲交渉であり、政治交渉であるから、その時は、とにかく初めに大統領直接選挙制を採用し、その次に二人が互いに一回ずつ大統領になることしか考えていなかったから。

一九八七年、民正党世論調査担当金鍾仁は、次のように述べている。[11]

盧泰愚党代表に直接選挙制になっても、大統領になれるから、あまり心配はしないでください、という話を私が何度も繰り返しましたよ。私がその時、世論調査を担当していたので、一盧（盧泰愚）で三金（金泳三、金大中、金鍾泌）に対抗できるので盧泰愚さんが三八％内で当選することになっていましたよ。

ある論者によると、一九八七年の現行憲法の成立に全く問題がないわけではなかったという。現行憲法は、建国時の憲法制定以来、初めて外的制約がない状況の中で、利害関係が対立する政治集団間の相互の「合意」に基づいて成立したという点で確かに意義がある。[12]つまり、軍事独裁政権下では不可能であった韓国憲政史上初めての与党と野党の合意による「八人政治会談」により憲法改正が行なわれた事は評価できる。しかしながら、政策過程においては、権力者同士の利権が最重要視された。人権を保障する近代憲法の本来の意味の国の最高規範としての憲法が、密室において権力掌握を目指す「大統領病」患者間の取り引きで決められた点は、民主化の道程でみられた韓国特有の現象であったといえよう。

２　野党・国会

政権を掌握している盧泰愚と野党の指導者との密室における取り引きによって、大統領直接選挙制を中核的内容とする形での第五共和国憲法の改正が決められた。その次に、この政治的決定の法制化のプロセスとして、舞台は国会に移った。

国会の審議は、以下のように進行した。

一九八七年九月一八日の国会本会議で、憲法改正特別委員会により憲法改正案の起草に関する経過報告があった[13]。憲法改正特別委員長代理で民正党改憲案実務を担当した玄敬大議員による報告の概要は、次の通りである。

憲法改正特別委員会は、九月一七日、以下の内容の大統領直接選挙制を骨子とする、前文と本文一〇章一三〇条と付則六条で構成された改憲案を国会に提出した。

①大統領直接選挙制にし、大統領の非常措置権を削除するなど大統領権限を調整しており、さらに長期政権の防止のために任期を一期五年制再任禁止とする。
②立法府と行政府の権力均衡が維持されるように、大統領の国会解散権を無くし、さらに憲法裁判所を常設し、独立機関とする。
③国民の自由と権利を最大限に保障する。

④経済分野においては、自由市場の経済原理を根幹とし、均衡ある国民経済の成長と適正な所得配分が維持されるようにする。

この提案理由に対して、野党新民党の代表最高委員であった李哲承議員は、改憲発議案に反対し、それへの署名を拒否した理由を次のように述べた。

①これまで一貫して議院内閣制を主張した者として、大統領中心制の改憲案には賛成するいかなる理論的、現実的な、そうした理由を見つけることができない。

②改憲案の協議過程において、少数党や少数の意見が事実上排除・黙殺された事は、民主主義の精神に反し、多数の横暴がまかり通っている。

しかし、法制司法委員会会議録第七号によれば、一九八七年九月二四日第一三七回国会第二次内務委員会に設置された選挙関係法審査小委員会では、民正党、統一民主党、新韓民主党、韓国国民党の大統領選挙法試案と八人政治会談の合意結果に基づき作成された小委員会案を採択した。

第一三七回第一一次内務委員会では、歴代選挙で不正の疑いがあった、「約七〇万（国軍将兵）の不在者投票の開票方式」に反対意見があったが、出席者人員二〇人中賛成一七人、反対三人で可決された。

第一三七回第一一次国会本会議では、（金大中を指導者とする）仮称、平和民主党所属の安東善議員が、次のように反対意見を述べた。

①大統領選挙には十分な時間の余裕を設けるべきであるのに、その期間が短かすぎる。それは、現在創党過程にある平和民主党の金大中候補に不当な不利益を与え、選挙運動に制約を加えるなどの恐れがあるからである。

②選挙人名簿の確定を選挙七日前とすることは、創党過程にあるためにその点検の事務能力がまだ弱体な政党にとっては期間が短かすぎる。

③七〇万に達する軍人が不在者投票をこれまで行なってきたが、それが不正投票の一つの現れとみなされていることに鑑みて、軍人も駐留する現地で一般人と一緒に投票すること。

④期日前投票・不在者投票所設置は、選挙法に明示することを要望する。

これに対して、内務委員会具龍相議員が「八人政治会談」の改正案を土台に賛成意見を述べ、その後、票決に入った。出席者一五一人中賛成一四八人、反対三人で、大統領選挙法が可決された。

このように、「六・二九民主化宣言」の実現に向けて、与野党間の交渉が進展した。そして、一九八七年一〇月一二日、次の節で詳しく紹介するが、任期五年制で重任禁止の大統領直接選挙制、大統領の一切の国務行為には国会の信任を得た国務会議（内閣）の構成員の副署を必要とすること、国会に国政調査権を認めること、等を骨子とする新しい憲法案が国会で可決されたのである。新憲法案は、一〇月二七日に国民投票にかけられ、承認された。また選挙法も改正され、総議席二九九の中二五〇議席を小選挙区制で選び、残りの四九議席は比例代表制で選ぶ方式に改められた。その他、三権のチェック・アンド・バランスが取れるような制度も確定され、政治制度面では、韓国は民主主義体制へ向かって大きく第一歩を踏み出すことになったのである(14)。

第三節　第六共和国憲法の特徴と韓国的大統領制の変容

前節で述べたように、第六共和国憲法は、一九八七年一〇月一二日に、第五共和国憲法を土台にし、与野党の合意に基づいて制定された。大統領独裁を可能にする制度的条件を多く含む第五共和国憲法を全て清算して、全く新しい真の意味での近代的憲法が何故制定されなかったのだろうか。

また、何故に第六共和国憲法は、議会の「八人政治会談」によって、極めて短い時間の間に作り出されたのだろうか。その答えは、その後の韓国における民主化の実現が、制度的レベルにおいては進められるが、社会構造の民主化を含む韓国全体の民主化への進展には障害となる問題が未解決のままにされていた理由を明らかにするものであると考えられる。金大中、金泳三などの野党のリーダーが、その反政府活動において、大統領の選挙制度改革、とりわけ、直接選挙制度の導入を主張している点に注目すべきである。

一九七〇年代後半から一九八〇年代にかけて台頭してきた反政府的な大衆運動の主要な構成団体は、連帯を名乗る労働者集団、急進的学生団体、カトリック教会を中心とするキリスト教信者であった。彼らの反政府運動が、全斗煥の暴政に反対する大衆運動の盛り上がりとともに、都市の新中間層を巻き込んで大きなエネルギーを示すようになった。この力を野党の指導者が利用して、盧泰愚から譲歩を引出した成果が「六・二九民主化宣言」であった。ソウル大学法学部憲法学教授の金哲洙は、この「六・二九民主化宣言」は〔政権にとっては〕「降伏宣言」であり、その成果として制定された第六共和国憲法は「名誉革命」である、と述べている[15]。確かに、新軍部を中心とする既得権益側から見るなら、「六・二九民主化宣言」は大衆運動への降伏であったかもしれない。しかし、その既得権が守られたという点では、「名誉革命」であったとみても大筋において間違いではなかろう。なぜなら、ひたすら大統領になる事のみを夢見て政治活動を続けてきた金大中、金泳三といった「大統領病」患者は、自分が大統領になる手段として、彼らに利用可能な方向に向けた大統領選出の制度改革を主張するが、将来自分が大統領になった場合に行使できる強力な大統領制はそのまま残したいとの意図から、大統領選挙制を間接選挙から直接選挙に変えることだけを求めたからである。それは、下から盛り上がる大衆運動が要求する民主化には背を向ける方向であったといえよう。野党リーダーは、大衆運動の期待に応える形をとりながら、その実体は、彼らの権力獲得を容易にする大統領選挙法の改革のみを急いで行う選択を行ったのである。ここにこそ、「八人政治会談」で憲法改正が性急に行われた真の理由があった。とはいえ、大衆の要求に沿って近代憲法が実質的に機能できるようにした点においては、一応成功であったといえよう。つまり、それまでの韓国憲法では、近代憲法の規定は文言だけは並べられているが、その文言の後にそれを抑圧する但し書きの条件をつけ、「法律の留保[16]」を付けていた。第六共和国憲法は、後述するように、その条件を取り外して近代憲法と同様のものとなっている。これは大衆の要求に一応応えるものであり、個人の基本的人権の保障と発展の制度的基盤となった点では大いに評価できる。

第六共和国憲法の特徴は、次の通りである。

まず、現行憲法は、上で指摘した通り、韓国史上初めて与野党の合意の下で成立している。それ故に、その憲法に基づいて政治が運営される場合、両者がその合意を守るということになるので、憲法が持つ権力闘争のゲームのルールとしての性格が韓国において初めて、この第六共和国憲法の制定をもって確立されたと見てよかろう[17]。

憲法の構成を見ると、それは一〇章一三〇条からなり、附則が六条ある。章立ては、第一章：総綱（総則）、第二章：国民の権利および義務、第三章：国会、第四章：政府、第五章：法院、第六章：憲法裁判所、第七章：選挙管理、第八章：地方自治、第九章：経済、第一〇章：憲法改正、附則となっている。日本国憲法と比べて特徴的な点は、憲法裁判所が設置されていること、選挙が公正に行われるように司る官庁としての選挙管理委員会に関する規定があること、さらに経済の章があるという点であり、この三点が日本国憲法と大いに異なるところである。

第一から第五までの共和国憲法と比較すると、「六・二九民主化宣言」の④「人間の尊厳性を尊重するため改憲案に基本権強化条項を補完」、⑤「言論の自由を最大限に保障」、⑥「地方自治及び教育自治を実施」、⑦「政党の健全な活動を保障」の項目が、第六共和国憲法の中で最高規範として位置づけられている点は評価できる。すなわち、国民の権利が無条件に保障されており、基本的人権は不可侵であると宣言され、憲法第一〇条において「すべて国民は人間として尊厳と価値を有し、幸福を追求する権利を有する。国家は個人の有する不可侵の基本的人権を確認するとともにこれを保障する義務を負う」とされている。それまでの憲法では、基本的人権の保障は「法律の留保」の下に置かれ、憲法の規定の上だけで、実質的には「不正な法」によって蹂躙されていたが、その規定が削除されている。さらに、個人の身体の自由を含めた基本的人権を保証する刑法上の手続きが他の近代国家と同様に保障されている点が、韓国政治においては画期的である。

また、軍事政権時代は軍事裁判が国民を拘束していたが、第六共和国憲法はこの軍事裁判を禁止している。つまり、基本的人権が完全に保証されている点がこの憲法の最大の特徴である。さらに、「六・二九民主化宣言」の⑦「政党の健全な活動を保障」の憲法条文への導入は、ドイツ憲法の影響が見られる。すなわち、国家によって複数政党制が保証され、政党国庫扶助制度も憲法第八条に導入されている。加えて、過去のような軍事政権の再来が起きないように、憲法第五条に「軍隊の政治的中立性」の原則が導入されており、軍の政治への介入が起こり得ないようにしている点は特筆すべきであろう。

後で再び取り上げるが、第六共和国憲法では、政治制度は権力二元主義を取っており、主権者である国民が行政府の首班である大統領を直接選挙で選ぶことになっている。そして、国会議員は小選挙区比例代表並立制に基づいて選出されることになっている。第五共和国憲法と比較して、まず議会の権限が強化され、それに対応して大統領の国会を無視し、あるいは牽制する権限が削除され、それが韓国的大統領制を変容させる可能性を示している。

その典型が、第五共和国憲法にある大統領の国会解散権を削除し、内閣連帯責任制度も規定して、政府の構成は大統領中心ではなく、大統領と首相からなる国務会議に政府の中心が移されている点である。憲法第四章：政府の中の第二節：行政府、憲法第八六条から憲法第一〇〇条までの規定を見ると、政府の権限に属する重要な政策を審議できるのは国務会議である。国務会議は大統領が議長であり、国務総理を副議長、そして一五人以上三〇人の国務委員で構成されることになっている。

そして、第八九条における国務会議の審議は、大統領の権限に属するすべての権限が網羅されている。任期四年の国会議員から構成される国会は立法権を有するが、国務総理、国務委員は国会の同意を得て大統領が任命し、議会は国務総理および国務委員の解任建議案を大統領に建議することができる。三分の一以上で建議できることになっている。その点は、不信任案決議より弱い。

そういう点で言うならば、議院内閣制的要素は、フランスと比べると縮小されているとみてもよい。とはいえ、議会は、大統領、国務総理、国務委員、行政各部の長、大法院院長、憲法裁判所長官、中央管理委員会委員、監査委員長その他法律で定められた公務員がその職務の執行において憲法又は法律に違反した場合、弾劾訴追を議決することができる。その点では、議会に大統領を牽制する権限が与えられている。また、憲法第七七条では非常事態権が大統領に与えられているが、第五共和国のような非常事態措置法の制定権は付与されていない。

そして大統領の行為に首相及び関係する国務委員の副署を必要としているという点では、議会による大統領に対するコントロールの制度が、それまでの韓国の諸政治制度と比べても一段と強まっている。記憶すべきことは、基本的人権を保障するためにドイツでは三権をコントロールする憲法裁判所が存在するが[18]、このドイツと同類の憲法裁判所が韓国においても第六共和憲法において導入されている点である。また、基本権保障において、基本権の本質的内容の侵害がドイツ憲法においては禁止されているが、第六共和国憲法はそれも受け継いでいる。さらに、ワイマール憲法に明記されていた社会的基本権も第六共和国憲法に導入されており、社会福祉的経済条項もワイマール憲法を下敷きにしたものである[19]。

そういう点では、第一共和国憲法に導入されていたワイマール憲法の影響は、その間、全く空文化されていたわけであるが、第六共和国憲法において復活し、それが韓国において実質的に活かされて行くことが、韓国の社会分野における民主化の実現につながることになろう。それが社会福祉制度の確立に寄与した点は、この第六共和国憲法にその根拠があるとみてもよかろう。

次に、第六共和国憲法において、第五共和国の大統領制がどのように変容したのかを見ることにしたい。軍事政権下の第三共和国、第四共和国、第五共和国時代の政治制度は、憲法の規定によると、その基本においては半大統領制的な側面があるが、実質的には議会の権限を極めて弱体化させている点から見て強力な大統領制であった。ところが、上記の通り、第五共和国憲法を改正した現行憲法においては、政治制度の中の大統領の権限が弱められ、議会の権力が格段に強化されており、その結果、近代的政党政治が行われるならば、実質的に半大統領制が機能する可能性も開かれている。

第一章第一節で述べたように、半大統領制とは権力二元主義である。主権者である国民は、直接選挙によって選出した大統領に行政権を与える一方、全国を選挙区に分けて、それぞれの選挙区を代表する代議士から構成される議会に立法権を与えている。

行政権と立法権を融合させるのは内閣である。そして、内閣は国政の指導機関とされている。内閣首班の国務総理は、大統領が国会の同意を得て任命する。大統領は行政府の長であるが、議会の多数の支持を得た首相と共に国政を担当する。このシステムが半大統領制である。従って、大統領選挙と国会議員選挙の時期がずれた場合、あるいは同時であっても、大統領を選出した政党と議会の多数派を形成した政党が異なる場合には、内閣が構成されないか、あるいは内閣が構成されても、機能しない場合が生じる可能性が大きい。

こうした事態が、現実に第五共和制のフランスで生じた。そこで、その解決策として、フランスではコアビタシオン（フランス語：Cohabitation）、つまり、「保革共存」政府という形式の政治形態を創出することになった。それは、政府の権限を分けて、大統領は主に外政に関する権限を有し、内政に関する権限を議会の多数の支持を得た首相に与えるという形で、一種の政府権限の分業が行われている政治形態である。それがフランス第五共和制の半大統領制である。韓国の現行第六共和国の政治制度は、これをモデルにしている。

しかし、フランスとは政党の性格と政党政治の様相が異なるために、「保革共存」政府へと発展するのかどうかは今後の政党政治の展開を待つことになる。

最後になるが、第六共和国憲法では、政策決定に関して、大統領権限は上記の通りすべて国務会議で審議されることになっている。それに伴い、憲法では、国政の重要事項に関しては、政策決定前に大統領は次の四つの諮問会議の意見を聞くように定められている。第九〇条の国家元老諮問会議、第九一条の国家安全保障会議、第九二条の民主平和統一諮問会議、第九三条の国民経済諮問会議である。但し、第九三条の国民経済諮問会議は憲法上設置が義務付けられているが、その他は大統領にその設置を要請しているのみである。図表4における最近の「韓国の政府組織図」では、憲法の規定通り四つの諮問会議が見られるが、国家元老諮問会議が示されていない。この理由は、この会議のメンバーは事実上元大統領であり、後述するが、彼らはほとんど犯罪人となっており、またその家族などが犯罪に関わっていることから会議が構成されないためであろう。

以上のような諮問会議の設置によって、第六共和国においては、大統領を中心とする国務会議は、国政の重要事

図表4　韓国の政府組織図（2018 年）

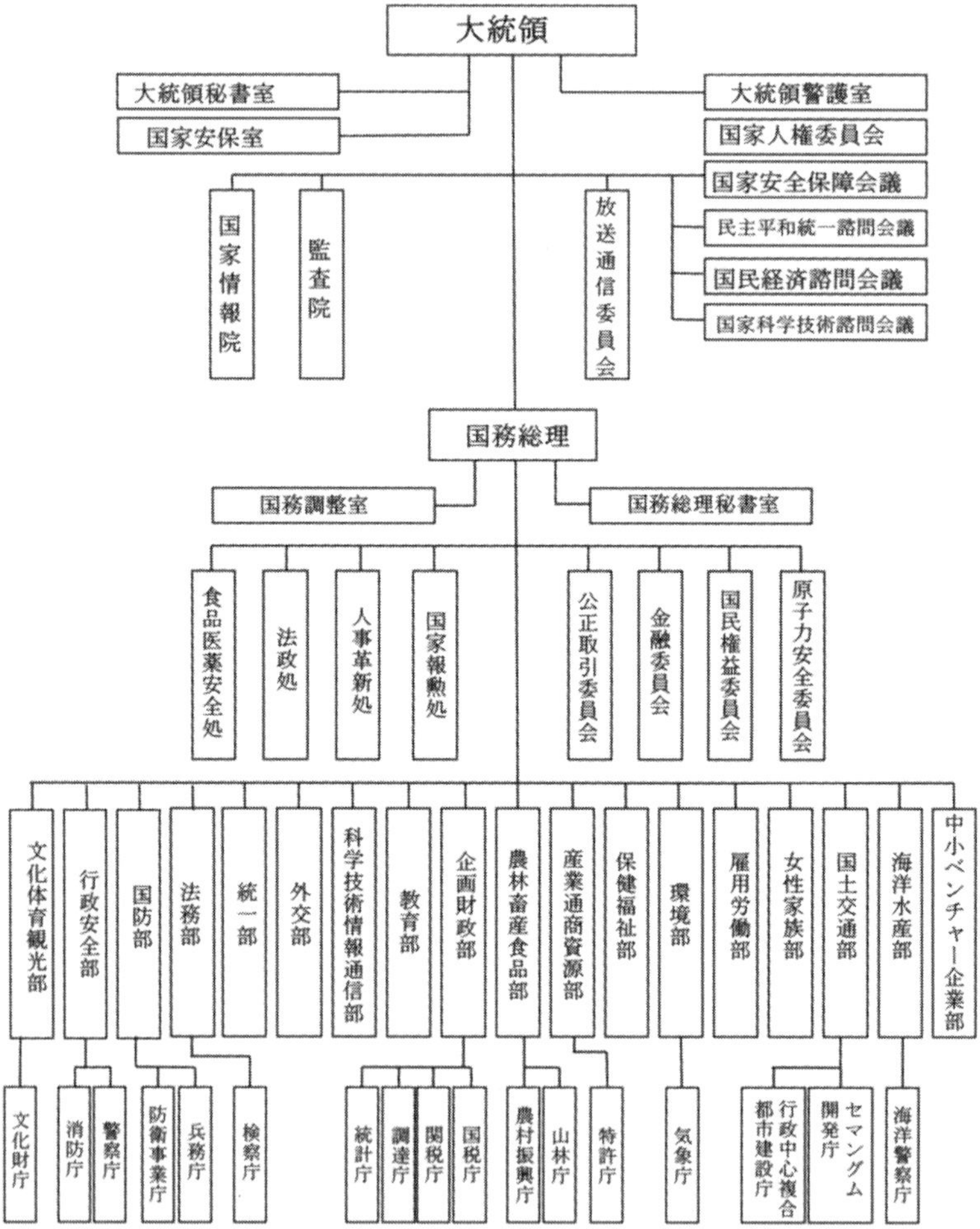

（出典）行政安全部（http://www.mois.go.kr/）の資料を基に、筆者作成。

図表５　行政府を中心とする韓国における政策決定過程

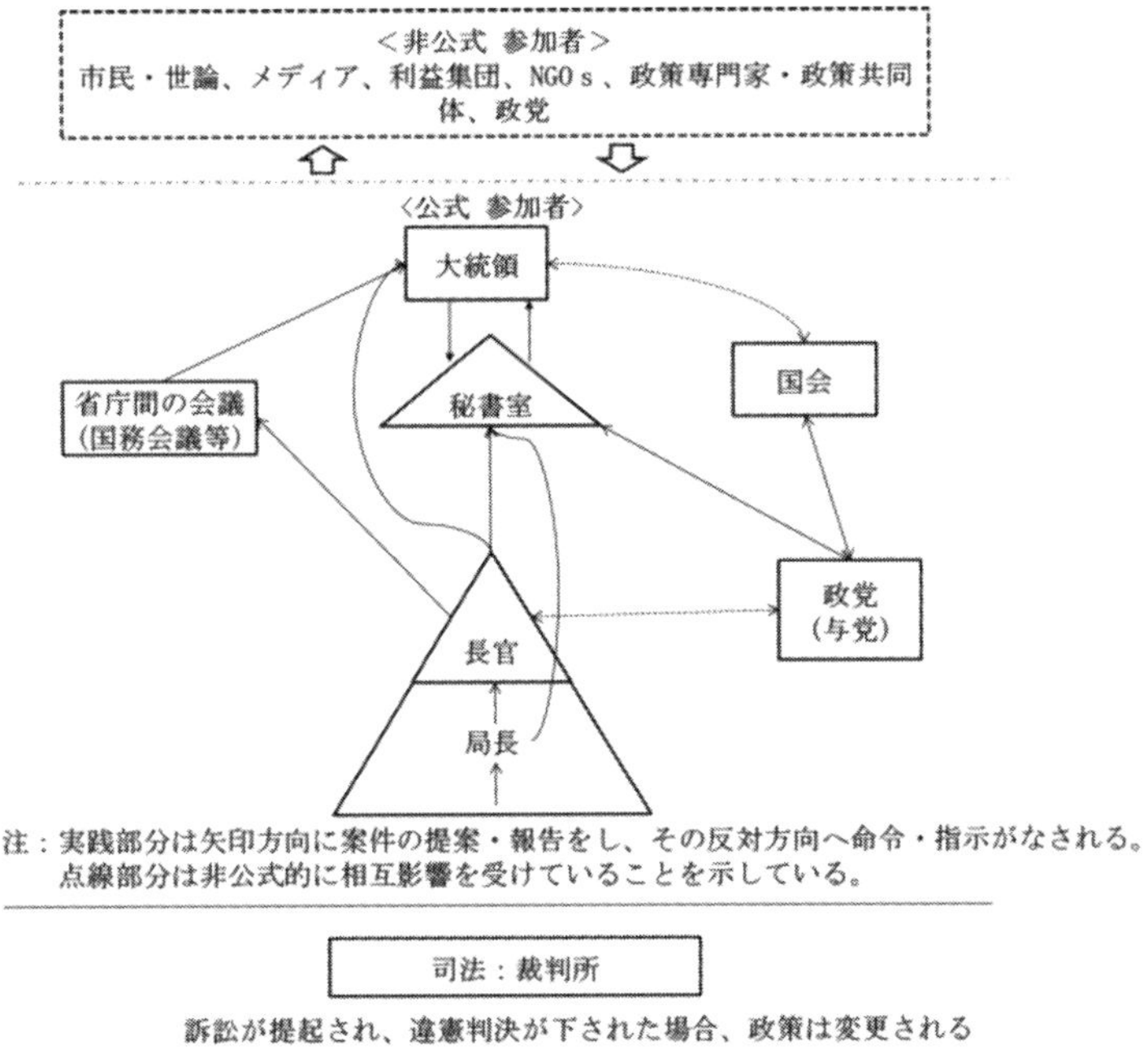

（出典）鄭正信『政策学原論』大明出版社、二〇一七年、一一二頁を基に、筆者作成。

項に関する政策の審議において、それらの諮問を徴することになっている点が現行憲法の特徴でもある。第六共和国では、政府の政策決定に関わる機関は大統領とその秘書室、国務会議、国会、各省庁、諮問会議などがあり、政策アクターは多元化している。参考のために、その関係図を図表５に示しておいた。

一九八七年の第六共和国憲法には導入されていなかった国家人権委員会は、二〇〇一年一一月二五日に設立された。国連は一九四六年に国家人権機構の設立を推奨し、一九九三年の国連総会で「国家人権機構の地位に関する原則」（パリ原則）を採択した。それによって、国家人権機構の設立は、国際社会の普遍的な基本則となっていた。韓国では、人権擁護を主張する市民団体が以前から人権擁護機構設立活動を展開しており、一九九八年、金大中政権が人権擁護機構設立を国政課題の一つとして発表し、人権擁護機構設立推進がようやく実現される運びとなった。以後、様々な議論を経て二〇〇一年五月「国家人権委員会法」が制定され、二〇〇一年一一月、国家人権委員会が公式発足したのである。

【注】

(1) 一九七九年一二月一二日に大韓民国で起きた軍内部の反乱事件である。全斗煥・盧泰愚などが起こしたクーデターのことである。
(2) 任爀伯、前掲書、一九〇―一九二頁。田中誠一、前掲書、一三一頁以下。
(3) 池秉文他、前掲書、三六四頁。
(4) 李敏雨構想の骨子は七項目の民主化措置(言論の自由保障、拘束者釈放、〔金大中〕赦免復権、公務員の政治的中立性の保障、国会議員選挙法改正、地方自治制の導入など)である。
(5) 木宮正史、前掲書、一〇八頁。
(6) 池秉文他、前掲書、三六七頁。
(7) 尹昶重『金泳三大統領と青瓦台の人々』(平井久志訳)、中央公論社、一九九五年、一〇―一一頁。
(8) ジョ・サンジン「大統領単任制の改憲過程に関する立憲論的考察」(博士論文)、京畿大学校政治専門大学院、二〇一三年、四一頁。
(9) SBSスペシャル「憲法の誕生」のインタビュー、チャン・スルギ記者、二〇一七年七月一七日。
(10) 同上。
(11) 同上。
(12) ユン・デキュ『韓国政治と憲政史――民主化と憲法の役割』ハンウルアカデミー、二〇〇一年、三三九頁。
(13) 第一三六回国会、国会本会議会議録第一号、大韓民国国会事務處。
(14) 任爀伯、前掲書、二〇〇―二〇八頁、田中誠一、前掲書、二四一頁。
(15) 金哲洙『韓国憲法50年――分断の現実と統一への展望』敬文堂、一九八八年、三五頁、五〇頁。

(16) この語には、二つの意味がある。第一の意味では、ドイツ語の Vorbehalt des Gesetzes の訳として、行政権の発動は法律の根拠に基づかなければならないという原則をさす。第二の意味では、ドイツ語の Gesetzesvorbehalt の訳として、権利を保障する憲法において、その権利が法律によれば制限・侵害されるとの定めがなされる場合において、権利保障が法律上のものでしかないことを意味する。

(17) 近代憲法は、それを有する先進自由民主主義諸国が世界政治を支配するようになるにつれて、後発国もその導入を進めた。その過程で、憲法は次第に次の四つの性格を持つようになった。第一は、人間の基本的人権を保障する権力構造、つまり、主権者である国民を代表する政治機関による法の制定、そしてその「法の支配」体制の確立、および三権の間のチェック・アンド・バランスが作用する権力分立制を構成要素とする近代憲法の基本的性格である。第二は、この権力構造の設計図である成文憲法が近代民主主義国家においては国の最高規範であり、国家統治の基本法の性格を持つようになった。第三は、近代国家が定着するにつれて、憲法は近代国家の運営を担当する政府、つまり統治権力の獲得・維持・配分をめぐる、政党を含めた各政治集団間の権力闘争の「ゲームのルール」としての性格を帯びるようになった。第四は、近代憲法は、国家権力の正統性の政治原理としての民主主義と表裏の関係にあることから、民主主義の拡大とともに、その実体が君主専制や一党独裁あるいは軍事独裁などの反民主的権力の国であっても、その権力の正統化の手段として近代憲法の形式的側面のみが取り入れられた。それをもって、それぞれの非民主的な権力を正当化する手段として用いられるようになった。こうして、憲法はあらゆる国家権力の正統化の手段の性格を持つようになったのである。言うまでもなく、韓国の場合は、一九八七年の民主化宣言まで何度も繰り返し改正された憲法は、憲法が有する第四の性格、つまり既存の国家権力の正統化の手段としての側面が、時の権力を掌握した者によって利用されてきたと言えよう。ところが、一九八七年の民主化の成果として現行の韓国憲法は、近代成文憲法として国民の間に定着し始めることになった。それと共に、韓国でも現行憲法は、次第に近代憲法の第三の性格である各政治集団間の権力闘争の「ゲームのルール」の役割をも果たすようになってきたと言えよう。

(18) 安 章浩「西ドイツにおける近代立憲主義確立の政治過程――三権の立憲主義的統制機関としての連邦憲法裁判所の活動を中心として」『尚美学院大学総合政策論集』第二二号、一九九六年、五七―九四頁。

(19) 社会福祉経済条項の導入について、任教授は次のように述べている。「第一共和国憲法は、自由主義を越えて社会主義または社会民主主義的な経済条項を挿入してある。国家に対して社会正義の実現を義務付け、主要資源の国有化、農民に対しては農地分配、公共性を有する企業の国有化、公営化を憲法に文言化した」、〔これも含めて〕「外部勢力による外挿的、さらに早熟に導入された自由民主主義の制度は根を下ろさなかった」と。任爀伯、前掲書二〇頁、金哲洙（一九九五）『法と政治』教育科学社、一九九五年、一二七—一五二頁。

第三章　事例研究Ⅰ――政治改革に関する事例

第一節　実質的立憲主義への転換の動き

第三共和国以後の韓国政治の展開は、多くの発展途上国のそれと同様に、三つの段階（第一段階一九六一――一九八七年、第二段階一九八七―二〇〇二年、第三段階二〇〇二年―　）の政治発展を経ており、今日の韓国政治の様相はその結果であると考えられる。

上述の通り、韓国は一九四八年八月一五日に自由主義陣営の一国として建国された。建国から一九六三年の軍服からセビロに着替えた朴正熙大統領政権確立までの約一五年間は、一九五〇年六月二五日に勃発した朝鮮戦争の影響もあったが、混乱・混沌・停滞の時代であった[1]。

一九六一年五月一六日に軍事クーデターによって樹立された朴正熙政権は、野党によって屈辱であると批判されたにも関わらず、一九六五年、「日韓基本条約」の締結を強行して、日本から有償無償の約五億ドルの資金を得た。さらに日本の大企業の協力を得て、基本的インフラの整備、基幹産業の育成・保護を行い、経済の近代化に成功した。しかし、その際、上記の通り、経済が優先され、国民の自由と福祉は顧みられなかった。

従って、一九六一年から一九八七年まで約四半世紀の間の新旧軍事政権時代は、政治発展の第一段階としての経済の近代化時代であったと表現しても間違いなかろう。その間、一人当たりの国民所得も、朝鮮戦争（一九五三年）時の六七ドルから一九八七年には三四六七ドルまで引き上げられていた。(2) こうした国民所得の飛躍的な増加は、経済の近代化の成果と見られるであろう。

韓国政治の第二の発展段階は、国民の自由が制度的のみならず、実際においても国家権力によって保障される実質的な立憲主義の時代、つまり国民の自由を保障する自由民主主義へと突き進むことになる時代である。その象徴が、現在の第六共和国憲法と、その憲法を実質的にも国民の間に定着させる政治的民主化の第一歩である大統領選挙法及び国会議員選挙法改正であった。この国民の自由の実現を主導したのは、一九九三年に発足した金泳三政権である。金泳三大統領は、上記の二つの選挙法と地方自治体法――その長と議員の選挙――を一つにした「統合選挙法」の制定を通じて、「きれいな政治」の制度的基盤の整備に努めながら、「歴史の立て直し（ヨクサバロセウギ）」政策を強力に打ち出した。(3)

もっとも、金泳三政権は、こうした政治改革の他に新旧軍事政権が確立した経済の近代化路線をグローバル経済時代に対応できるように改変する必要に迫られていたのであった。

言うまでもなく、冷戦崩壊後、「経済と情報のグローバル化」の勢いが本格化し、経済的にもアメリカとの強い関係にある韓国にも、アメリカの「経済と情報のグローバル化」の波が押し寄せていた。民主化以前の韓国では権威主義体制の下での開発主義が許されていたが、今や、韓国も政治体制の民主化に対応する形での経済の自由主義的市場経済体制への転換が迫られていた。金泳三政権は、アメリカが求める新自由主義的な経済政策、すなわち市場開放、規制緩和、政府支援の撤廃などの要求に応える政策を打ち出したが、それが「韓国の世界化」政策であった。(4)

この「韓国の世界化」というのは、一種の国家目標となり、韓国内部を国際化するだけでなく、韓国を世界に知らしめ、その存在感をアピールする狙いを含めていた。これは、二一世紀に展開された韓国ブランドによる世界戦略の初期版ということができる。(5)

このように、この「韓国の世界化」は「経済と情報のグローバル化」に対して韓国経済が生き残りをかけて国際競争力をつけることを目的としたもので、コメ市場開放や金融自由化など国内市場を開放し、労使関係などに関しても市場原理を積極的に導入し、労働力の積極的な活用を目指した。とはいえ、金泳三政権の「韓国の世界化」政策は、経済運営の主導権を民間の財閥に移動させる現象として現れ、また労働市場の新自由主義的改革の要請には「整理解雇制」という企業の労働者整理を手助けする政策を打ち出したために労働界の反対でその実現には至らなかった。(6)

金泳三政権の任期が切れる一九九七年末、アジア初の金融経済危機が韓国をも襲い、韓国経済は深刻な危機に直面した。これを韓国では「ＩＭＦ危機」ないしは「通貨危機」という。

国家全体が混乱に陥った中、金泳三大統領は任期が切れ、その後を継いだのが金大中であった。金大中政権は、「経済と情報のグローバル化」の中で韓国が経済的に生き残るための前政権の課題を継承しつつ、さらに先進国並みに国民の自由が実現され保障される民主化の総仕上げとして、それまでの政権が消極的であった国民の福祉を、世界的な経済危機の中で実現させることに取り組むことになった。

こうして、一定の政治発展を成し遂げた韓国には先進国と比べて遅ればせながら、福祉国家の確立という問題の解決が迫られることになる。

このように、韓国は、その近代国家確立の途上において三つの課題の解決を迫られることになった。つまり、国民の自由を保障する政策、国民の福祉を保障する政策、そして経済のグローバル化とともに押し寄せる新自由主義イデオロギーへの対処である。この三つの事例に関する韓国特有の政策過程について、これから第三章、第四章において論究することにしたい。まず、第三章では、国民の政治への参加の自由を具現化する制度作りのうち、国会議員選挙法の改正と公職選挙および選挙不正防止法の制定をめぐる政策過程を取りあげることにしたい。

国会議員選挙法の改正は、過渡期である盧泰愚大統領政権時代に行われた。従って、この国会議員選挙法改正の政策過程の解明に入る前に、次節では、盧泰愚大統領政権の誕生とその後の五年間における与野党間の政党政治を先に見ておくことにしたい。なぜなら、民主化の急速な流れの中で、国会議員選挙法改正に際して、それを行うアクター間における権力関係の移動がスムーズには行われず、一進一退を繰り返したからである。

第二節　過渡期の盧泰愚政権による国会議員選挙法の改正

1　野党の分裂による盧泰愚大統領の当選

一九八七年一〇月二七日、第六共和国憲法案の国民投票が行われた。総投票数二〇〇二万八六七二票のうち一八六四万六二五票が賛成票となり、賛成率は憲法に規定された投票数比過半数をはるかに超える九三・一％であった。このように、新憲法は国民の高い支持を得て承認された。しかし、同時に野党の二人のリーダーである金泳三と金大中の葛藤が表面化し始めたのである(7)。

一九八七年九月七日、金泳三と金大中は候補者一本化のための会合を持ったが、ここでは相互の立場の違いが明白になった。候補者一本化の時期と方法について、意見の対立を解くことができなかった両金は、各自大統領に立候補することになった。それと共に、政党の組織原理として、政治イデオロギーや利益ではなく、地縁という前近代的な地域主義の力が強く作用し始めた。すなわち、金泳三の支持基盤の嶺南地方と、金大中支持基盤の湖南地方の対立が、表面化することになったのである(8)。

ここで目前の大統領選挙のみならず、その後のすべての選挙において地域主義の弊害がみられ、その克服が韓国の本格的な民主化への大きな障害と認識されるようになるので、この地域主義について先に述べて、大統領選挙に戻りたいと思う。

戦前の日本においても、薩長政権は地域主義という補助線を用いなければ理解できないが、同様の現象が現代の韓国政治にもなお強く存在している点は留意する必要があろう。この地域主義には、戦前の日本もそうであるが、歴史的背景が存在する。対立感情の淵源は、古代の三国時代まで遡ることができると言われている。七世紀に現在の韓国東南部の慶尚北道を拠点とする新羅が三国を統一した。その後、朝鮮半島の西南部（現在の湖南地方）の人々は、新羅の支配を受け差別された。その地方は百済であった。一五世紀末に成立した李王朝時代、支配層はほとんど慶尚北道を地盤とする科挙試験合格者たちであった。従って、李王朝時代でも、湖南地方の人々は冷遇されていた。ところが、一九一〇年、日本による李氏朝鮮の併合後、平地の多い穀倉地帯の湖南地方は日本帝国の食料供給システムの中に組み込まれ、重要視されるようになった。その結果、朝鮮人の地主の中から民族資本家へと成長する者も出てきた。彼らは一面では日本総督府と協力しながらも、他方で、朝鮮固有の文字ハングルの近代化や朝鮮文化の維持及び近代化のための事業にも携わっていた。その成果が、今日の韓国で私立大学として有名な高麗大学や、言論界の雄と言われた東亜日報などである。

一九四五年八月一五日、日本の敗戦後、一九四八年の韓国建国までの約三年間の米軍政時代において、アメリカ軍政当局と協力して韓国を支配したのは湖南地方の人々であった。彼らは日本総督時代に下級官僚になった者も多く、アメリカ占領軍は統治手段として彼らを活用した。そうした下級官僚や湖南地方の資本家は、北に社会主義国家が作られつつあることに強く反対し、従って強力な反共産主義者たちであった。彼らは、上の韓国憲法のところですでに述べたように、日本のような議院内閣制の確立を政治目標に掲げ、韓民党を創立していた。今日の韓国の与党である「共に民主党」の源流となった政党である。アメリカ占領軍が建国時の韓国の政治的リーダーに据えたのは、李承晩であった。彼は日本の朝鮮併合に反対し、アメリカに亡命していた。李承晩は在米中プリンストン大学でPh.Dを取得し、一九一九年三月一日に「万歳事件」で有名な朝鮮独立を要求する三・一運動が勃発すると、海外におけるその運動の延長として上海で樹立された大韓民国臨時政府の大統領に推挙されていた。そして在外同胞の間には、李承晩博士の名前が広がっていたのであった(9)。

李承晩は日本の敗戦後、アメリカの空軍機に乗って韓国に帰国したが、彼を支える勢力は、アメリカ占領軍とその協力者となった通訳であった。また、「越南派」と称されていた北朝鮮から追われて南に逃げてきた地主層など、本質的に反共主義的な人々なども彼の支持者であった。これらの人々は、湖南地方を地盤とする韓民党を支持しない人々と共に、李承晩を支える政治団体をにわかに作った。制憲議会の議長になった李承晩は、議会の多数派を占める韓民党と対立したのであった。

朴政権時代に朴正熙と彼を支えた勢力は慶尚北道出身者であり、それに対して金大中が率いる野党は彼の出身地の湖南地方の韓民党の後継政党なので、与野党の対立は地域対立の様相を濃くしていったのである。

この地域対立に影響されて、金鍾泌もその出身地の忠清北道と忠清南道を選挙地盤として培っていた。そして、実際、一九八七年九月二八日、金鍾泌前民主共和党総裁も政界復帰を宣言し、新党結成に動き、同年一〇月五日、金鍾泌は民主共和党時代の閣僚、国会議員を中心に、結党作業に入った。そして一〇月三〇日、新民主共和党が結成され、金鍾泌を総裁および大統領候補に決定した。金鍾泌はその出身地の忠清北道と忠清南道を自分の地盤としてそれをさらに固めて、地域主義を利用することになった。

さて、与党の民正党は、一九八七年六月二日の最高幹部会議の推薦と中央執行委員会の推薦を経て、六月一〇日、第四次全党大会および大統領候補指名大会の投票を通じて盧泰愚を大統領候補として決定した。形式的には代議員投票を通じての候補決定であったが、事実上全斗煥大統領の指名によるものであった。

こうして第一三代大統領選挙は、一盧三金（金泳三・金大中・金鍾泌）の四者構図となった。選挙運動は、「一二・一二事態」、軍政終息、「六・二九民主化宣言」、光州民主化抗争など、政治的な課題の是非をめぐって争われた。同年一一月二九日、大韓航空機爆破事件が発生した。この「北からの贈り物」で、北の脅威に対抗する必要性が宣伝された。それは与党に有利に作用したことは言うまでもない。

その結果、八九・二％の投票率を記録した第一三代大統領選挙では、与党民正党の盧泰愚候補が三六・六％を獲得して大統領に当選した。もっとも、盧泰愚の当選には、上記の通り野党が分裂し、候補者の一本化に失敗したことが決定的要因として作用した(10)。

金泳三と金大中は、この分裂状況を解消するために、一九八八年二月一〇日、野党単一化（統合）推進委員会を結成し、野党大統合原則と国会議員小選挙区制導入を含む四項目の原則に合意した。しかし、両党の統合大会は、両金の誰をリーダーにするかという指導体制問題で難航し、開催されなかった(11)。

これにより、両人はそれぞれの道を選択し、第一三代国会議員選挙法改正の政策論争に入ることになったのである。

2　国会における与野党の対立

この時期の政治状況は、「一盧三金」という構図が、大統領選挙後における与野党間の第二次対決の構図となったといえる(12)。

図表6　第13代大統領選挙

市·道名	選挙人数	投票数	候補者別得票数（得票率）			
			民主正義党 盧泰愚	統一民主党 金泳三	平和民主党 金大中	新民主共和党 金鍾泌
合計	25,873,624	23,066,419	8,282,738 (36.64)	6,337,581 (28.03)	6,113,375 (27.04)	1,823,067 (8.06)
ソウル	6,486,710	5,717,805	1,682,824 (29.95)	1,637,347 (29.14)	1,833,010 (32.62)	460,988 (8.20)
釜山広域市	2,290,038	2,024,324	640,622 (32.10)	1,117,011 (55.98)	182,409 (9.14)	51,663 (2.58)
大邱	1,275,293	1,146,652	800,363 (70.69)	274,880 (24.28)	29,831 (2.63)	23,230 (2.05)
仁川	955,271	841,983	326,186 (39.35)	248,604 (29.99)	176,611 (21.30)	76,333 (9.20)
光州	520,488	481,126	22,943 (4.81)	2,471 (0.51)	449,554 (94.41)	1,111 (0.23)
京畿	3,352,554	2,962,014	1,204,235 (41.44)	800,274 (27.54)	647,934 (22.30)	247,259 (8.51)
江原道	1,040,632	943,379	546,569 (59.33)	240,585 (26.11)	81,478 (8.84)	49,954 (5.42)
忠清北道	854,232	777,739	355,222 (46.89)	213,851 (28.23)	83,132 (10.97)	102,456 (13.52)
忠清南道	1,788,014	1,578,557	402,491 (26.22)	246,527 (16.06)	190,772 (12.42)	691,214 (45.03)
全羅北道	1,298,522	1,172,867	160,760 (14.13)	17,130 (1.50)	948,955 (83.46)	8,629 (0.75)
全羅南道	1,659,767	1,498,755	119,229 (8.16)	16,826 (1.15)	1,317,990 (90.28)	4,831 (0.33)
慶尚北道	1,878,025	1,709,244	1,108,035 (66.38)	470,189 (28.17)	39,756 (2.38)	43,227 (2.58)
慶尚南道	2,193,206	1,963,376	792,757 (41.17)	987,042 (51.26)	86,804 (4.50)	51,242 (2.66)
済州道	280,872	248,598	120,502 (49.77)	64,844 (26.78)	45,139 (18.64)	10,930 (4.51)

（出典）中央選挙管理委員会選挙統計システム（http://info.nec.go.kr/）を基に、筆者作成。

一九八七年八月九月に行われた第五共和国憲法を改正するための改憲交渉会談において、次の国会議員選挙時期をめぐって与野党間の意見の対立が続いた。民正党は、第一三代国会議員選挙を一九八八年一二月に実施することを主張した。それに対して、第一野党の統一民主党は、一九八八年四月に実施することを主張した。

このような意見の違いがあったが、大統領選挙については、第六共和国憲法の附則第二条「大統領選挙は憲法施行日の四〇日前までに実施する」に従うことにした。次に国会議員選挙については、「新しい憲法の公布日から六ヶ月以内に実施する」という内容を憲法付則第三条に示す案で双方は妥協した。これによって、第一三代大統領選挙が終わると同時に、国会議員の選挙時期に関する論争が再び始まることになった(13)。

改正された第六共和国憲法の公布日は、一九八七年一〇月二九日である。従って一九八八年四月二九日までに国会議員選挙を実施すれば、法的には何の問題もないことになる。しかし、この国会議員選挙時期をめぐって、与野党の間に大きな利害の対立が表出することになった。

大統領選挙で勝利した民正党は、勝利の勢いに乗って、国会議員選挙をできるだけ早く実施しようとした。敗北した金泳三率いる統一民主党と金大中率いる平和民主党は、敗北の後遺症の克服と党員たちの士気を高揚させるために多少時間が必要であった。そこで彼らは可能な限り選挙を遅らせようとした。民正党は、第一三代大統領選挙が終わった三日後の一九八七年一二月一九日、政局の雰囲気を一新するために、国会議員選挙を一九八八年二月一〇日の前後で実施する方針であることを明らかにした。

一九八七年一二月三〇日には、盧泰愚大統領当選者が、主催した民政党地区党委員長会議で、「一九八八年二月、大統領離任・就任式の前に国会議員選挙を実施して新しい政府をスタートさせると共に、国会も新しく出発しなければならない(14)」と主張して、二月に国会議員選挙を実施する方針を再度明らかにした。

これに対して、統一民主党の金泳三総裁は、一九八七年一二月二二日記者会見で、第一三代国会議員選挙は一九八八年四月に実施されなければならない、と主張した。平和民主党も、一九八八年四月末以前に実施すれば良いという立場を明らかにした。しかし、野党のもう一人の指導者の金鍾泌新民主共和党総裁は、一二月二三日の記者会見を通じて、新しい政府のスタート以前の一九八八年二月までに行うことが望ましく、むしろ早いほど良いという立場を取った。

このような選挙時期をめぐる論議は、一九八八年一月中旬から、次第に与野党の関心が選挙区制に移り始めたことで薄れていった。選挙区改正は簡単に結論が出せる案件ではないため、民正党は、国会議員選挙が二月実施では改正の準備に時間が十分ではないので、改正交渉では選挙を三月に実施することを提案した。統一民主党と平和民主党もこれに同意し、選挙の三月実施で話はまとまった。しかし、選挙法改正案を処理するために招集された第一三八回臨時国会（一九八八年一月一八日〜一月二九日）と第一三九回臨時国会（一九九八年二月一〇日〜二月二三日）は、選挙区改正に関する意見の対立が生まれ、選挙法改正案を処理できなくなり、閉会となった。それにより、三月に国会議員選挙を実施することは困難となった。

一九八八年三月二日、第一四〇回臨時国会が招集され、三月八日、民正党は野党の反対を押し切って国会で選挙法改正案を通過させた。それに基づいて、民正党は国会議員選挙を四月下旬に実施することを提案し、野党もこれ以上異議を提起することはできなかった。これに伴い、一九八八年三月一〇日、民正党は国会議員選挙日時を四月二六日に暫定的に決めた。四月八日、盧泰愚大統領が第一三代国会議員選挙を一九八八年四月二六日に実施すると発表することによって、選挙時期に関する論議はひとまず一段落したことになった(15)。

第一三代国会議員選挙が行われる前の一九八八年一月中旬から、各政党は国会議員選挙法改正のための交渉に本格的に入ったが、選挙区制と全国区議席配分方式などで鋭く対立し、合意には至らなかった。選挙区制と全国区議席配分方式は議席確保と直接的に繋がっているので、各政党が鋭く対立したことは言うまでもない(16)。選挙区制につ

図表７　各政党の国会議員選挙法改正案

	民主正義党	統一民主党	平和民主党
選挙区制	混合選挙区制→小選挙区制	小選挙区制→中選挙区制	小選挙区制
選出人数	１名～４名→１名	２名～４名	１名
全国区議席配分	・地域区で選出された議員定数の２分の１から５分の１に大幅に減らす。 ・配分方式も第１党に３分の２を配分したのを２分の１に下げる→地域区で５議席以上を獲得した政党に配分する。第１党の議席比率が100分の50未満である時にだけ全国区議席の２分の１を第１党に配分し、残余議席は第２党以下政党に地域区議席比率により配分する。	・地域区で選出された議員定数の３分の１にする。 ・配分方式は、地域区で10議席以上を獲得した政党に配分する。また、総得票比率により配分する。	・地域区議員定数を１にして、地域区で５議席以上、または有効投票総数の5%以上を獲得した政党に配分する。 ・配分方式は、第１党に既得権を与える代わりに、獲得した趣旨を生かして各政党の総得票比率により配分する。

（出典）本文を基に、筆者作成。

いては、各政党は混合選挙区制、中選挙区制、そして小選挙区制方式をめぐって対立した。全国区議席配分方式でも、各政党は激しく対立した。全斗煥政権時代に施行された全国区全体議席の三分の二を第一党に配分するという「全国区議席配分制度」についても、それが第一党を多数党にするという批判が当然提起された。野党からは、民主化が進展した状況において、この制度を改革しなければならないという声が高まったが、民正党は国会議員選挙法を電撃的に強行採決した(17)。

第六共和国憲法の付則第三条には、憲法公布日から六ヶ月以内に第一三代国会議員選挙を実施することが規定されていた。従って、第一三代国会議員選挙法の改正は急ぐ必要があった。こうして与党民正党は、国会議員選挙日時は四月二六日、選挙区制は小選挙区制、全国区議席配分方式は全国区全体議席の二分の一を第一党に配分するという方向で、国会議員選挙法を一方的に単独で改正した。この改正された選挙法に基づいて、第一三代国会議員選挙が実施されることになった。

3　与野党間の妥協内容――国会議員選挙法改正後の選挙と政治状況

第一三代国会議員選挙は、民正党、平和民主党、統一民主党、新民主共和党の四つの政党の接戦となった。各政党は、上記の通り、選挙戦を有利に展開するために選挙法改正をめぐって激しく対立していた[18]。

選挙法改正の最大の争点である選挙区制に関しては、民正党は初めに一〜三名を選出する小・中選挙区制を主張した。この主張通りに選挙が行われるならば、野党の主要支持基盤である都市選挙区では二名以上の議員が選出され、与党の強い地域である農村地域では一名が選出されるということになる。

当時、第一野党の統一民主党は一区二〜三名中選挙区制を主張したが、平和民主党はライバルの統一民主党を抑えることができる方法は一区一人制、つまり小選挙区制だと信じていた。新民主共和党は一区二〜四名制を主張した。結局、民正党は党内で一区一人制について合意に達し、これを国会で強行採決した。改正された選挙法の主な内容は次の通りである。

①選挙区は中選挙区制から小選挙区制にして一区一人制にする。
②地域区の議席数は四〇議席増やし、二二四議席とする。全国区は七五議席とする。総議席数は、第一二代総選挙時より二三議席増やし、合計二九九議席にする。
③選挙運動ができる人を、選挙事務長、選挙連絡所〔事務〕責任者、政党または候補者、選挙事務員などに制限する。
④選挙運動方法も、宣伝用張り紙、選挙公報、合同演説会、小型印刷物、垂れ幕などにするように規制する。

⑤候補者の供託金は、政党推薦候補者一〇〇〇万ウォン、無所属候補者二〇〇〇万ウォンにする。

以上のように、国会議員選挙法は与党の主張通り中選挙区制から小選挙区制に改正され、地域区の議席数は二二四議席、全国区は七五議席となった。これにより、総議席数は第一二代総選挙より二三議席増え、合計二九九名である。これが、民主化以後に改正された初の国会議員選挙法の内容である。

第一三代国会議員選挙は、第一三代大統領選挙が終わって約四ヶ月後の一九八八年四月二六日に実施された。そのため、直前に実施された大統領選挙時の過熱した雰囲気がそのまま引き継がれた形となった[19]。もっとも、この選挙は一九八七年一〇月二九日に公布された憲法付則により、第一二代国会議員任期を一年ほど短縮して新しい国会を構成するために行われたものであった。

一九七一年第八代国会議員選挙以後一七年ぶりに中選挙区制が廃止され、小選挙区制が再び導入されて戦われた選挙戦は、かつてなく激しいものであった。また、統一民主党と平和民主党の間の第一野党の座をかけた競争も、選挙を過熱させた。

第一三代国会議員選挙の投票率は七五・八％で、第一二代国会議員選挙投票率八四・六％よりも低い。これは、民主化過程で国民の主要な関心事であった軍政の終息および全斗煥政権の不正問題などが、一九八七年大統領選挙過程である程度解消され、選挙に対する関心が相対的に薄れたためである[20]。

第一三代国会議員選挙の結果は、一九八七年大統領選挙に続き、地域主義が有権者の投票に強く作用する現象が顕著になった。第一三代国会議員選挙結果の最も大きい特徴は、与党の民正党が、その支持基盤である嶺南地方では圧倒的な支持を得て一二五議席を獲得し、院内第一党になったが、過半数の議席確保に失敗した。それによって、一九五四年の第三代国会以後初めて、与党少数野党多数の「与小野大」という、いわゆる「分割された政府

（divided government）」が出現することになったのである。[21]

以上のように、第六共和国憲法に基づいて実施された第一三代国会議員選挙では、第三代国会議員選挙以降初めて、国会において野党が多数派を形成した。国民の意志がある程度公正に反映される選挙の結果、国会でも民主化が始まったと見られる。

また、この選挙結果は、大統領選挙で地域主義投票が表面化し、その後、地域主義が韓国政治を大きく規定することになったことを示している。なお、第六共和国憲法によって変容した大統領と国会との関係において、「与小野大」の出現により、盧泰愚政権では政策決定が以前と同様に大統領主導で行われるなら、スムーズに進まない可能性が高まり、議会における与党を中心とする多数派工作が選挙以降の主要な政治課題となったのである。

4　国会議員選挙法改正の政策過程

国会議員選挙法改正の政策過程には、すでに述べたように、以下の二つが大きく影響を与えたといえる。一つは、第九次憲法改正によって定められた第一三代国会議員選挙の実施日である。もう一つは、一九八七年一二月一六日に行われた第一三代大統領選挙の結果がもたらした余波である。

まず、国会議員選挙法改正の政策過程において、第六共和国憲法改正の政策課題の形成ステージでは、選挙法改正自体は民主化運動の成果が大いに活かされている。つまり、それは第九次憲法改正の第六共和国憲法付則第三条第一項に定められているものである。

そして、政策作成（立案）のステージでは、第一三代大統領選挙の結果に規定されて、各政党が妥協に動いたといえる。とはいえ、政策決定のステージでは、野党が対立したままであったので、与党が単独で改正の主導権を握ったといえる。

次に、民主化運動の成果として第九次憲法改正が行われ、この第六共和国憲法制定の政策決定のステージでは、盧泰愚大統領と各政党間の政策決定のイニシアティブをめぐる権力闘争が展開された。その結果、野党の分裂で盧泰愚が大統領に当選し、その帰結として、上記の通り、与党単独による国会議員選挙法案の強行採決となったのである。

もっとも、与党単独での強行採決が可能となったのは、野党の分裂もさることながら、盧泰愚政権が韓国政治の民主化への移行に向けての過渡期の政権であったので、軍事独裁政権下で行われていた強行採決という政策過程の枠組みがまだ根強く残っていたことによる、と筆者は分析している。

第三節　「文民政府」金泳三大統領による公職選挙および不正防止法の制定

1　実質的立憲主義の定着を目指す法制化の試み

(1)　閉鎖的政策過程空間から開かれた政策過程空間への転換

民主化の成果として、第五共和国時代までの大統領に強大な権限が集中されていた韓国的大統領制が変容し、それが実質的に半大統領制へと傾斜する可能性を秘めた新しい政治制度が出現することになった。この制度は、大統領が国民によって選出され、行政府の長となっても、同じく国民によって選出された国会議員の多数の支持を確保しない限り、国政を一歩たりとも前へ進めることができないシステムである。

軍事政権の基本的性格は開発独裁であった。それは、経済の近代化を最優先課題とし、その実現に向けて国力のすべてを傾けることを志向する政権であった。従って、経済面で近代化推進の担い手となった新興資本家層とそれらに連なる近代化の恩恵を被った人々にとっては好ましい政権であった。

しかし、軍事政権は基本的に国民の自由と福祉には関心がなく、その政策決定と執行の方法はまさしく軍事的であった。それまでの官僚組織は、日本の植民地支配期の総督府の執行体制を、第二次大戦後そのままアメリカ軍が引き継ぎ、占領行政の手段として使ったものであった。日本人の幹部・中堅官僚が帰国した後、その職をそれまで下級官僚として働いていた韓国人下級官僚が昇進して埋め、あるいは、英語の通訳が幹部・中堅官僚に登用されていたのである。

従って、それは朴正煕政権登場までは、近代的行政組織といえるものではなかった。もっとも、李氏朝鮮時代と植民地支配時代を通して、政府の主要な機能は国民の行動を反政府の方向へ向かわせないようにコントロールすること、つまりローウィの言う「規制政策」の実施であり、その任務を担当するのは警察、検事、裁判官などの司法権力であった。(22)

すでに第一章第二節で紹介したように、朴正煕政権は、こうした「規制政策」を担当する行政組織を、退役将校を上級官僚に任用することで軍隊式に再編強化した。次に、経済の近代化を主要任務とする新しい行政組織を設立し、その人員はアメリカで新しい行政管理学を学んできた将校を大量に退役させて任命し、軍隊式の新しい行政執行組織を構築した。(23)こうして、独裁者が政策を決定し、上から命令を下すと、その命令を執行する軍隊式の行政機構ができ上り、朴政権はそれを用いて経済近代化へと進んで行ったのである。

第一章第三節で述べたように、第三共和国から第五共和国までの開発独裁を推進した体制の韓国的大統領制では強大な権力が大統領個人に集中しており、それに伴い、政策決定も大統領とその側近が中心となって行われた。政策過程は閉鎖的であり、かつ政策アクターも大統領などの少数者に限定されていた。ところが、民主化が進み始めた第六共和国の初期段階において、大統領権限が弱められ、それに反比例して議会の権力が相対的に増大した。それと共に政策過程の空間が拡大され、さらに市民社会を代表する各種団体やマス・メディアも政策過程に参加することが可能となり、政策アクターの多元化という現象が生まれた。こうした政策決定過程の民主化プロセスが徐々に形成される初期段階は、盧泰愚の過渡期政権を引き継いだ金泳三政権時代からようやく始まることになるが、その様相も政策過程の分野では一進一退を繰り返している。次に、この動きに目を向けたいと思う。

（2）民主化に向けた動き——盧泰愚過渡期政権から金泳三政権へ向けての政党政治

一九八八年二月に発足した盧泰愚大統領時代の議会は、三大野党が多数派を形成していた。この三党の三人のリーダーは、五年後の一九九三年に誰が先に大統領になるかを競い合う関係にあった。韓国を民主化の方向へ向けてさらに前進させようと望んでいる政党は、野党の平和民主党と統一民主党の二党のみであった。新民主共和党は旧軍事政権、つまり朴正熙政権時代を支えた政治勢力であり、与党の民正党も全斗煥をリーダーとする新軍事政権を支持する政党であるので、この両党は、民主化に対しては消極的な姿勢を示していた。このように、野党三党の政治的志向は、まさに同床異夢の状況にあったといえよう。

盧泰愚大統領は、政治的志向の違いはあるにせよ、同じ慶尚道という支持基盤をある程度競い合う統一民主党とは必要に応じて政策決定に際して妥協の姿勢を示すならば、その支持を得て議会で過半数を確保する可能性も開かれていた。

朴正熙および全斗煥の二つの軍事政権が野党、つまり議会をほとんど無視して政策展開をしてきたのに対し、この後を継いだ盧泰愚大統領は、民主化途上の移行期にあり、さらに第六共和国憲法の規定による制約もあるため、二つの軍事政権のように行政府を中心に政策展開を強行することはもはや不可能となっていた。こうした理由により、盧泰愚大統領は、野党の協力を得やすい課題の処理から政策展開を始めなくてはならなかった。

盧泰愚大統領は、まず一九八八年のソウルオリンピックを成功させ、翌年の一九八九年にはソ連が崩壊し冷戦が終結した国際情勢を素早く捉え、外交関係の対象国を広げる政策転換をはかった。具体的には、体制競争関係にある北朝鮮にすでに経済面ではるかに先行する地位を確保していたので、外交面で北朝鮮を国際的に孤立させるため、ロシア（一九九〇年）・東欧諸国（一九八九年～一九九五年）・中国（一九九二年）との国交樹立を目指す「北方外交」を展開し、成功した。このように、韓国の国際的影響力を高める努力を続ける過程で、さらに一九九一年九月、ついに北朝鮮と同時に国連加盟を果たした。

しかしながら、内政面においては民主化へのウォーミングアップの状態にあり、そのリーダーシップは、野党の両金（金泳三と金大中）の双肩にかかっていた。しかし、どちらが先に大統領になるかをめぐり、彼らの対立が続いていた。従って、盧泰愚大統領の任期が切れる一九九二年末の大統領選挙に向かって、二人の争いが水面下で展開されていたのである。

このような状況の下、統一民主党の金泳三は、プラグマティストの本領を発揮し、一九九〇年に北と南に分かれているが同じ慶尚道を支持基盤とする与党民正党などとの合同という離れ技の「政治的冒険」[24]と呼ばれる奇策に打って出た。それは、新軍事政権の流れを汲む与党民正党と、今は野党であるが旧軍事政権の流れを汲む新民主共和党と、自らの統一民主党との三党を合同させて新党を設立し、自分をその次期大統領候補に推薦してもらう「ウルトラC」の奇策である[25]。

この金泳三の「ウルトラC」が功を奏し、新しい政党として民主自由党が誕生した。そして一九九二年の大統領選挙において、金泳三は次期大統領に当選することになった。この民主自由党は、一九九二年三月二四日に実施された第一四回総選挙において、議席の多数を獲得した。一九九三年初めに大統領に就任した金泳三大統領は、この勢いに乗じて新旧軍事政権時代の遺制を一掃し、現行憲法の基本的理念を国民の間に定着させる政治的民主化という政治課題の解決に乗り出した。

金泳三大統領は、まず新韓国創造のための四大目標を国民に示した。第一に「きれいな政治」の樹立、第二に経済基盤の強化、第三に健全な社会、第四に統一された祖国である。四つの中の第一の「きれいな政治」の樹立という政策目標において、政治的民主化の制度改革としての一連の不正防止のための選挙法改正の方策を取り上げた。[26]

この政治課題は、李氏朝鮮時代以降、軍事政権に至るまでの間に国民の間に根強く埋め込まれてきた、政治的行動様式を強く規定している権威主義を清算し、市民一人ひとりが主権者として現行憲法の人権重視の理念に基づいて自由民主主義を運営できる、そうした制度と文化を作り出すことであった。それは「きれいな政治」の実現であると一言で表現できよう。それまで、政治とは「軽蔑される人々の軽蔑される仕事[27]」であるとされ、国民の不信と嘲笑の的にされていた。その理由は、経済が停滞したまま五〇〇年続いた李朝、そして日本の植民地時代を経て、韓国の一九八〇年代までの間に、価値の生産が少ない状態の中で、政治とは政権を取った一部の政治家が恣意的に希少価値の配分を行うという歴史的遺制が色濃く残っていたためである。また、歴史的遺制の一つである政・経・官の癒着体制が韓国にも再生され、それが、政治は言うまでもなく社会と経済の面でも、不正・腐敗の風土を作り出していたのであった。

この風土を刷新し、民主的市民社会にふさわしい政治文化を創出するために、教育・啓蒙は言うまでもなく、処罰を伴う上からの強制力なしに、国民の心の中に埋め込まれている権威主義的心性を取り除くことは不可能であった。

顧みると、これまで韓国の民主化を阻害してきた最大の要因は、大統領や国会議員がその地位の正当性を調達するために権力を用い、選挙をあらゆる不正な手段によって自己に有利に運用してきた点にある。しかし、こうした不正を支えた国民の権威主義的心性もまた看過できない重要な要因であった。つまり、選挙の際、権力掌握を目指す者は、金品や利権を有権者に提供し、それをまた有権者が喜んで受け取るという権威主義的文化が根強く残っていたのである。

以上の考察から理解できるように、それまで常態化していた不正な選挙を「きれいに」する制度への改革なしには、実質的な立憲主義を定着させる事は不可能であったといえよう。そこで、金泳三大統領は、「きれいな政治」を実現する方策の主要な柱として、選挙制度改革を目指した。

韓国では、有権者が住むその地方自治体の首長は、有力者あるいはその他の公職者を動員して、中央政府を代表する政治家を選出してきた。このため、「地方自治は民主主義の学校」とJ・ブライス（Bryce）が言うように、まず地方に民主主義を定着させない限り、「きれいな政治」を実現することはできないと考えられた。

金泳三大統領は、まず軍事政権によって廃止されていた地方自治制を復活させ、地方自治体を担う人々の選挙を「きれいな」ものにする地方自治体の選挙制度改革を行った。一九九一年、地方議会の議員選挙が実施された。ついで中央の公職者の選挙、つまり大統領選挙、国会議員選挙、この二つを合わせた公職選挙法を制定することで、「きれいな政治」の実現を図ろうとした。

つまり、地方自治制の民主的改革を土台に、地方自治体の首長や議員の選挙法、そしてすでに制定し終わった大統領選挙法・国会議員選挙法の四つを一本化した選挙法改正を、大統領主導、つまり大統領が主要なアクターになって政策提起したのが、一九九四年に成案になった「公職選挙および不正選挙防止法（または統合選挙法とも言う）」である。

次に、同法制定の政策過程を追うことにしたい。

2　金泳三政権と政治改革

(1) 軍人の排除と「きれいな政治」の実現

任教授によると、権威主義体制では、国民の基本的人権が政府の暴力装置――その中核は軍や情報機関であるが――によって抑圧されているが、それ故に権威主義体制から民主主義体制への移行に際して、民主化を目指す勢力は、まず初めに人間の「生命、自由、財産」、すなわち国民の基本的人権が政府の暴力装置によって抑圧されないようにし、かつそうした暴力装置を人権擁護を目標とする憲法の制約下に置き、さらに政治的に無力化ないし中立化することなしには、真の意味での民主主義体制への転換は実現されないとされている。もし、このことが実現され得ないならば、権威主義体制への揺れ戻しないしは後退もあり得る、と南米などの例を挙げて主張されている[28]。

韓国における権威主義体制から民主主義体制への転換を確立させるための最も重要な政策の一つの人権抑圧に携わった軍・警察機構の民主的コントロール体制の確立への果敢な第一歩を一九九三年二月にスタートした金泳三政権は踏み出した。すなわち同政権は、軍部による権威主義的支配の残滓の清算をはかるため、全斗換政権の中枢を占める「ハナフェ（一つ）会」という団体を解散させるなど、政治的軍人に対する粛軍作業などを推進した。さらに、国家安全企画部、国軍機動部隊司令室など国民の自由を規制してきた権力機構を縮小させた。加えて、憲法第五条「軍隊の政治的中立性」の理念を実現するために、軍部と政治を分離させるなど、民主的秩序を定着させるための制度改革を目指した[29]。

さらに、金泳三大統領は、自らが民主化を進める文民大統領であること、および国民の強い軍事政権批判とその責任追及の要請に応える形で、自分が大統領になる際にその手を借りた軍事政権のリーダーの責任を問うという果敢な行動をもとった。彼は「歴史立て直し」政策の一環として「一二・一二軍事クーデター」や光州事件の過去の事件を「軍事反乱・内乱行為」として規定し、その処理を司法府に委ねた。その結果、全斗換には無期懲役、盧泰愚には懲役一七年の判決が下された[30]。これによって、権威主義体制を担った軍部が「法の支配」を受ける存在に変えられ、韓国における民主化の前期段階の最も重要な課題の一つの、国民の基本的人権を抑圧する政府の暴力装置を法的規制の下に置くことに成功したのである。

要約すれば、金泳三政府は、「きれいな政治」の実現を目指して、選挙制度改革と併行して、民主的改革の根幹になる国民の人権を抑圧する体制の改革にも果敢に取り組んだのである。こうして金泳三政権は、盧泰愚大統領時代まで存続してきた国家社会全般にわたる権威主義の残滓を清算し、文民優位の原則を確立し、それを土台にして正しい民主政治と「きれいな政治」の枠組の構築を最優先課題にしたのである[31]。

さらに、金泳三政権のスタートによって、議会と政党などが活発に活動する政治体系が成立し、NGO、利益集団、そして言論の政策入力機能が活性化するなど、市民社会の活動領域が拡大した。それと連関して、政治体制が民主化されるということにより開かれた政策過程において、大統領直属の官僚集団の役割も従来と違い、相対的に縮小されて行ったのである[32]。

とはいえ、権威主義体制の下で成長してきた官僚集団は、相対的に民主化された政治権力の統制に対して抵抗を試みる様相を示したことは言うまでもなかろう[33]。

金泳三政府は、こうした官僚の抵抗を抑えるために、議会が政治の中心となるように国会制度を改革した。このために、一九九三年一二月、国会議長の諮問機関として「国会制度改善委員会」が設置された。

こうした金泳三大統領による権威主義を清算し「きれいな政治」を実現するための改革は、公職者の財産公開にまで拡大した。これを契機に、公職者倫理法改正案が臨時国会で通過し、施行された。また、一九九四年三月、与野党合意を通じて「統合選挙法」、政治資金法が改正され、「きれいな政治」のための制度的枠組が作られた。この

「きれいな政治」を実現するため、「公職選挙および選挙不正防止法」（別名統合選挙法）の制定により、選挙運動の自由化をはかり、また、不法選挙運動に対する規制および制裁の強化も試みた。加えて、政治資金法改正を通じて後援会制度の設置を大幅に容認し、政党に対する国家補助金支給も拡大したのであった[34]。

（2）民主化の焦点は選挙法改正へ

与党民主自由党と金大中率いる野党の民主党は、大統領選挙が終わるとすぐに、現行選挙法に問題が多いと主張し、これを補完するために、選挙法の改正意思を明らかにした。現行の大統領選挙法と国会議員選挙法は、過渡期政権の盧泰愚大統領により与党にとって都合の良い方向へ改正されていた。すでに見てきたように、それは選挙直前にして改正または制定され、現実と合わない問題点が多くみられた。結局、選挙を実施した後に再び選挙法を改正する悪循環が繰り返されたのだった。

第一三代・第一四代大統領選挙の場合、選挙公示日の九日前に改正選挙法が公布され、候補者が選挙法の趣旨をまともに理解出来ない状態で選挙運動を行わなければならなかった。従って、選挙に先立ち十分な時間的余裕を持って選挙法を検討改正することが何よりも重要であると指摘された[35]。

中央選挙管理委員会と政治学者・法学者の間には、大統領選挙法、国会議員選挙法、地方議会選挙法、地方自治団体長選挙法など、公職選挙法に関する法を一本化し、統合選挙法を制定した方がよいのではないかという意見が広範囲に広がっていた。

このような状況の中、一九九三年一月一九日、野党の民主党は「麻浦党本部[36]」で「非民主法律改正・廃止特別委員会」の第一回目の会議を開き、政治資金法等に関する現行の政治・経済及び社会・文化などに関連する二九件の法律を第一次改正・廃止の対象に定め、審議した[37]。

それを受けて一九九三年三月一九日、民主自由党は、選挙関係法・国家保安法等各種政治関係法の改正案を論議するため、党内で「政治関係法審議特別委員会」を議員二二名で構成し、この内八名が国会内において「国会政治関係法審議特別委員会」委員を兼務するようにしたのである。[38]

一九九三年五月の国会で、「国会政治関係法審議特別委員会」において新しい選挙法を制定するための議論が始まった。この「国会政治関係法審議特別委員会」は、国家安全企画部法と国家保安法をはじめ、地方自治法、政治資金法、政党法と共に、各種選挙法に対する改正・廃止作業に着手した。

一九九三年六月一四日午後、「汝矣島党本部[39]」において、民主自由党の「政治関係法審議特別委員会」（委員長中相式）は第一審議班会議を開き、大統領及び国会議員等各種選挙法改正問題と関連して、選挙運動及び候補者登録期間の短縮、包括的な選挙運動規制の撤廃、政治資金の規制と選挙運動の活性化を検討した。また、地方議会および地方自治団体長、国会議員選挙、大統領選挙を包括するための「統合選挙法」制定を検討し、現在任期満了期間が異なる基礎自治体および広域自治体の議会議員の任期を統一することとした。一九九五年上半期に選出される地方議員および地方自治体の長の任期は三年に短縮し、選挙実施時期を調整する特例規定を検討した。

与党の民主自由党内においては、最大争点である選挙区制問題に対し、小選挙区制の維持と中・大選挙区制の導入の両論が拮抗し、これについては、六月一五日に始まる国会特別委主管公聴会で世論を取りまとめた後、議論することにした。[40]

政治関係法と命名された政党法、政治資金法および統合選挙法に関する改正・廃止作業が進められ、各種セミナーと公聴会等を通して国民世論が取りまとめられていった。[41]

また、与野党間交渉委員会を設置し、本格的な政治交渉に入ることになった。

一九九三年八年三〇日には中央選挙管理委員会が「選挙法制定（に関する）意見」を作成し、国会に提出した。

次に一九九三年一一月一五日、与党の民主自由党が「公職者選挙および選挙不正防止法案」を提出した。最後に、野党の民主党が「公職選挙法案」を一九九三年一一月二五日に提出した。こうして、政治関係法審議特別委員会は、中央選挙管理委員会と各政党が提出した案を基に協議を継続する一方、先進諸国の選挙制度を幅広く比較・分析し、韓国の政治実情に合う制度の構築に積極的に取り組んだ。(42)

与野党の合意が成立し、「政治関係法審議特別委員会」名義の「公職選挙および選挙不正防止法（案）」が作成された。一九九四年三月四日、同案は第一六六回臨時国会第一一次本会議で議決された後、政府に送付され、同年三月一六日、法律第四七三九号「公職選挙および選挙不正防止法」という名称で公布・施行された。この「公職選挙および選挙不正防止法」は、それまであった四つの各種選挙法を統合したことに由来して「統合選挙法」という名称が付けられた。

3　中央選挙管理委員会と各党の選挙制度改革案

(1)　中央選挙管理委員会

韓国の選挙管理業務の沿革を見ると、第一共和国では個別選挙法で選挙管理機関が設置され、第二共和国では初めて選挙管理の公正性を保障する目的で選挙委員会が憲法機関となり、一九六〇年に個別の法律として選挙委員会法が制定・公布された。

一九六二年一二月二六日、第三共和国の第五次憲法改正時に選挙管理委員会が憲法機関と規定され、一九六三年一月一六日に選挙管理委員会法が制定・公布され、一九六三年一月二一日に中央選挙管理委員会が創設された。九人（大統領任命三人、国会選出三人、大法院院長指名三人）で選挙管理委員会は構成され、委員の任期は六年であった。委員長と常任委員は委員の中で互選し、慣例上大法院〔最高裁判所〕判事が委員長に選出されることになっていた。

選挙管理委員は、政党に加入したり、政治に関与したりすることはできない。もし委員が政党に加入、あるいは政治に関与した場合、弾劾決定で罷免されることになる三、禁固以上の刑の宣告を受けた場合でない限り解任・解職・罷免されない。行政機関として、事務局には国務委員級の事務総長と次官級の事務次長、そして二室一局一二課がある。主要職務は、法令が定めるところにより、選挙、国民投票および政党に関する事務を統括・管理し、ソウル特別市・広域市および各市・道選挙管理委員会、区・市・郡選挙管理委員会および邑・面・洞選挙管理委員会などの下級選挙管理委員会を指揮・監督する。

選挙管理委員会は、主要な権限として、①規則制定権、②選挙犯罪調査権、③選挙費用調査権、④選挙法違反行為に対する措置権、⑤不法施設などに対する措置および代執行権、⑥不法宣伝物郵送中止法、⑦選挙法違反行為予防および取締まり権、⑧政治関係法の制定・改正に関する意見提出権、⑨選挙事務に関する指示または協力要請権などを行使することができる。

一九九三年一月二一日、中央選挙管理委員会委員長の尹錧は以下のように述べている。[43]

そもそも、創設三〇年を迎えることになった中央選挙管理委員会は、一九六〇年の李承晩大統領時代の「三・一五不正選挙」の余波で公明選挙制度確立への要求が高まった事を受け、一九六三年一月二一日、立法・司法・行政部とは別に憲法上の独立した機関として誕生した。[44] このように、選挙管理機関を憲法上の独立機関にしている国は、世界でも韓国だけである。

中央選挙管理委員会の地位を憲法で独立機関として規定したのは、一九六三年当時、中立的機関でなければ選挙管理を全うすることができなかったほど、行政府の不正行為が激しかったことに起因していた。中央選挙管理委員会は、一九九四年までの間、大統領選挙五回、国会議員選挙九回、統一主体国民会議代議員選挙二回、国民投票五回、地方議会選挙二回、選挙人選挙一回など、二四回の選挙を管理した。

ただし、中央選挙管理委員会は、憲法上独立の地位を保障されていたとはいえ、憲法が時の権力者の統治の手段とされていたこともあり、その地位は形式に過ぎなかった。こうした過去を踏まえて、中央選挙管理委員会は、「統合選挙法」の制定と地方自治団体の首長の選挙法改正を推進し、さらに投票・開票事務の電算化案と地方公共団体選挙の管理案を推進するなど意欲的であった。

一九九三年二月一〇日、中央選挙管理委員会の尹錧委員長主宰で選挙管理諮問会議が開かれ、選挙制度および政治意識の改革を一九九三年の主要な事業として推進することを目標にした、金裕泳事務次長を団長とする「制度改善研究団」が設置された。

中央選挙管理委員会は、特に選挙管理のために各種公職者選挙に関する法律を一つにまとめる案を講じることにした。[45]

「制度改善研究団」は、二〇名余りで構成された中央選挙管理委員会選挙制度研究班である。「制度改善研究団」は、一九九三年二月から八月までの間、三十余ヶ国の選挙法と韓国選挙関連論文五〇〇余編などを検討し、『統合選挙法制定（に関する）意見書』を作成した。『統合選挙法制定（に関する）意見書』は、一七章二七三条、付則九条からなっている。

『統合選挙法制定（に関する）意見書』の主な内容[46]は、次の通りである。

①公職者の資産公開

金融機関への実名取引を通し、収入・支出明細を選挙管理委員会に報告させる。一般人の閲覧および異議申し立てを可能にし、超過支出事実が明らかになる場合、当選無効とする。

②選挙公営制

宣伝ポスター、選挙公報、小型印刷物、放送演説、合同演説会、投票・開票立会人手当てなどの費用を国家と地方自治体が負担するようにし、分担額を増やして選挙公営制を拡大する。

③投票日の法定化

大統領選挙と国会議員選挙は、任期満了日前、それぞれ七〇日と六〇日前の金曜日とし、投票日が祝祭日に重なる時は、その翌日実施するように法定化する。

なお、これに伴い、第一五代大統領選挙は一九九七年一二月一九日、国会議員選挙は一九九六年四月六日に実施することになり、地方選挙は一九九五年五月一二日実施することが付則で決められ、任期を一九九八年六月三〇日として、任期を一年間短縮させ、国会議員選挙と隔年で実施すると改正した。

選挙日程の場合、選挙運動期間を大統領選挙では現行の二九日から二一日に、国会議員選挙では一八日から一五日に短縮し、大統領選挙、国会議員選挙、基礎自治体および広域地方自治体の議会とそれぞれの長の選挙の、六つの選挙の投票日を法定化した。地方自治体の議会およびその長の選挙の四つは、できるだけ同時に実施することにした。

④選挙運動の自由化

選挙運動対象と範囲も大幅に拡大し、公務員などを除き、誰でも特定候補のために選挙運動をすることができるようにする。選挙法に規定された選挙運動の範囲を超える選挙運動を不可とする現行包括的禁止規定を削除し、個別的に禁止・制限されない選挙運動を全部許可するなど、選挙運動を大幅に自由化した。

⑤選挙法違反者に対する罰則強化

選挙法違反者に対しては、政党・法人・団体などが違法行為の主体である場合、その違反行為を犯した者と共に処罰する。

選挙管理委員会が告発した事件に対しては、選挙管理委員会に裁判所への提訴権を付与し、買収および利害関与罪などに対しては未遂犯も処罰する。

⑥連座制の導入

大統領選挙を除いた他の選挙では、連座制を拡大し、選挙費用限度額を超過支出した選挙事務長などが懲役または禁固刑以上の宣告を受けた場合、候補者の当選を無効とする。また、選挙費用の虚偽記載や超過支出があった時は当選を無効にし、選挙法違反で有罪判決を受けた者は、一〇年間被選挙権および公職就任権を剥奪するという前例のない強力な処罰条項を設けた。

⑦選挙区の調整

国会議員選挙区の場合、国会内に中立的な人で構成された選挙区画定委員会を設置し、議員任期開始後二年以内に人口偏差が四対一を越えないように選挙区を調整し、選挙区調整に関する意見を国会議長に提出する。また、地方区議員候補者を全国区議員候補者で同時に推薦できるようにする。

⑧投票・開票方式の改正

投票・開票方式では、機械式記票と電算式集計方式を導入し、郵便による不在者投票方式をすべての選挙に適用する。

以上のような『統合選挙法制定（に関する）意見書』を、中央選挙管理委員会委員長は、一九九三年八月三〇日、国会に提出した。

これに伴い、「国会政治関係法審議特別委員会」は、中央選挙管理委員会の『統合選挙法制定（に関する）意見書』に基づいて、通常国会で統合選挙法制定に関して本格的に審議を行うことになった。

中央選挙管理委員会の『統合選挙法制定（に関する）意見書』に対する各党の反応は、次の通りである。(47)

①民主自由党の反応

与党の民主自由党は、全国区得票比率配分と国会議員選挙費用上限額（現行一億三〇〇〇万ウォンから一億五〇〇〇万ウォンの半分程度である六九〇〇万ウォンまでとする）は、現実を無視した意見であると主張した。さらに、選挙費用は公営制の大幅な拡大と反比例することになるので、具体的な公営制の範囲と国庫補助金増額規模が先に決定されるのであれば上限額を定めることができる。即ち、現在の有権者一人当り六〇〇ウォンとなっている国庫補助金の増額の問題である。しかし、選挙公営制を拡大して政治費用の国庫負担を増やすことに関しては、選挙管理委員会の『統合選挙法制定（に関する）意見書』の基本原則に異論はない、との反応を示した。

②野党民主党の反応

野党の民主党を代表して、朴智元スポークスマンは、『意見書』は選挙公営制を拡大させ、金権・違反選挙の防止に努めており、包括的禁止規定も削除することによってより自由な選挙運動を許容しているので、原則的に歓迎する、と公式論評をした。

特に、投票日が法定化されることによって、投票日に関して与野党間の無益な論争の余地もなくなったと高く評価した。しかし、選挙年齢に関して明確な案を出さなかったという点で物足りなさを表明した。選挙年齢については、民主党は以前から一八歳への引き下げを主張していた。金泳三大統領も過去野党時代から選挙年齢を一八歳に引き下げるべきであると主張しており、選挙管理委員会がもう少し年齢を引き下げることに積極的に動く必要があったとしている。

（2）各党の選挙制度改革案

一九九三年八月三〇日、中央選挙管理委員会は『統合選挙法制定（に関する）意見書』を国会議長に提出した。これを受けて、与党の民主自由党は、一九九三年一〇月六日、試案を作成した。

民主党は、一九九三年九月二七日、政治改革委員会主催の統合選挙法案のための討論会を開催し、党論を集約し、民主自由党より一足早く改正案を作成した。両党は、国政監査までに選挙法改正試案を作成した後、国会の政治関係法審議特別委員会を通じて交渉に入り、年内の処理を目指した。

両党は、過熱・違反選挙と金権選挙排除という原則では意見が一致していた。両党共に、選挙運動の拡大・選挙公営制の拡大・選挙費用支出要因除去・選挙法違反時の制裁強化等で方向性を同じくしていた。従って、どの党案を採択しても、既存の選挙風土や政治文化を変えなければならないという認識では一致していた。しかし、具体的な条項をみると、選挙キャンペーンが自分の党に少しでも有利になるように努力した痕跡がみられる。

与野党間の見解の違いが大きい部分は、投票制度と議席の全国区配分方式で、民主自由党は、現行小選挙区制は維持するが、全国区制を変更して、その議席比率を得票比率に変えようとした。

これに対し、民主党は、小選挙区制実施にともなう死票の防止のため、地域代表と比例代表を同時に選ぶ（一人二投票制）方式の導入を主張した。これはドイツ式制度であり、有権者に二票が与えられ、候補者と政党にそれぞ

れ一票ずつ投票し、地域候補と政党得票率による比例代表を選出する方式である。(48)

また、民主自由党が比例代表で現行通りの全国区配分を主張したのに対し、民主党は市・道別配分案を提示した。

選挙権年齢に関しても、民主自由党が現行二〇歳の維持を主張したのに対して、民主党は一八歳に引き下げる案を持ち出して対抗した。

選挙運動方式については、民主自由党は無報酬ボランティア制導入、垂れ幕廃止、宣伝用のパンフレットの枚数の制限、合同演説会廃止と個人演説会の無制限許可を主張した。これに対し、民主党はボランティア制導入、個人演説会の無制限許可には賛成しながらも、合同演説会、垂れ幕などは存続を守る立場であった。

開票立会人費用のみ国庫負担になっている条項を投票開票立会人まで拡大することには、与野党が同じ意見であった。また、選挙ごとに金品のばらまきについての是非が問題となる党員団結大会については、民主党が選挙期間中の全面禁止を主張し、それを公開座談会に変えようという意見を提示した。民主自由党は、座談会を許可するものの、党員団結大会は選挙管理委員会に事前に申告し、回数を最小限に制限しようという立場をとった。

「きれいな選挙」のために、主要な検討対象であった選挙費用についても、両党は規制と処罰を大幅に強化しようとしたという点で一致した。

民主自由党は、選挙終了後一ヶ月以内に支出明細と領収書などの証拠書類を選挙管理委員会に報告し、選挙管理委員会はこの内容を、マスコミを通じて一般に公開するように提案した。また、選挙費用の虚偽記載や超過支出があった時は当選無効にし、選挙法違反で有罪判決を受けた者は一〇年間被選挙権および公職就任権を剥奪するという、前例のない強力な処罰条項が設けられた。

民主党も、選挙管理委員会が報告された選挙費用に対して実態調査権を持ち、選挙事務長、会計責任者、候補者

図表8　民主自由党と民主党の試案

		民主自由党	民主党
名称		公職者選挙および不正選挙防止法	統合選挙法
選挙区制		小選挙区制	小選挙区制
選挙人年齢		20 歳	18 歳
投票方式		1 人 1 投票制	1 人 2 投票制
比例選挙		得票比率による全国配分	政党得票比率による市・道配分
選挙日法定化		留保	国選 / 地方選挙任期満了日前 60 日以後最初の水曜日
選挙区画定委員会設置		留保	留保
選挙運動	選挙運動員	有給運動員全面廃止	有給運動員少数許容
	垂れ幕	廃止	存続
	演説会	合同演説会廃止、個人演説会許容	合同・個人演説会並行
	党員団結大会	選挙期間中最小化、座談会許容	公開座談会のみ許容
	街頭演説	不許可	許容
	もてなし提供	不許可	不許可
選挙公営制	投票監視人費用	国庫負担	国庫負担
	選挙預託金	現行通り 大統領（政党候補 5000 万ウォン、無所属候補 3 億ウォン）、国会議員 1000 万ウォン、市・道知事 3000 万ウォン	大統領 3 億ウォン、国会議員 1000 万ウォン、市・道知事 5000 万ウォン
	広報物	選挙管理委員会に製作費寄託後一括製作	広報物 1 種のみ国庫製作後国庫発送
選挙法違反者対応	裁定申請制度	反対	賛成
	連座制導入	賛成	賛成
	未遂犯処罰	反対	賛成
	控訴時効	6 ヶ月	1 年

（出典）『京郷新聞』1993 年 9 月 28 日、朝刊、5 面を基に、筆者作成。

家族が買収や寄付行為制限違反等で懲役刑を宣告された場合、候補者の当選を無効にすることについて賛成した。

ただし、民主党は、新しく選挙犯罪に関して裁判所への提訴制度の導入を主張している。このような主張が出されてきた背景には、それまでは、選挙法が制定されていても、それが守られなかったことがある。その理由の一つが、政府の圧力の下にあるか、あるいは自らの意思で検事が法律を無視し、不公正な不起訴処分が行なわれ、選挙法違反がほとんど放置されてきたからである。

つまり、検事の公訴権行使の公正性に問題があった。わかりやすく言えば、選挙法違反が告発されても、検事によって実質的に無視されてきたのである。その対策として、民主党は、買収および利益誘導の罪および公務員の選挙犯罪に関して、告発した候補者および政党の中央執行部は、検事が公訴を提起しないという通知を受けた後一〇日以内に、その検事が所属する検察庁に対応する裁判所に対して提訴することができる権利を主張した[49]。

以上の内容をまとめたのが図表8である。

4 改定案の国会審議

一九九四年一月一九日、与党民主自由党と野党民主党の院内総務が会合し、一九九四年二月一五日から三月四日までの一八日間臨時国会を開き、同年六月三〇日までに成案を出すことにして「国会政治関係法審議特別委員会」を再設置することに合意した。

また、与野党は、「国会政治関係法審議特別委員会」を再設置するまでの間各三名の議員で「法案交渉代表チーム」を設置し、一九九三年一二月三一日に中断された統合選挙法、政治資金法、地方自治法の法案の審議を継続し、さらにこれらの議員を必ず「国会政治関係法審議特別委員会」に含めることにも合意した[50]。

一九九四年一月二四日、与野党「法案交渉代表チーム」六人の代表は国会で初会合を開き、統合選挙法、政治資金法、地方自治法の法案の本格的な審議に入った。与野党は、二月一五日に招集される臨時国会までに統合選挙法などの懸案に対して一次交渉を終えた後、臨時国会で再設置される「国会政治関係法審議特別委員会」において継続審議を通じて処理する計画を立てた(51)。

与野党「法案交渉代表チーム」六人の代表は、一九九四年三月二日、深夜一時まで交渉したが、選挙違反者に対する裁判所提訴制度の新設等について妥協点を見出せなかった。民主党は、選挙違反者の被害当事者である告訴人（候補者、政党）両方に裁判所提訴権を与えることとした。これに対し、民主自由党は、裁判所提訴権乱発の可能性があるため、選挙管理委員会にのみ付与することを主張した。

また、民主自由党は、地域区議員に対し得票比率で比例代表議員を選出するのは、憲法上の直接選挙条項に違反するという理由により、比例代表議員に対しては政党投票制を導入することを要求した(52)。

一九九四年三月三日、深夜まで審議が継続し、民主自由党は裁判所提訴主体について、民主党は対象犯罪部分について、各党が妥協することになった。

一九九四年三月四日午前、統合選挙日に関して、野党民主党は四月あるいは五月中旬を、与党民主自由党は六月を主張した。両党の総務の会合によって、民主党は、統合選挙日を民主自由党案の六月二七日に譲り、代わりに国家保安法を審議することを条件に了承した。これによって一九九四年三月四日、国会本会議を通過した。

5　「公職選挙法および不正防止法」制定の政策過程の特徴

国会議員選挙法改正に関して、政策決定が盧泰愚大統領の主導で行われたのは、第五共和国時代までの韓国大統領制特有の閉鎖的な政策空間を彷彿させる。ところが、政策空間が開かれた第六共和国において、何故金泳三大統領主導で「公職選挙法および不正防止法」制定に関する政策決定が可能であったのか。その答えは半大統領制にある。第二章第三節で指摘したように、大統領が所属する政党が議会の多数派である場合、半大統領制は大統領主導の体制に変化する。金泳三は、上記の通り「ウルトラC」の奇策を弄し、新軍事政権の与党民政党と旧軍事政権の与党新民主共和国と自党とを合同させ、巨大な与党を作り出した。従って、金泳三大統領制は議会で多数派の与党を擁しているが故に、総合選挙法改正の政策過程では主導的役割を果たすことができたのである。とはいえ、決定された内容の法制化の段階において、国会では、野党という政策アクターの存在を無視できない。その結果、妥協の政治という民主政治の一面がようやく韓国でも政治的民主化の成果として現われ、政策過程もオープンになり、世論の注視の中で多元的政策アクターの参加も可能になるシステムの変容が始まった。こうした金泳三政権の登場と共に、ようやく韓国でも政策過程の民主化への扉が開かれ、政治的民主化の制度づくりの基盤の最後の総仕上げである統合選挙法改正が可能となったのである。

こうした政策過程が展開される新しい局面での政策過程を考察するならば、一九九四年の「公職選挙法および不正防止法」の政策過程の特徴は、政策課題の形成段階、政策立案段階、政策決定段階の全てが、金泳三大統領の主導で行われた点である。

政策課題の形成段階では、金泳三大統領は選挙公約に選挙制度改革を掲げた。金泳三大統領は、果敢な政治改革で政治の道義性を高め、地に落ちた政治に対する国民の信頼を回復し、国会が真に民意を反映する殿堂に新たに生まれ変わらなければならない、と強調した。

政策立案段階では、一九九三年一月一九日、野党民主党は、党本部で「非民主法律改正・廃止特別委員会」を設置し、論議を始めた。

一九九三年二月一〇日、中央選挙管理委員会は、尹鎗委員長主宰で選挙管理諮問会議を開き、選挙制度および意識改革を一九九三年の主要な事業として推進することとし、金裕泳事務次長を団長とする「制度改善研究団」を設置した。

与党民主自由党も、金泳三大統領の政治改革に対する強い意思に従い、一九九三年三月一九日、選挙関係法・国家保安法等各種政治関係法の改正案を論議するため、党内で「政治関係法審議特別委員会」を設置し、論議を始めた。

一九九三年八月三〇日には、中央選挙管理委員会が「選挙法制定（に関する）意見書」を作成し、国会に提出した。一九九三年一一月一五日、与党の民主自由党が「公職者選挙および選挙不正防止法案」を、一九九三年一一月二五日、野党の民主党が「公職選挙法案」を提出した。

政策決定段階においても、金泳三大統領は、一九九四年度予算案の提出に際しての施政演説を通じ、統合選挙法、政党法、政治資金法などの政治改革関連法案が今国会会期内に処理されなければならない、と再度主張した。金泳三大統領は、選挙革命、政経癒着関係断絶、政治資金の透明化などを当面の課題とし、第一四代国会で解決しなければならない重要かつ早急に解決すべき政策であると指摘した。金泳三は、今国会会期内に与野党が知恵をしぼって政治改革関連法の改正がなされることを期待すると強く主張した。(53)

「政治関係法審議特別委員会」は、中央選挙管理委員会と各政党が提出した案を基に協議を継続する一方、先進諸国の選挙制度を幅広く比較・分析し、韓国の政治実情に合う制度を積極的に取りまとめた。(54)

これにより、法制化の段階では舞台は議会へ移り、与野党の合意で「政治関係法審議特別委員会」名義の「公職選挙および選挙不正防止法（案）」を準備した。その後、一九九四年三月四日第一六六回臨時国会第一一次本会議で法案は可決され、政府に送付された。同年三月一六日、法律第四七三九号「公職選挙および選挙不正防止法」という名称で公布・施行された。(55)

金泳三政権の政策過程の特徴は、政治体制が全般的に民主化されたにもかかわらず、大統領が主導して政策課題の形成・政策作成・政策決定まで行ったことである。そのやり方は、表面的には過去の権威主義的政策決定方式を大きく抜け出るものではなかったかのように見られるが、その実体は、半大統領制が大統領制へと傾斜してしまう議会における政党政治の影響によるものであるという点を忘れてはならないであろう。

【注】

(1) この時代について、朴政権に近い立場をとる憲法学者の葛奉根は次のように表現している。「封建的な農耕的経済構造を引き継いでいるために、経済的貧困が平均化し、民主主義の経験が欠如しており、教養と財産をもつ市民階級があまりにも少なく、国民の政治的意識が未熟である」。葛奉根「韓国憲政に与えたカール・シュミットの影響」H・クヴァーリチュ編『カール・シュミットの遺産』(初宿正典他編訳)、風行社、一九九三年、三五八頁所収。

(2) https://mardream.tistory.com/。

(3) 日本植民地時代の象徴であるソウルにある朝鮮総督府の建物を完全に解体撤去させる。

(4) 木宮正史、前掲書、七七頁、同『韓国――民主化と経済発展のダイナミズム』(ちくま新書)、二〇〇三年、一三〇頁。金泳三政権の「世界化」政策の政治的合意について考察した研究として、次のものがある。カンムンク「韓国の民主的鞏固化と改革の限界――金泳三政府の改革政策を中心として」『21世紀政治学会報』第一二集第一号、二〇〇二年、一一頁―一三頁。

(5) 小倉紀蔵『朝鮮思想全史』(ちくま新書)、二〇一七年、三八九頁。

(6) 木宮正史『国際政治のなかの韓国現代史』山川出版社、二〇一二年、一二七―一二九頁。

(7) 金知濯、前掲論文、八六頁。

(8) 木宮正史教授は、この地域主義について、「地域割拠主義」という表現を使っている(『国際政治のなかの韓国現代史』、一一三―一一六頁)。

(9) 木村幹『韓国現代史――大統領たちの栄光と蹉跌』(中公新書)、中央公論新社、二〇〇八年、二八―三一頁。

(10) 一九八七年六月二九日に政府をして妥協せざるを得ないように仕向け、かつ自由な大統領選挙が行われる上で重要な役割を果たした金寿煥枢機卿は、(選挙の結果について)失望した民衆の気持ちを次のように表現している。「この選挙は我々が勝者であるけれども、勝利の喜びを誰一人も味わえることができなかったことは、恥辱である。夜はまだ長い。そして、祝賀行事を行える夜明けはまだ遠いように思われる」。Nam Koon Woo, *South Korean Politics: The Search for Political Consensus and Stability*, Lanham: University Press of America, 1989, p. 318. なお、本書は第一共和国から民主化宣言までの韓国における政治的合意と安定を模索した努力を辿っており、英語で書かれた通史として有益である。

(11) 金知濯、前掲論文、八六頁。
(12) 中央選挙管理委員会『選挙管理委員会五〇年史』、二〇一三年、二〇頁。
(13) 同書、三七頁。
(14) 『東亜日報』一九九七年一二月三〇日、朝刊、一面。
(15) 中央選挙管理委員会、前掲書、三七頁。
(16) 沈之淵他、『韓国政治制度の進化経路——選挙・政党・政治資金制度』白山書堂、二〇〇七年、一三三頁。
(17) 同書、一三四頁。
(18) 崔漢秀、前掲書、三七三頁。
(19) 金知濯、前掲論文、八八頁。
(20) 同論文、八八頁。
(21) 金知濯、前掲論文、八九頁。韓国における「分割された政府」に関する研究として次のものがある。康元澤・浅羽祐樹・高選圭編著『日韓政治制度比較』慶応義塾大学出版会、二〇一五年、「第二章　分割政府の日韓比較」、四三—八〇頁。
(22) 權祈憲『改訂版　政策学講義』博英社、二〇一四年、一〇二—一〇五頁。
(23) 田中誠一、前掲書、一三一頁以下。
(24) 李ナムクッ他『大韓民国歴代政府主要政策と国政運営——第五巻金泳三政府』「韓国行政研究院」大栄文化社、二〇一四年、四三頁。
(25) 木村幹、前掲書。
(26) 前掲書、四三頁。
(27) 金明圭「選挙制度に関する研究」『檀國法学』檀國大學校、一九九五年、四五頁。
(28) 任爀伯、前掲書、一二五—一二七頁。
(29) 李ジョンスウ「韓国の歴代行政府の政策体制の特徴における考察」『韓国行政私学集』韓成大学校、二〇〇八年、九二頁。

(30) 木宮正史、前掲書、一二六頁。任爀伯、前掲書、一二三頁、一二五―一二七頁。

(31) 前掲論文、五―六頁、李ナムクッ他『大韓民国歴代政府主要政策と国政運営――第五巻金泳三政府』韓国行政研究院、大栄文化社、二〇一四年、四三頁。

(32) 李ジョンスウ、前掲論文、九二頁。

(33) 同論文、九三頁。

(34) 李・ナムクッ他、前掲論文、四三―四四頁。

(35) 『東亜日報』一九九三年一月五日、朝刊、三面。

(36) 党本部が麻浦区にあったので、このような表現が韓国では使われている。

(37) 『ハンギョレ新聞』一九九三年一月二〇日、朝刊、三面。

(38) 同上、三面。

(39) 民主自由党の党本部が国会議事堂のある汝矣島にあったので、そのような表現が韓国では使われていた。

(40) 『毎日経済新聞』一九九三年六月一五日、朝刊、三面。

(41) 李ハンスウ「公職選挙法上の地方選挙制度改善に関する研究――選挙運動から現れる問題点とその改善方案を中心」(修士論文)、高麗大学校法務大学院、二〇〇五年、三六頁。

(42) 李ハンスウ、前掲論文、三六頁。

(43) 『東亜日報』一九九三年一月二一日、朝刊、九面。

(44) 一九六〇年三月一五日、李承晩大統領の自由党政権によって大々的に不正行為が強行された正・副大統領選挙をいう。当時自由党政権は李承晩と李起鵬を正・副大統領候補にし、野党である民主党は趙炳玉と張勉を正・副大統領候補にした。しかし、選挙結果をあらかじめ分析した自由党政権は、正当な選挙を通じては全く勝算がないということを知ると、持っている権限を利用して大々的な不正選挙計画をたてることにした。一九六〇年二月一五日、民主党大統領候補であった趙炳玉が、病気治療中にアメリカで突然死亡したことにより、李承晩の大統領当選が確実になった。その後、選挙の焦点は、当時老齢(八五歳)だった李承晩の有事時に継承権を持つ副大統領選挙に移されることになった。選挙遊説が本格化し、政府と与党の選挙運動妨害事件が連日続いた。当時指示された不正選挙計画の内容によれば、四〇%事前投票、三人組または五人組による反公開投票、幽霊有権者操作と棄権強要、棄権者の代理投票、内通式記票所設置、投票箱すり替え、開票時の混ぜ票と替え票、得票数操作発表など、途方もない不正行為が行われた。このような不正行為により、一九六〇年三月一五日に行われた選挙では、李承晩・李起鵬候補がそれぞれ八八・七%と七九%の得票率で正・副大統領に当選した。特に、開票過程で副大統領李起鵬の票が一〇〇%に肉迫する結果が出て、これを七九%に下方調整することもあったのである。

(45)『ハンギョレ新聞』一九九三年二月一一日、朝刊、一面。
(46)『京郷新聞』一九九三年八月二一日、朝刊、七面。
(47)『東亜日報』一九九三年一二月一一日、朝刊、五面。
(48)『京郷新聞』一九九三年九月二八日、朝刊、五面。
(49)金明圭「選挙制度に関する研究」『檀國法学』檀國大學校、一九九五年、二四七頁。
(50)『ハンギョレ新聞』一九九四年一月二〇日、朝刊、一面。
(51)『東亜日報』一九九三年一月二四日、朝刊、一面。
(52)『東亜日報』一九九三年三月二日、朝刊、三面。
(53)『ハンギョレ新聞』一九九三年一一月一三日、朝刊、三面。
(54)李ハンスウ、前掲論文、三六頁。
(55)現行憲法に基づく統治システム及び「公職選挙および選挙不正防止法」の実施状況について紹介した文献として次のものがある。大林啓吾・白水隆編『世界の選挙制度』三省堂、二〇一八年、「韓国」(執筆者：水島玲央)、一九〇—二一〇頁。また、選挙管理の「韓国モデル」を紹介したものとして、大西裕『選挙管理の政治学——日本の選挙管理と「韓国モデル」の比較研究』有斐閣、二〇一三年、第三部「韓国モデル」の実証分析、一五三—二五〇頁。

第四章　事例研究Ⅱ――社会・経済改革に関する事例

第一節　「国民の政府」金大中政権成立とその末期までの政治過程

周知のように、近代国家においては、自由民主主義体制を運営するのは政党である。従って、政党の性格の違いによって、各国の自由民主主義体制における政党政治のバリエーションも生じることになる。西欧先進諸国の政党は、第一に、市民社会の多様な要求や利害の表出を行う機能を担う。次に、政党は、これらの表出された要求や利害を全体としての市民社会の存続と発展にとって望ましい公共的政策へと収斂させる方向の行動指針として政治的イデオロギーを打ち出し、その実現のための政治活動を展開する。その際、各党は各々の政治的イデオロギーに沿って市民社会の個別的要求と利害の集約に努める作業で他党と競合するが、その過程で国民の支持をより多く得た政党が国家権力を獲得することになる。政権をとった政党は、公約した政治的イデオロギーの実現に努め、失敗した場合は競合政党に政権を譲る。このように、西欧の自由民主主義諸国は、政党を中心に国政が運営されていると言えよう。つまり、S・ノイマンの言う通り、「政党は現代政治の生命線」であると言っても過言ではなかろう。

以上が政党政治についてのアメリカ現代政治学から学んだ筆者の理解である。もし、この理解が正しいとするなら、こうした近代国家の政党政治論に基づいて韓国の政党政治を考察しても、それによって捉えられるものはほとんどないと言っても過言ではない。というのは、韓国の政党の性格は近代政党のそれではなく、韓国的特色、つまり家産主義的特色を持つ徒党集団と規定しても間違いないからである(1)。

李氏朝鮮時代において、体制護教原理としての儒学の解釈をめぐって徒党集団が結成され、それらが王の寵愛をめぐって相争い、党争を繰り広げてきた悪しき遺産が韓国にはある。この家父長主義的で家産主義的な政治文化の李氏朝鮮時代の徒党集団の組織原理は、第一に血縁・地縁であり、儒教はこの徒党集団結成と存続を正当化するイデオロギーとして利用されてきたに過ぎなかった。こうした悪しき家父長主義的で家産主義的な遺産が清算されずに色濃く残っている韓国では、国家権力を掌握した権力者側、つまり大統領になった最高権力者は、北朝鮮との体制競争並びにアメリカとの関係において、自由民主主義的憲法の規定に一応リップサービスをする必要があった。そこで自由民主主義であることを標榜している以上、政党政治の形式はやむなく残存させるが、その実際においては、大統領の権力を抑制する議会を骨抜きにするために官製の「政党」を上から作りあげ、あらゆる不正な手段を用いて与党候補の多数が当選できるように選挙操作を繰り返してきた。その代表的な官製与党の例が、李承晩の自由党、朴正熙の民主共和党、全斗煥の民正党である。こうした官製与党は、各選挙区において、それぞれの事情に応じて血縁や地縁その他の前近代的な紐帯で結ばれている多くの集団を、利権と御上と関われるという「名誉」の配分を餌に結合させた徒党集団の性格を有していたと言っても過言ではない。そういう点では、官製与党は家父長主義的で家産主義的な前近代的な原理に基づいて組織されていた。従って、李、朴、全の三代の官製与党の構成員はほとんど同一であった。つまり、彼らは大勢順応主義者の塊であったと言っても過言ではなかろう。

野党の場合も、その組織原理は与党とほとんど変わらない。但し、政府に反対する野党のリーダーは、韓国では政権を掌握している政治的エリートとは出身地を異にしているので、野党の組織原理は地縁に関しては当然与党と異なる。ところが、その存続を保障する「権力亡者」吸引機の使用が政府によって公認されている点に注目してもよい。朴正熙政権は、議会の権力を弱体化させる手段として官製与党を上から創出する方法と並行して、自由民主主義を要求するアメリカの要請に一応応えているかのごとく見せかける必要があり、コントロール可能な野党——韓国では「忠誠野党」[2]と揶揄されている——も体制存続の「あそび」としてある程度その活動を認めざるを得なかった。

朴正熙政権は、与野党を問わず国会議員をコントロールするために、憲法に国会議員に立候補できるのは政党所属者のみであるという規定を盛り込んだ。実は、この規定こそが、野党指導者にとっては体制側が恵んでくれた政党の結成・存続のために必要不可欠な送り物であり、その活用こそは予期せぬ一種の「打ち出の小槌」の役割を果たすものとなったのである。韓国では、何らかの分野で成功し、国民の価値序列の最高の価値である権力、その象徴である国会議員になりたいと願う者、つまり「権力亡者」は多くいる。国会議員になるためには、党の公認を受けなければ立候補できなくなったため、政党が地縁に基づいて組織されている以上、全羅道で国会議員を希望する者は野党党首の金大中に巨額の献金をし、彼の政党の公認を受けなければ国会議員になれない状況が生まれたのである。

言うまでもなく、軍事独裁政権時代では、野党も耐えざる抑圧と監視の下にあったので、党の結束を図るために野党の党組織原理も与党に対抗する形で権威主義的にならざるを得なかった。また、野党も韓国の伝来の家父長的で家産主義的な政治文化の下にあるために、党は党首を家長として家産主義的に運営されていた。その結果、党の私党化が進んだと言えよう。野党も本来、政党であるならば、公共的利益を追求すべきであるが、党首を中心として血縁・地縁・学縁の同心円の拡大という形で結束を固めているが故に、彼ら自身が生き残るために自己防衛集団となっていた。その上、野党の場合、党首は選挙地盤の地域を根拠にして、党をあたかも封建領主のように運営し、帝王的党総裁として自分の作った政党の上に君臨し、国会議員立候補者の公認、党職員の任命・解任を自由に行い、一方、追従者の忠誠の度合いに応じて政治資金や公職の配分を行った。欧米先進諸国では全く見られないまさに政党の私党化現象が起こっていたのである(3)。

一九八七年から二〇〇二年までの韓国の民主化の前期段階における改革政治を推進することになった、軍部政権時代の野党を率いた金泳三・金大中の二人をリーダーとする政党は、以上述べたような韓国的特徴を有していた。その上に、政党は党首の大統領職獲得のための手段にすぎず、政党を都合次第では、いつでも解党したり、あるいは新しく創設したりした。つまり、党首の私党であるが故に、何時でも党の創設・解党が繰り返されてきたのである。任教授によると、一九八七年の以降のいわゆる三金時代の政党の特徴は家父長的主義、地域主義、ボス主義、家産主義、腐敗政治、委任政治であった、と述べている(4)。

本節の冒頭で、このような韓国の政党の性格について述べてきたのは、第一に、第六共和国は基本的には半大統領制であるため、議会の多数を占める政党の行方によっては大統領の政策決定が大きく影響を受けることになるからであり、第二に、こうした韓国的な政党の特色を一身に背負っている象徴的な政治家である金大中が大統領になるまでの政治過程をこれから述べるにあたり、この政治過程を動かす力学を説明するためにも韓国の政党の特有な性格を明らかにしておく必要であったからである。

さて、金泳三が大統領になるために自ら率いる統一民主党とそれまで戦ってきた新旧軍事政権の与党であった二つの政党と野合し、巨大な民自党を誕生させ、その民自党の大統領候補となり、大統領になった事については前節ですでに紹介した。こうした金泳三のとった行動は政治倫理にもとる行為であり、従って、統一民主党の中でも彼の行動に批判的な者は三党合同には従わず、残留した者もいた。その残留した者たちの代表が、後に大統領となる戦後生まれの盧武鉉である。

合同に参加しなかった者たちは、新しい政党として民主党を一九九〇年六月に創立した。盧武鉉は釜山で労働問題専門の弁護士として活躍しており、彼の周辺には、西欧先進国の近代政党と同様に韓国の政党も地域主義に基づいて組織され、運営されるべきではないと考える、いわゆる「三八六世代」という者たちが集まっていた。彼らは、韓国においても市民社会が出現しつつあるので、政党も前近代的な組織原理ではなく、社会・経済的な利益を中心に組織運営されるべきであると考えていた。そうした考え方の代表者である盧武鉉は、韓国において古い政党の組織原理の改革を目指した最初の近代主義者であったとみられよう(5)。

一方、大統領になる権力闘争において、金大中は、彼の選挙地盤の湖南地方だけの票では絶対大統領になれないことを金泳三との戦いで痛感した。つまり地域主義を清算し自党を近代的政党の組織原理に基づかせない限り、有権者の多数の支持を獲得できないことを悟った。こうした認識に基づいて——もちろん、それは大統領になりたいとの一心からの党利党略であるが——自ら率いる平和民主党の名称を新民主連合に変更して、一九九一年九月に、盧武鉉の民主党と合流した。党名は盧武鉉の民主党の党名をそのまま利用することにした。地域主義者から見ると、盧武鉉のとった金大中の政党との合同は裏切り行為に映ったことは言うまでもない。盧武鉉は一九九二年の総選挙で地元釜山の選挙区で立候補したが、落選した。そして、一九九五年の釜山市長選挙においても落選した。それは、政党の組織原理を近代的なものに変えようとする盧武鉉の時代に先んじた行動に対する根深い地域主義の逆襲とも解釈されよう(6)。

すでに述べたように、一九九二年の大統領選挙では、金泳三が対立候補の金大中に対して一九〇万票の差をつけて大統領に当選した。金大中は心理的にも政治的にも追い込まれ、ついに政界引退を表明した。彼はイギリスへ渡り、ケンブリッジ大学で客員研究員として過ごすことになった。金大中引退後、盧武鉉は民主党内の古い地域主義的性格を一掃するために努めた。ところが、一九九四年一月、金大中は帰国して「アジア太平洋平和財団」を設立し、再び政治活動を開始した。金大中は金鍾泌との連携を求める追従者達の強い要請を受けて民主党内の自分に忠実な部下の議員たちを離党させ、新政治国民会議という新しい政党を一九九五年九月に立ち上げた。二年前の「改心」を忘れたかのようである。民主党議員の大半が新政治国民会議に移り、この新党は他の議員たちも取り込み、野党第一党となった。金大中派の離党後、盧武鉉ら民主党の残留派は、一九九五年一二月に「統合民主党」と党名を改めた。

この一九九五年という年は、金泳三大統領の任期五年の後半部分に入り、家族のスキャンダルのみならず、経済政策の失敗もあり、金泳三大統領政権に対する国民の不満が高まり始めていた。与党内においても金泳三大統領の政権運営に対する不満が噴出し、与党の分裂の兆しが見られ、金泳三政権はレイムダック化し始めた。その表れとして、金大中が新党を立ち上げる前の一九九五年二月、金鍾泌が与党から離党し、彼の出身地の忠清道を地盤とする自由民主連合を立ち上げていたのである。

こうして、三金の内、まだ大統領になれなかった金大中と金鍾泌が結びつく状況が生まれたのである。なお、与党の民自党は、金鍾泌派が分離した後、一九九五年一二月に党名を新韓国党に改めた。一九九五年四月の総選挙では、新政治国民会議が思ったよりも伸びず、金大中自身も落選し、苦境に立たされた。ところが、この苦境から金大中を救ったのが、他ならぬ一九九七年二月に韓宝財閥倒産を契機として始まった韓国の経済危機であった。この経済危機はまもなく信用危機へと転化し、韓国経済は破綻の淵に立つことになった。それと共に、与党の経済危機への対応における不適切な政策への批判が高まり、政権交代の声も高まった。このようにして、韓国を襲った前代未聞の経済危機が、金大中を大統領へと押し上げることになったのである。

一九九七年末の大統領選挙で、金大中は四度目の挑戦でようやく大統領の座を射止めた。対立候補は、李會昌と李仁済の二人であった。ここで、第六共和国憲法制定によって大統領の任期が五年再任禁止となったことで、現職大統領とその所属政党との関係において大きな変化が生じていた点について指摘しておきたい。上述の通り、野党の場合、大統領になる可能性のある政治家は政党を大統領への道の最適な手段とみなし、その政治家の都合で創党や解党又は他の政党との連合が繰り返されてきた。一方、与党の場合、現職の大統領はその職に留まる限り、与党を自分の支配下に置くことが可能であった。ところが、再任不可となったために、現職大統領が任期後半になると、次の大統領選挙を目指して与党候補に名乗りを上げる者達は、現職大統領の失政の烙印を押された与党の化粧直しを求め、自分と現職大統領とは全く異なるきれいな政治家である点をアピールするための党の刷新を企て、その一環として、現職大統領の離党を求めたり、党名の変更を企てたりするのである。こうした現象が、一九九七年末の大統領選挙直前に与党においても起こったのである。

一九九七年一一月、新韓国党の大統領候補を目指す李會昌は、「統合民主党」との合同をはかり、それに反対する盧武鉉派を除く同党との合同を成し遂げ、党名を「ハンナラ党」とした。そして、李會昌は同党の大統領候補となることに成功したのである。この動きに反発した京畿道知事の李仁済は、脱党して「国民新党」を立ち上げ、大統領選に参加した。こうしたことがあり、大統領選挙は三人で争うことになった。三人の得票率は、ハンナラ党の李會昌が三八・二％、金大中が三九・七％、李仁済が一八・九％であった。金大中は李會昌に対し僅差で勝利した。

こうして、一九九八年二月に発足した金大中政権は、まず金融危機克服のためにＩＭＦの要求を受け入れ、金融制度の抜本的改革を行い、次にワン・セットの産業を抱えている幾つかの巨大財閥を解体させ、業種別に国際競争力のあるものに再編・統合を図る経済構造調整を断行した。国民一般の痛みを伴う政策の実施であったが、金大中大統領は国民の愛国心に訴え、経済危機を克服し、二〇〇〇年に入ると、韓国の経済危機は一応回復の方向にあると言われるまでの成功を収めることになった(7)。

次に、経済改革は労働者のリストラを伴うため、労働者の理解と協力なしには実現できないことが明らかだった。金大中政権は前政権が企てたが失敗した「整理解雇制」の導入が経済危機克服のために必要不可欠との認識を持つようになり、この「整理解雇制」という毒を労働側に飲ませるために、労働側の従来の要求を受け入れる方向へと進んだ。こうして、金大中政権はまず企業家を説得し、労働運動の合法化に踏み切り、それまで存在していた御用組合の他に、自主的な労働組合の結成とその政治活動を承認し、ようやく産業関係においても先進国並みの民主化が実現されたのであった。さらに、労働組合に整理解雇を受け入れさせるために労働運動の自由のみならず、従来実質的に閉ざされていた労働組合の政治参加・政策決定への参加の道を開く方向性を示した。それは後述する労史政委員会の設置へとつながっている(8)。

他方、外政面においては、北朝鮮に対する対決姿勢を捨て、話し合いと妥協による南北共存を主張する「太陽政策」(または包容政策)を展開した。こうした政策は、多くの政治的困難の末にようやく実現されたのであった。なぜなら、国会において、与党は新政治国民会議と自民連の二つの党の連合でも議会の多数を占めてはいなかったからである。

さて、金大中政権にとっての最初の障害は、いわゆる「与小野大」の状態にある国会に直面して、金鍾泌を首相とする連合政党の内閣が議会で信任を受けることが出来なかった点である。そこで、金大中政権は、暫定首相という形で出発せざるをえなかった。打開策は、大統領が議会解散権を持たない以上、議会多数党の野党、つまりハンナラ党を分裂させるか、あるいはその一部を自分の側に寝返らせること以外にはなかった。こうして金大中政権の一年目は野党議員の取り込みに終始し、ようやく連合政党が議会の多数を制することになった。

しかし、その前途は多難であった。地域主義に立脚する与野党の主要な三政党は、全国政党へと発展する条件を持っていなかった。その上、三政党は、上記の通り、政策の一致に基づく政治家の結合体ではなく、国家権力の掌握を目指す権力追求者としての政治家が、その都度自分の権力闘争の都合で政党を作り、かつ捨てるような私党のごとき存在であった。このため、二〇〇〇年四月に行われた国会議員選挙では、各党がこの選挙に勝ち抜くために政略合戦を繰り広げることになったのは言うまでもない。

一九九九年末、金大中大統領は、自民連との約束であった議院内閣制の導入を、国会議員選挙後に再検討するということで、その問題を一時棚上げし、両政党の連合結成を行った。金大中は、それを土台に全国的な大政党の結成を提案したが、自民連は飲み込まれることを危惧してその提案には乗らず、金鍾泌は自民連の選挙対策の陣頭指揮をとるために国務総理を辞任し、国務総理は自民連の朴泰俊が引き継いだ。こうして、連合政党間の葛藤は、強まりこそすれ弱まることはなく継続した。

金大中は、労働運動の合法化を進めたこともあり、五年前に別れた盧武鉉の統合民主党と自党の新政治国民会議を再結合させ、二〇〇〇年一月一八日、新党は新千年民主党（略称民主党）と名乗ることになった。

韓国でも、自由民主主義体制の定着と共に、多様な市民団体が出現しており、さらに金大中大統領のリーダーシップに基づく政府による情報・通信技術産業の育成が進められていた関係もあり、情報・通信技術の環境が整備され、サイバー通信網を使って各種市民団体などによる世論形成も可能となった。二〇〇〇年四月の総選挙では、各種二〇〇以上の市民団体が、三党が公認する立候補者について過去の経歴をチェックし、政治腐敗に汚れ、かつ無能で反民主的な人物を公表し、各党に公認しないように要請して、もし公認するのであれば、その選挙区に乗り込んで落選運動を展開すると主張し、行動を開始した(9)。

それらの市民団体は、一月末に第一次名簿を公表した。その中に、金鍾泌をはじめ自民連の立候補予定者が多く、自民連の打撃は図り知れぬものであった。この市民運動は連日テレビで紹介され、全国的に賛成する署名運動も繰り広げられており、ようやく韓国にも、市民社会の出現と共に、下からの市民による民主政治が根をおろしつつあることが示された。ともあれ、この運動に金大中大統領が条件付きで支持を表明したため、これを新千年民主党による自民連つぶしの陰謀であると自民連の一部は受けとめ、それによって与党の政党連合は解消されることになった。

金大中大統領は、盧武鉉の政党との合同において地域主義を打破すると主張しておきながら、政権の中枢には全羅道出身の腹心を据え、人事において従来の政権同様に偏向性を示した。さらに、腹心の収賄事件や野党支持の新聞に対する間接的方法による弾圧も取り沙汰され、金大中政権への国民の支持が急速に落ち始めた[10]。とはいえ、金大中大統領は、外政面において、その「太陽政策」の一環として、二〇〇〇年四月、平壌で南北首脳会談の開催に成功し、その後、南北離散家族再会事業や金剛山観光事業などの南北の共同経営、京義線連結など、南北の交流活性化と民間統一運動活性化の道筋をつけた。その功績が買われ、二〇〇〇年一〇月一三日、金大中にノーベル平和賞が授与されることになり、国際的にその南北和解政策が評価された。そして、ノーベル平和賞が授与されることで、国内政治にもその影響力が作用し、政治運営においてもある程度のリーダーシップを発揮できるようになった。

しかし、経済不況のために、二〇〇一年から翌年にかけて民心は金大中政権から離れていった。

その上、二〇〇一年、アメリカで政権交代があり、共和党のブッシュ大統領は北朝鮮を「ならず者国家（rogue states）」の一つだと批判し、クリントン前政権とは打って変って北朝鮮に対し厳しい態度をとるようになった。それとともに、金大中大統領の「太陽政策」（または包容政策）についても、アメリカの支持が消極化して行き、国際的に金大中大統領にノーベル平和賞受賞者という高い威信を与えた「太陽政策」も、その神通力を失った。それと連動して、政治資金の不正受領スキャンダルが暴露され、それに金大中の三人の息子が関わったことが判明した。これによって、金大中の人気は一気に崩れた。それに拍車をかけるかのように、南北首脳会談が事前に金正日総書記に巨額のドルをプレゼントした見返りだったことが暴露された[11]。

二〇〇二年末、第一六代大統領選挙が迫り、金大中の与党新千年民主党内で、金大中派と盧武鉉をリーダーとする若手改革派との対立が表面化した。与党内で初めて、アメリカ大統領選挙において候補者選びの方法の一つとして制度化されている予備選挙（Primary（プライマリ）、韓国では「国民競選」と訳されている）が導入された。新千年民主党の党員のみならず、新千年民主党を支持する有権者も参加する「国民競選」において、地域主義克服を主張する非主流派の盧武鉉弁護士が、党主流派が押す李仁済を破って民主党候補に選出された。そして、大統領選挙では、四年前、金大中と接戦で負けたハンナラ党の李會昌候補も再び登場した[12]。

二〇〇二年一二月一九日、歴代の韓国大統領選挙の中で国民の関心が最も集まる中、国民の七〇％が参加した大統領選挙の投票結果が各放送社によってリアルタイムで報道された。明け方、各放送社は、非主流のため当選が難しいと予測されていた盧武鉉候補の当選確定を報道した。

盧武鉉候補と二位の李會昌候補との差は二・三％で、約六〇万票のわずかな差で盧武鉉候補は大統領に当選したのであった[13]。

最後に金大中政権が民主化の後期段階への橋渡しの役割を果たしている面について先に若干触れておきたい。

金大中政権がその後の韓国の政治発展に寄与したことは、ＩＭＦ危機を契機に経済の構造改革という大きな社会経済改革に際して、次の時代の支配的な先端産業がどういう業種になるのかを見極めた後、それがアメリカが進めている情報技術産業であるとの認識の下に、その育成を韓国の経済改革の主要な課題として設定し、その第一歩を踏み出した点である。それによって切り開かれたＩＴ企業を中心とする情報技術産業の育成強化によって、今日デジタル先進国の先頭に立つことになったことは注目されてもよかろう。次にデジタル社会の創出の効果はすぐ「政治の世界」においても現れることになった。

国民の多くはネットで結ばれるようになり、下からの市民同士のコミュニケーション網が拡充され、それを契機に市民社会の「政治の世界」への影響力も巨大なものになっていた。それは二〇〇二年末の盧武鉉の大統領当選が証明しているところである。次に忘れてはならないことは、前近代的な家産主義的組織原理に基づく韓国政党の近代化を図るために取った党改革が韓国政治における民主化の後期段階への道を切り開いた点である。

金大中は全羅道において九〇%近くの支持基盤を有していたが、つまりこの地域主義に基づく自分の政党では全国においては当選する可能性は全くないので、普遍的価値に基づく全国民の基本的人権の保障を目指す政策を中心とする政党に脱皮しない限り、国民の多数の支持を得て大統領になれないということを痛感した。そこで、彼は政党を近代化するために地縁を含めてあらゆる前近代的な縁から解放された個人を基礎に党組織を立て直さなくてはならないことを認識し、その方向を目指す党改革を盧武鉉と手を結んで行う決断をした。

その結果、政党の近代化への第一歩を踏み出すことになった。この二点は金大中政権のマイナス面もあるが、後世に韓国における権威主義体制から民主主義体制への移行を決定的にした点で評価されるであろう。

第二節　国民健康保険法の制定をめぐる動き

序　金大中政権による国民の基本的人権を社会・経済的に支える社会福祉制度の確立への試み

韓国の民主化がようやく定着したことを象徴する出来事は、一九九七年末に野党の大統領候補者金大中が大統領選挙で当選したことであろう。

権威主義体制と民主主義体制の根本的な相違は、真の民主主義体制では国民の基本的人権が無条件に保障される体制が樹立され、かつそれを犯す恐れのある国家の暴力装置が憲法の規制下に置かれ、かつ政治的中立的状態に置かれ、さらにそれに対する民主的に選ばれた文民政治家のコントロールが実効的である制度が確立されている点であろう。上記の通り、韓国における民主主義体制への移行の前期段階では金泳三大統領によって軍部の暴走をコントロールし、それを憲法の規制の下に置く軍政改革が断行されており、次に金泳三の跡を継いだ金大中政権末期には、基本的人権保護の向上を目指す制度確立に関しては、人間としての尊厳と価値を具現し、民主的秩序の確立に寄与することを目的に国家人権委員会という独立した機関が設置されている。それは二〇〇二年度から発足した(14)。こうして、韓国における民主化の前期段階における改革の試みが一応成功した。周知の通り、民主主義体制の根幹の一つである国民の基本的人権保障は不正な国家権力の弾圧からの解放の成果であるが、それに引き続いて、人は資本主義社会で生きていくために、こうした政治的自由の他に、最低限の社会保障・経済保障、つまり福祉が必要不可欠である。従って、本節では、金大中政権の福祉に関する制度作りを取り上げる。

上記の通り、金泳三大統領が民主化実現のための政治制度改革をすでに成し遂げており、金大中大統領は、国民の政治的自由が保障された後に登場することになったので、その政治課題は、残された民主化の総仕上げとして、国民の基本的人権を社会・経済面で支える社会福祉体制確立への第一歩、すなわち「国民の生活の質の向上」、つまり国民の福祉を図ることであったと言えよう。

繰り返すようであるが、金大中政権の最初の課題は、何よりも先に、一九九七年後半期に訪れた通貨危機に陥った韓国経済の危機を克服することであった。そこで、彼は、民主主義と市場経済を並行・発展させる改革のみが韓国が生き残れる道であるとの方針を打ち出した。つまり、グローバル経済時代に生き残れるように、韓国の市場経済の立て直しのための経済構造改革を、国民生活の質の向上と並行して行う政策を打ち出さざるをえなかったのである。

すなわち、新しく就任した金大中大統領は、雇用保険、国民健康保険、国民年金保険、日本の労災保険に該当する産災補償保険の四つの保険制度を改革し、韓国における福祉国家確立への基盤の整備に取りかかったのである。

本節では、韓国の社会福祉制度であるこの四大保険制度の中核部分を構成し、全国民を加入者とする国民健康保険制度について、その改善をめぐる政策決定過程を取り上げ、その考察を通じて韓国政治の民主化の前期段階の後半期における政策過程の特徴を明らかにしたい。

1　金大中政権と政策ネットワークの登場

（1）医療保健制度の問題点

韓国における国民健康保険制度に関して概観するなら、一九六三年にはすでに国民医療法が制定されていた。同法により韓国では公的医療保険制度が初めて導入されていた。そして、国民医療法の下で、一九八九年には国民皆保険がほぼ達成されていた。問題は、別々の組織原理に基づいて設立されていた各種医療保険組合の財政格差が発生し、これを解消することであった。一九八〇年以来繰り返されてきた各種医療保険の統合論争に関して、金泳三政権初期の一九九四年には、一九八〇年代後半に始まった民主化の進展に伴い、問題の捉え方や、政策アクターなどに変化の兆しが見られるようになった[15]。それまで幾つかの独立した医療保険組合が存在しており、そうした状態は、韓国では「組合主義」と称されていた。この組合主義に対し、すべての医療保険組合を一つにまとめて国民皆保険制度の確立を求める主張は普遍主義と言われて、それは「統合主義」とも称された。従ってこの二つの組織原理の対立が続いていたのであった。

一九七七年に、日本の医療保険制度を模範とする公務員・私立学校教員・会社員（三〇〇人以上の雇用者）などを加入者とする各種職域別医療保険制度が順次確立されていった。[16]これらの医療保険は、負担の比率は医療保険組合毎に異なるが、運営費を使用者と被用者が各々負担し合うことで賄われていた。

周知の通り、日本を初め、北欧や英独仏などの先進近代福祉国家では国民皆保険制が原則となっていた。韓国でも、こうした職域別医療保険の対象者ではない自営業者、つまり、農民や漁民、さらに都市の零細企業に雇われている貧困層や商工業者などを対象に、地域医療保険制度が民主化後の一九八八年に導入されることになった。[17]ただし、新しく導入される地域医療保険はその加入者の所得や収入が低いものが多く、加入者の保険料をその収入の範囲内で支払い可能な額に定めた場合、運営費が巨額の赤字に陥ることは必至であった。

地域医療保険制度の推進勢力は、政党を動かして、既に一九八八年に農・漁村医療保険を実施させ、次いで一九八九年に都市地域医療保険を実施させていた。それを主導したのは、全国農民会連盟、全国都市貧民連合会、人道主義実践医師協議会などであった。さらに一九九四年には市民・社会団体も加わり、医療保険統合運動を主導する「医療保険連帯会議」が成立された。[18]

それらの団体は、医療保険統合、つまり各種制度の一本化、医療保険運営への労働者参加、ＣＴ・ＭＲＡなどの高額医療器具を利用した検査への保険適用、療養給付期間制限の撤廃など、保険給付の大幅な拡大を要求した。[19]

医療保険政策過程におけるこのような様々な非公式的参加者の明確な意思表明と積極的な活動に対し、金泳三政権も、その前半期には、大統領選挙の対国民公約として医療保険制度の統合一本化を主張したが、結果的には現状維持政策を選ぶことになった。なぜなら、実際に公約を履行した場合に生じる財政的負担を憂慮した経済企画院と、保険財政の悪化、保険料引き上げの困難などを憂慮する保健福祉部が、従来の政策の継続、つまり組合主義に固執し、医療保険の統合の有無に関する限り、一種の議題化の抑制を決定し、その立場を維持し続けていたため、大統領も、それを黙認するほかなかったのである。ルークスの言う「非決定」という権力行使がなされたのである。[20]

しかし、一九九八年一〇月の時点において、公務員と私立学校教職員医療保険と地域医療保険が統合される前の韓国の医療保険は、各職場別・地域別組合方式で管理運営されていたことから、次のような多くの問題点が生じていた。保険料賦課の基準差による階層間・地域間の負担の公平性の欠如、組合間の構造的な財政不均衡の増大にともなう給付水準の下方平準化、多数の医療組合が独立してその運営を行っていることによる全体としての管理体系の非効率、さらに不合理な保険料制度に起因する医療供給体系の歪曲の問題などがそれである。このような組合間の財政格差と、それにともなう低い給付水準、低い診療報酬と診療報酬構造の不均衡、医療サービスの質の低下等により、医療利用者と供給者の両方から不満の声が大きくなっていた。

医療利用者は、医療利用時保険適用にならない項目が多く、家計の医療費負担が高くなり、医療サービスの質に対する不満が累積していた。一方、医療供給者も、不合理な診療報酬体系下で適正診療を行うのが困難となり、過剰診療、非給付（日本でいう保険適用外）診療を誘発するなど、診療の歪みが発生することによって資源の効率的活用を阻害する結果となっていた。

また、所得が比較的に安定し、かつ年齢層が低い保険加入者で構成された職場医療組合は多くの累積積立金が積まれているのに対し、所得が不安定な老人の人口構成が高い農漁村地域医療組合は慢性的財政赤字に陥っていた。

そうした状況の中で、野党は統合主義を主張し、与党民自党も次の選挙を考慮してそれに真正面から反対できず、消極的対応を続けていた。

第一節で述べたように、一九九五年、金大中が政界に復帰した。彼は、一九九六年、国会が始まるとすぐに、自身が率いる新政治国民会議と金鍾泌が率いる自民連との連合形成に動き、翌年の大統領選挙で「野党候補一本化」、「共同執権論」を共同綱領に打ち出した。

他方、民自党から新韓国党に変わった与党では、金泳三大統領が総裁職を辞任し、李會昌が総裁職を引き継いで党名をハンナラ党に改称（一九九七年一一月）するなど、政治環境が急変した。このような政治的環境を利用して、国会が中心となった「国民医療保険法」案が一九九七年一〇月三〇日に発議され、一一月一八日に国会本会議を通過し、医療保険の部分統合が実現したのである。

一九九七年一二月、つまり金泳三政権末期に、新しく制定された「国民医療保険法」では、全国民は医療保障制度と関連して次の四つのうち、どれか一つに分類されることになった。

第一は一四五の職域別医療組合への加入者、第二は二二七の地域組合への加入者、第三は公務員および私立学校教職員医療保険管理公団への加入者、第四は医療保護対象として政府から医療保護を受けている者、である。[21]

このような医療保障体系の下で、国民医療保険法は、第二と第三、すなわち、地域医療保険組合と公務員および私立学校教職員医療保険管理公団を統合し、国民医療保険公団を設立して、被保険者と保険給付財政などを共に管理することにした。これに伴い、公務員および私立学校教職員医療保険法を廃止する「医療保険法」の改正が行われたのであった。[22]

この改正された法律によって、地域医療保険と公務員および私立学校教職員医療保険が組織として一応統合されたが、保険制度の核心であるその財源においては、完全な統合は果たされなかった。

（2）政策決定過程の変容――政策ネットワークの登場

韓国の政策決定構造は、韓国の政治発展の三つの段階に対応する形で変化している。

一九八七年民主化宣言までの新旧軍事政権時代においては、最高権力者の大統領及び彼を補佐する大統領秘書官、そして政府各部署の官僚が政策策定を行い、かつ政策を決定・執行していた。つまり、政策決定構造はトップ・ダウン式であった。

一九八七年民主化宣言以降は、政策決定過程が開かれ、そこにおいて議会の比重が高まった。それに伴い、議会を政策決定の場として利用する野党の力も増大し、野党も政策アクターとして次第に主要な役割を演じるようになった。さらに、利益団体も登場するようになった。

顧みれば、軍事政権によって経済の近代化が一定の成果を収め始めた一九八〇年代を境にして、就業人口の過半数以上を近代的な労働者が占めるようになっていた。それとともに、労働運動が台頭した。当初は政府がそれを押さえ込み、複数労働組合制度を認めず、官製のいわゆる御用組合という形で労働者が組織されていた[23]。次第に、都市化現象の拡大とともに、市民層が台頭することになった。その市民層の中核部分をホワイト・カラーなど新興中産階級や高度の教育を受けた人々が占めていた。

韓国では、李朝時代、希少価値の配分は、首都ソウルにある宮廷官僚を中心に行われていた。宮廷官僚には、中国の儒学及び詩作の技術などの習得程度を基準にして選抜される科挙制度を通じて社会の優秀な人々がメリットシステムの形で徴募され、彼らは中央の官職につき、価値配分に加わることができた。すでに第一章で述べたように、ヘンダーソンのいうソウルをめがけての「渦巻き型の政治構造」が出来上がっていたのである。この政治文化は、韓国においてもそのまま存続し、科挙は国家公務員試験に変わり、多くの有能な青年たちがこの国家試験をめがけて競争するようになり、それを支援する大学が雨後の筍のように設立されていった。一九八〇年代頃には、韓国は他の国と比べても大学の数が圧倒的に多く、そこで教育された多くのインテリが望む職業につけず、社会に批判的になり、彼らを中心に先進国をモデルにした市民社会というものが政治意識の上で成熟するようになった[24]。

こうした先進的意識を持ったインテリ層は「三八六世代」と称され、民主化運動の主役の一つになったことは、前の記述ですでに述べた通りである。議会が大統領及び官僚から成る行政府に対して相対的に影響力を増大させて行くに伴い、この市民社会を代表する野党の政治に及ぼす影響力も相対的に大きくなっていった。

言うまでもなく、その成果の一つが民主化である。そして、この民主化の成功体験を受け、既存の労働組合も御用組合から自主的な組合へと変革を遂げることになった。一九九五年にそれまで非合法であった民主労組も誕生した。この民主労組を中心に社会団体が連携し、野党を後押しするようになった。この反政府的な社会団体の力の増大を背景に、金大中が新国民政治連盟を結成し、一九九七年末の大統領選挙において当選することになったのである。

こうした韓国の社会発展と、それに対応する政治発展、つまり国民の自由が保障される政治発展の次の段階に入るや、国会は、野党勢力が強まると共に、政府に対しても発言力を強め、半大統領制を採用していることと関連して、大統領と官僚が主導してきた政策決定において、彼らの役割が後退して行った。その空白を埋めたのが、野党と労働組合及び社会団体等の各種の利益団体であった。「国民医療制度」の改革をめぐって相反する主張を展開した二つの陣営の中で、既存の医療保険組合主義を唱える人々は、経済の近代化路線によって恩恵を受けた人々である。公務員・私立学校教員および従業員規模が大きな企業の社員を加入者とする保険組合、これを韓国では職域保険組合と称しているが、この三つの保険組合はその加入者の納付金で十分に管理・運営ができていた。しかし、軍事政権による近代化路線の恩恵を受けられていない多くの部分を構成する人々、つまり農民や漁民、及び都市の貧困層は、民主主義国家において当然国民の一人として一票を持っているので、各政党はその票の獲得を目指し、国民皆保険制度の普遍主義の原則を掲げ、統合主義を主張し、それを民主労働組合及び社会団体等が支援するようになったのである。

そして、金大中政権が成立したことは、それまで野党であった反政府勢力が権力の一角を占めたことを意味する。従って、かつての医療保険行政を担当した保険社会部およびその背後にある既存の組合主義者と、統合を主張する野党との間の対立がそれまで継続してきたが、金大中大統領は、自分を支持した新しい政策アクターの労働組合や社会団体、あるいは言論人たちを政策過程に組み込み、その三者で利害が共通する点があれば、その三者で政策を決定するというネオ・コーポラティズム形の「政策ネットワーク」を形成した(25)。

一九九七年末、金大中大統領候補者が当選した前後にかけて、いわゆる二一世紀に向けて、韓国でも、実質的立憲主義を実現する政治改革と併行して国民の自由が経済・社会面でも保証される民主化のより進んだ時代になっていた。この段階の一つの表れとして、日本やアメリカで展開されているような「小政治」、いわゆる各種利益団体が政府の統治権力に影響を与え、彼らの望む政策の実現を目指して相競い合う政策過程が生まれることになったのである。その際、アメリカにおいて発展した公共政策論で示されている、政策コミュニティや各団体の利害が一致する部分だけ協議し、それを国会ないし大統領を通じて政策として実現していく「政策ネットワーク」も形成されるようになっていった。

政治過程に「政策ネットワーク」が登場するということは、政策アクターが多元化し、互いにその主張を協議し合い、合意を見ない限り政策決定が行なわれないという状況が生まれたことを意味するのである。

2　政策アクターの多元化と政策における対立

(1)　金大中政権の国民健康保険法制定における政策アクターの多元化

一九九七年一二月一九日、選挙管理委員会が次期大統領として金大中候補が当選したことを発表した後、金大中は直ちに大統領政権移行チームを発足させた。

金大中は政権移行チームに金大中政府「一〇〇大国政課題」作成を指示するなど、正式就任の二ヶ月前から実質的な大統領としての政務活動を開始していた。通貨危機に直面した韓国が早急にその危機を克服する政策に取り組まなくてはならない難局の最中にあり、金泳三政権もレイムダック状態にあったため、危機克服の取り組みができなくなっていたからである。

いわゆる、例外状態が発生したのである。憲法に予想されていないこうした状況で当選した金大中は、就任まであと二ヶ月あるにもかかわらず、次期大統領就任者として実質的に大統領権限を行使するようになった。彼は、就任までの間、従来の政策決定システムと異なるネオ・コーポラティズム方式に基づいた政策決定システムの確立に向けた第一歩である「労・使・政委員会」を、図表9のように一九九八年一月一五日に立ち上げた(26)。

ネオ・コーポラティズムとは、一九七〇年代から一九八〇年代にかけて、ヨーロッパの先進諸国で、議会を通り越して、争点ごとにそれに利害関係のある各種利益団体と政府が協調し、その争点を解決する政策決定を行う状態を指す。それは、政治学では新団体協調主義ともいう(27)。

金大中は、経済危機に直面して経済構造の調整を行うために、使用者、そして被使用者の労働組合の両者の協力を得なければ危機の克服が不可能であるとの認識の下、こうしたヨーロッパ先進諸国で既に経験済みであったネオ・コーポラティズム体制を構築して危機を乗り越えようと考えたのである。このような危機克服の展望を描いていた金大中は韓国版のネオ・コーポラティズム的な政策決定を担う「労・使・政委員会」を発足させ、金大中政府の「一〇〇大国政課題」の解決策を審議させた。そして、その委員会で決められた各種政策を直ちに国会の承認を得て実施するという、新しい政策決定システムを稼働させたのである(28)。

医療制度については、金大中は社会の連帯性を強調する医療保険の統合を以前から主張しており、統合を早急に実現すべきであるという考えを持っていた。

そこで、彼の意を体した大統領政権移行チームは、「一〇〇大国政課題」の中の「教育・文化・福祉・環境」分

図表9　労・使・政委員会の構成図

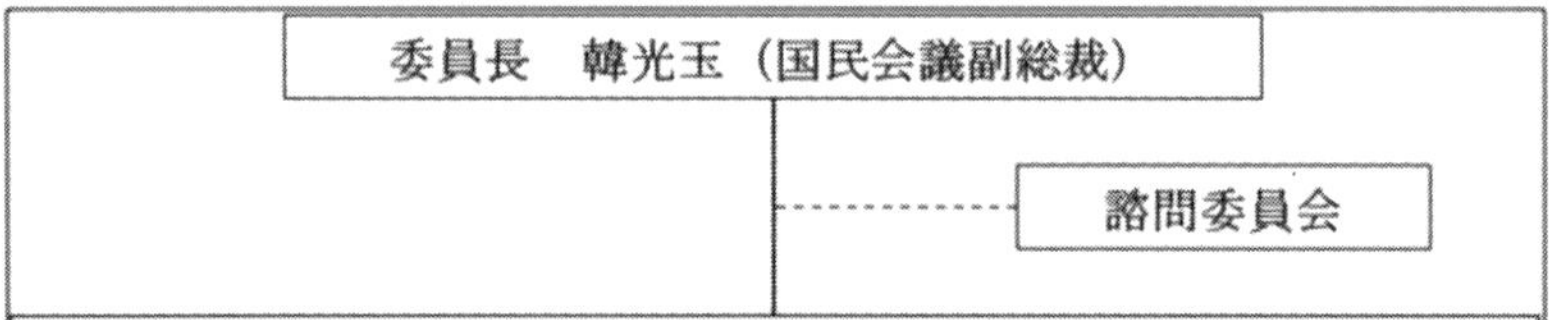

委員会			
労働者側2名	使用者側2名	政府2名	政党4名
朴仁相（韓国労総委員長） 裵錫範（民主労総委員長職務代理）	崔鍾賢（全経連会長） 金昌星（経総会長）	林昌熱（経済副総理） 李起浩（労働部長官）	

実務（起草）委員会（副委員長・事務総長次官級）			
労働者側5名	使用者側5名	政府2名	政党4名
韓国労総3名 民主労総2名	経済5団体各1名	財政経済院次官 労働部次官	

専門委員会（室・局長及政策担当者）		
労働者側4名	使用者側4名	政府・政党4名

（出典）『東亜日報新聞』1998年1月15日、朝刊、3面。

野の中で、第六一番から第七八番まで社会福祉全般の制度改善を主張する要求を示しており、とりわけ第七二番目に国民健康保障のための医療保険制度の改善要求を掲げていた。「労・使・政委員会」は、この第七二番目の要求を取り上げて審議協議した結果、統合主義を法制化する決定を行い、その決定を直ちに国会で法案として可決することを求めた。「労・使・政委員会」は、一九九八年一二月、医療保険統合一元化合意事項に関する決定を行った。

本来、統合主義に反対であったはずの使用者側や、政府を代表する官僚が、金大中の要請があったにせよ、なぜ統合案に短期内で合意したのだろうか。その答えは、外貨危機によって外から求められた新自由主義への政策転換にある。次の節で取り扱う民営化も新自由主義への政策転換の現れであるが、それとは性格の異なる国民の福祉の保障という国民健康保険法の制定においても、一見考えられないような新自由主義原理が適用されることになったのである。なぜなら、医療保険四団体を統合すれば、組織が一元化し、人員削減によって経費削減が可能であり、さらに組織の簡素化によって保険料徴収や審査及び管理・運営経費も削減され、組織の効率化が図られるからである[29]。

以上見てきたように、一九六三年に国民医療法が制定されて以降、医療制度の改善を巡って、組合主義者と統合主義者との間で政策選択をめぐる長い権力闘争があったが、金大中政権の登場とともに新しい政策アクターが出現し、新しい権力関係の下で国民健康保険制度のあり方をめぐる論戦が再び活性化されたのである。

(2)「労・使・政委員会」の合意案

a 社会状況と「労・使・政委員会」の動向

金大中政府は、「労・使・政委員会」、第二建国運動など政府主導の市民運動を通じて社会改革の試みを開始した。金大中政府は、政権スタートと同時に通貨危機を克服するため経済分野に対しては強力な企業構造調整政策を最優先し、他方、社会的には労・使協調主義を推奨した。苦痛を共に分かち合うという意味で、労働者と使用者が共同の責任を負うようにしたのである。

「労・使・政委員会」は、初めから法的な根拠のない[30]機構の性格を帯びながら、数日で九〇の合意案を作成した。法的な拘束力の可否論議はあったが、その合意内容を政府が全部受容できるかわからない状況で、ひとまず「労・使・政委員会」は「政策合意機関」として役割を果した。通貨危機の克服など、総体的危機の課題を抱えてスタートした金大中大統領当選者は、当選直後、労・使団体との懇談会において、経済難局打開のために「労・使・政委員会」を設置して国難を克服する解決策を打ち出したのである。

「労・使・政委員会」の参加主体である「韓国労働組合総連盟」と「全国民主労働組合総連盟」は、元々政府の支持勢力ではなく、労働者の権益の保護と拡大をその活動目標にしている労働組合であった。

しかし、両団体が金大中政権に協調したのは、韓国史上初の「通貨危機」という社会的状況によるものであった。

「労・使・政委員会」は、一九九九年一月二〇日、「経済危機克服のための労・使・政間の共同宣言文」を採択し、同年二月六日、雇用保険法制整備案、教員労働組合の許可など九〇の解決を目指すべき課題を盛り込んだ「経済危機克服のための社会協約」を採択した。

しかし、「労・使・政委員会規定」(大統領令第一五七四六号)は三月二八日に施行され、「労・使・政委員会の設置および運営に関する法律」(第五九九〇号)は一九九九年五月二四日に公布されており、「労・使・政委員会」は、その発足初期には法的根拠がなかったことになる。従って、その行動の根拠となる規定の立法手続きは、完全に逆になっていたのである。(31)

b 「医療保険統合推進企画団」の動向と「国民医療保険法案」

「医療保険統合推進企画団」は、一九九八年一〇月の統合国民保険法施行を控えて、これを推進するために、各界代表と専門家三〇人で正式に発足していた。

一九九八年三月二三日、保健福祉部は、果川庁舎の大会議室において「医療保険統合推進企画団」の第一回の会議を開き、明知大学校総長の宋梓を企画団長に委嘱して、推進方向と運営規定を定めた。「医療保険統合推進企画団」は、「労・使・政府委員会」の方針に基づき、職場・地域・公務員・教職員保険を統合一元化するための「国民医療保険法案」を用意し、秋の通常国会に提出することにした。「医療保険統合推進企画団」の傘下に三つの分科委員会を設置し、医療保険管理組織改編、保険財政安定化案、診療費支払い制度改善など、主な事項を研究・調査した後の一九九八年九月に活動を終了することにした。(32)

一九九八年六月一七日、「医療保険統合推進企画団」は、職場・地域・公務員および私立教員などで分けられていた現行の医療保険制度を「国民健康保険」という名称で一つに統合し、これを管理する「国民健康保険公団」を新設することにした。

また、診療費審査機構は、公団から独立させる方向で検討され、積立金など組合解散にともなう権利・義務は公団に継承させることとした。「医療保険統合推進企画団」は、このような内容を骨子とする医療保険統合法案に対する公聴会を一九九八年六月二三日に開催した。

一方、保健福祉部は、七月から八月中に法案を立法予告した後、九月中の通常国会に上程する方針を示した。[33]

（3）合意案に対する保健福祉部（官僚機構）の対応

上記の通り、一九九七年一二月三一日、国民医療保険法が国会で通過していた。一九九七年末に大統領選挙で韓国憲政史上初めて与野党の政権交代が実現したが、新政権に権力が譲渡される前に、行政府は、再度統合法案の問題点を提起して、組合主義案を守ろうとした。

一九九七年一二月二三日に公布された「第一五代大統領職引継ぎ委員会設置令」により、同年一二月二六日に業務引継ぎ委員会が設置され、正式にスタートすることになった。[34]

その二日前の一二月二四日、国務総理の主宰で財政経済部、保健福祉部、法制処、大統領府の対策会議が開かれた。この会議の出席者は、医療保険を統合するのであれば保険財政は慢性的な不安定に陥るとし、法規上の問題点を指摘した。保健福祉部は、医療保険が統合されれば、財政共同化事業は不可能となり、それにより、政府が毎年二五〇〇億ウォンの財政負担をしなければならず、一九九八年度に限っても、医療保険財政費用において政府が約一兆ウォンを追加支援しなければならないとした。

この会議の結果を待って、政府は、与野党各党に法案の再検討を要請した。しかし、この提案は与野党共に拒否された。ハンナラ党は野党になったが、自分たちが主導して議決した法案でもあり、大統領選挙において医療保険統合を公約に掲げていた関係上、行政府（保健福祉部）の申し出を拒否した。また、与党となった新政治国民会議もこれを拒否した[35]。

保健福祉部は、一九九八年二月まで、金泳三政府の社会福祉政策方向を示した国民福祉基本構想ならびに医療保険統合に、当時の長官・次官および実務者の意向により、原則的に反対する立場だった。従って、一九九七年一二月三〇日の閣僚会議では、同法を施行する場合、政府財政負担の増大に繋がると予想され、「大統領政権移行チーム」および各党との協議を経て代替立法案を用意し、臨時国会に提出する案を検討するという報告を非公式に決定した。それにより、政権引継ぎの過渡期に設置された「大統領政権移行チーム」は、この問題を取り上げたのだった[36]。

しかし、一九九八年二月六日に開かれた第一期第六次「労・使・政委員会」会議の結果、採択された「経済危機克服のための社会協約」には国民医療保険法による部分統合を越えた全面的な統合方針が入っており、その内容が「大統領政権移行チーム」のこれからの政策方向を示したとして、以後の保健福祉部の立場も、公務員の政治的中立の原則に従い、統合反対から統合支持へと変化していかざるを得なかった。

金大中政府の登場と共に、従来の政策基調が変わったことに順応したということ以外は、社会・経済的理由など他の理由は何ら見当たらない。すなわち、過去において経験できなかった政権交替時期にある行政府は、重要な政策決定における政策アクターとしての立場を従来のように維持できず、政治的状況に順応したといえよう。

このように、金大中政府がスタートして国民健康保険法が制定されるまで、保健福祉部の活動は受動的であった。保健福祉部は金大中政府「一〇〇大国政課題」の一つである医療保険統合を与えられた課題とし、一九九八年の通常国会で法律が成立するまで補助的な活動のみに携わった。すなわち、形式的には保健福祉部が国民健康保険法案を用意するが、実質的には、保健福祉部長官の諮問機構の一つとして一九九八年三月二三日に発足し、九月三〇日まで一時的に運営された「労・使・政委員会合意」事項である医療保険統合推進企画団」が引き受けた。つまり、保健福祉部と、医療保険制度改善のため「労・使・政委員会合意」事項である医療保険統合一元化のために設置された「医療保険統合推進企画団」が、統合医療保険法案を年内に準備することになったのである。[37]

この「医療保険統合推進企画団」の設置は、「労・使・政委員会」の合意事項を実施するための案として、その設置も「大統領政権移行チーム」の構想であり、その活動内容も最初から統合医療保険法案を準備することが目的であった。

また、そのチーム構成も、幹事委員としては、年金保険局長一人を除いて全て外部の人員であった。従って、保健福祉部としては、同法に自分たちの意見が反映されることはほとんどなかったのである。

（４）合意案に対する各種政策アクターの賛否両論の展開

職場医療保険と地域医療保険を統合する「国民健康保険法」制定案が閣僚会議で議決されると、それに反対する声が大きくなった。日本で言うサラーリマンを加入者とする職場医療保険制度は、財政も健全で、その供給する医療も相対的に質が高く、統合した場合に従来と比べて保険料が引き上げられ、医療の水準も下がるのではないかと受け止められ、韓国労総、韓国経営者総連合会、職場医療保険労働組合などと共に、多くの会社員も強く反発した。[38]

とはいえ、医療保険体制一元化で国民統合をはかろうという統合論が大勢を決めた。

このような社会状況下で、賛否両論の両陣営の活動は激化した。

ａ　医療保険統合一元化と保険適用拡大のための国民連帯会議（以下、医療保険連帯会議と称する）

医療保険連帯会議は、医療保険の完全な統合一元化と給付範囲、適用日数の拡大を求める諸団体の連合体である。[39]

それらは、一九九七年の「国民医療保険法」制定と同様に、一九九九年の「国民健康保険法」制定にも、理念、政治、利害関係において深く関わりあっていた。上記の通り、一九九七年一二月三一日に「国民医療保険法」が制定されたが、医療保険連帯会議は、保健福祉部が新しく発足する金大中政府の統合意志を探っており、可能であれば「国民医療保険法」の廃案を試みているのではないかと判断し、こうした動きに対して積極的に対応しようとした。[40]

そこで、医療保険連帯会議は、福祉政策基調が同一である金大中「国民の政府」の成立の機会を積極的に活用しようとしたのである。同時に、「労・使・政委員会」において決定された方針に対しては、「職場医療保険労組」と「韓国労総」などが反対運動を展開したので、これを抑えようとした。

医療保険連合会は、まず、一九九八年一月二二日、金大中政府に、自分らの医療保険制改革案を示し、五月に統合に対して反対意見を持つ当時の医療保険連合会会長の社会福祉首席秘書官内定説がマスコミに報道されると、反対声明を発表し、五月二二日から七月九日まで継続して連合会と各党事務所の前で会長退陣要求集会を開催するなど、福祉関連人事政策に介入した。また、「職場医療保険労組」の統合反対運動に対しては、医療保険連帯会議は対応資料を作成し、反対側を批判する印刷物の製作、立法予告された「国民健康保険法」の通過要求声明書の発表、各政党の党本部事務所訪問、一九九八年の全国労働者大会の宣伝戦への参加、ハンナラ党本部事務所前での決議大会および総裁面談など、統合法案の年内通過のための総力をあげた闘争を展開した。[41]

医療保険連帯会議の影響力は大きく、「国民健康保険法」の制定は、医療保険連帯会議の支援があったればこそ可能だったとみられる。医療保険連帯会議の活動を、政策議題化と方針決定、法律案作成、法律案の通過まで各ステージ毎に見ると、政策議題化と方針決定には、医療保険連帯会議の核心団体である民労総と、その加入団体としての「地域医療保険労働組合」の影響が絶対的であった。その後、「地域医療保険労働組合」と組んで連帯組織が活動することによって、その影響力を最大化した。このように影響力を最大化できたことは、連帯組織の活動に参加した専門家たちの積極的活動に負うところも大きい。専門家たちにとって連帯会議自体が一つの戦略であり、彼らの活動のチャンネルになっていたのである。[42]

「国民健康保険法」制定に最も重要な役割を果たした医療保険連帯会議を中心に、法制定を支持する参加者間の連帯関係を整理すると、以下の通りである。

①医療保険統合に最も積極的であり、目的実現を目指す闘争を展開した地域医療保険労組は、参加民主社会と人権のための市民連帯（以下、参加連帯と称する）、経済正義実践市民連合（以下、経実連と称する）、キリスト教教協議会など韓国の代表的な市民団体、全国教職員労働組合（以下、全教組と称する）、病院労働組合連盟（以下、病院労連と称する）など代表的ないわゆる強硬路線労組、全国農民会総連盟（以下、全農と称する）などの利益団体、人道主義実践医師協議会（以下、人医師協と称する）などの人道主義保健医療団体を包括する医療保険連帯会議と組み、福祉理念と改革名分および実践力を兼ねた広範囲な連係体系を作り上げていた。[43]

②医療保険連帯会議と地域医療保健労組は、福祉部長官と国会の李聖宰議員および与党の専門委員とも密接な連係関係を取り結び、彼らと常時接触することにより、その影響力を強めていた。[44]

③医療保険統合を主張する専門家たちは、同じ学会への参加、改革的研究委員会の設置および共同記者会見などを通じて相互に密接な関係を維持し、その他の公式的・非公式的な参加者などとも接触した。[45]

こうした動きに対して、組合主義を支持する参加団体は、相互の間において日頃特別な連係関係を維持していなかった。ただし、職場医療保険労組が韓国労総に加入した後は、上部団体としての韓国労総と職場医療保険が密接な関係を結び、活動を展開した。しかし、韓国労総が「労・使・政委員会」ですでに医療保険統合を受け入れた後であり、名分上さらなる連係関係を確立することは困難であった。[46]

b　労働組合

「国民健康保険法」制定にあたって、労働組合の役割は、もう一つの決定的な要因であった。その中心勢力は民主労総で、民主労総加入労組の中では地域医療保険労組と病院労連が核心部分であった。しかし、労組の中でも、職場医療保険組合派労組とその上部団体の韓国労総の役割は、正反対の立場にあった。[47]

①地域医療保険労組と民主労総

地域医療保険労組は、理想主義的福祉理念と実質的利害関係を動機に、医療保険全面統合の立場を堅持するその上部団体の民主労総と医療保険連帯会を通じて最も積極的に活動を展開した。金大中「国民の政府」に入って、彼らの影響力を行使した決定的活動の場は「労・使・政委員会」であり、上記のように「労・使・政委員会」の特性とその役割が超法規的な政治的性格を有しており、そのことで有利な成果を手に入れることができた。

「労・使・政委員会」で、民主労総は、通貨危機を克服するために労使政協議会が必要だという金大中大統領当選者の要請に対し、参加協力を示しながら、総力闘争を示唆（一九九八年一月八日）するなどの威嚇戦略で（第六次起草委員会に抗議不参加、一九九八年一月二一日）政府や財界から譲歩を引き出そうとした。医療保険統合に関連する問題は、専門委員会で、企業の経営透明性の確保および構造調整促進案や総合的な雇用安定および失業対策などを含んだ一二の議題を選定した中の一つである。また、社会福祉制度拡充など、低所得層、勤労者の生活保護対策を採択したが、その具体的内容において職場医療保険と地域医療保険の統合を要求した[48]。

経済界は、これに反対して（第四次専門委員会、一月二二日）長期検討課題とし（第一〇次専門委員会、二月一日）、以後、再検討で政府側も反対意見を陳述した（第八次起草委員会、二月三日）。「労・使・政委員会」内で意見の不一致の主要な争点に対し、各々が別に案を用意し最大限折衝することになり、一括妥結を模索する再検討会議も開かれるが、第一〇次起草委員会議（二月五日）まで労・使双方の原案固守および政府側の反対意見により、意見の不一致の状態が続いた。民主労総案は、政府が一九九八年二月、臨時国会で関係法令を改正して医療保険を統合・一元化し、職場医療保険の累積した積立金を医療保険サービスの拡大に使うとし、政府と経営者側の案はこれを第二次課題に移管させようとした[49]。

しかし、このような起草委員会の報告に対し、一九九八年二月六日、「労・使・政委員会」第六次本会議は、起草委員会の合意の事項を原案の通り議決した後、合意ができなかった争点に対して再び調整した結果、一括妥結した第二次労・使・政共同宣言文を発表し、医療保険統合に関して合意した。その具体的文案は、翌日（一九九八年二月七日）第一一次専門委員会が「一九九八年中に関係法令の立法を推進する」ことで処理し、「医療サービス拡充」問題は第二次課題で意見の一致を見た。この過程で民主労総の立場を反映させようと努力した人物は起草委員会に参加した許榮九民主労総副委員長であるが、彼は医療保険連帯会議の執行委員長でもあった[50]。

民主労総は、「労・使・政委員会」において、医療保険統合のために年内立法措置を引き出した。その結果、金大中「国民の政府」は、「医療保険統合推進企画団」を発足させることになった。ここでも、民主労組副委員長の許榮九が再び委員として活動した。民主労総は、「医療保険統合推進企画団」が「国民健康保険法」案を作成し、一九九八年八月一〇日から八月三一日まで立法予告をした時に、職場医療保険労組などの統合反対運動に対抗して声明書を出し合う闘争で世論を味方につけた。そして、ハンナラ党総裁を訪問して（一二月九日）統合支援の約束を取り付け、一九九九年一月六日、「国民健康保険法」が国会を通過することになった。このように、民主労総の「国民健康保険法」制定に対する影響力は非常に大きいものがあった。(51)

②職場医療保険労組と韓国労総

職場医療保険労組の立場は、現状維持、すなわち組合主義として医療保険の統合に反対であった。職場医療保険労組は、医療保険統合と関連して一九九七年末の国民医療保険法制定に直接関係してはいなかった。しかし、「国民健康保険法」の内容が全体統合を目的とし、結局自分たちが直接その影響を受けることになることから、彼らも積極的な反対闘争を展開することになったのである。(52)

ところが、「国民健康保険法」の制定と関連して、職場医療保険労組の上部団体である韓国労総の当初の立場は曖昧であった。韓国労総は、一九九七年の「国民医療保険法」制定に対しては明確な立場を示さなかった。一九九八年初めに「労・使・政委員会」で民主労総が医療保険の全体統合を強力に主張した時も、韓国労総は民主労総の主張の通り、医療保険統合を労働界一般の要求事項として取り上げることに同意した。それは、韓国労総が医療保険に対して明確な方針を持っていなかったからであろう。医療保険統合に積極的に反対する職場医療保険労組も、当時、韓国労総に加入しておらず、独自に活動していた。しかしながら、職場医療保険労組が、一九九八年六月、韓国労総に加入し、勤労者の負担増加を理由に医療保険統合に積極的に反対するや、韓国労総も「国民健康保険法」制定に反対する立場をとり、職場医療保険労組と行動を共にすることになった。(53)

職場医療保険労組が中心となって展開した活動方法は、主に声明書発表、マスコミでの広報であり、さらに一九九八年一〇月の「国民医療保険法」の施行に伴い、地域医療保険と公・教公団の統合にともなう業務混乱の批判、反対署名などであった。これは、ただちに民主労総の反発を呼び起こし、韓国労総と民主労総間の対立を増大させ

図表 10　医療保険統合政策に関する賛成・反対の類型

区　分		主導アクター	各種アクター	賛成	反対
政治	政府	金大中大統領	国民の政府	○	
	国会	国民の政府、国会議員	与党（新政治国民会議）	○	
			野党（ハンナラ党）	○	
経済	企業人	経済５団体長	全国経済人連合会		×
	労働系	労働組合員	民主労総	○	
		労働組合員	韓国労総		×
社会	農漁民	農漁村住民	農民団体	○	
	都市民	都市住民	市民団体	○	
	市民	社会団体	国民連帯会議	○	
	宗教	カトリック信者	在野団体、カトリック農民会	○	
	言論界	会社員	京郷新聞、ハンギョレ新聞	○	
		会社員	朝鮮日報、中央日報、東亜日報		×
	学界	リ・カンチャン チャ・ホンボン	公聴会意見	○	
		ムン・オクリュン リ・キュシク	公聴会意見		×

（出典）金・ホウユン「国民医療保険統合政策変動過程研究――政策流れ修正モデルに適用」（博士論文）、明知大学大学院行政学科、2015 年、129 頁。

ることになった。

しかし、職場医療保険労組と韓国労総の「国民健康保険法」反対の活動の結果は、朝鮮日報、東亜日報などの保守系マス・メディアの統合反対論調の報道にもかかわらず、「労・使・政委員会」決定の政治的影響、統合を支持する方向へ立場を変えた行政府の政策志向、国会の動向が統合に優勢となったことなどにより、特段の影響を及ぼすことはなかった。また、彼らの影響力は、「国民健康保険法」案作成でも、特に大きいものではなかった。

その理由は、反対側の立場の人がたとえ「医療保険統合推進企画団」に自由に反対意見を述べたところで、医療保険統合推進のための企画団であるだけに、反対側の意見は初めから受け入れられないことが明らかであったからである。

「医療保険統合推進企画団」の構成は、外見上、賛成・反対双方が同一となっていたが、その実態は統合に積極的に賛成する専門家たちが多く、反対側が排除されていた。これは、統合主張側の参加戦略でもあった[54]。

以上のようなことから、「国民健康保険法」成立には、様々な団体の関与が見られるが、一番大きく作用した要因は、前述したように通貨危機を克服しようとする社会状況にあったといえよう。

図表10は、医療保険統合政策に関する賛成・反対の類型である。

3　合意案の法制化政策ネットワーク

国民健康保険法の制定にあたって、国会の多数の立場は、一九九七年「国民医療保険法」制定時と同じく賛成であった。

国会は一貫して医療保険統合を支持し、一九九七年の部分統合時も、それを全体統合の中間段階であるとみなしていた。与党議員であり、最も大きい影響力を行使した李聖宰議員は、全体統合を主な内容とする健康保険法の制定に積極的に関与した[55]。

与党国民会議議員は、金大中「国民の政府」のスタート時に政治・経済的危機を克服するために打ち出された「労・使・政委員会」の合意事項を履行しなくてはならない状況にあり、既得権層が主張する組合主義を退けることで、政治的にも主導権を掌握できると判断した。このような状況の中で、政権交代により野党になったハンナラ党の国会議員にも、医療保険統合に反対する政治的理由はなかった。しかし、一九九七年の「国民医療保険法」制定に際し部分統合に最も積極的だった黄性均議員は、一貫して医療保険統合に積極的であったが、与党から野党に変わったハンナラ党議員はその多くは消極的であったと言えよう。

国会は、医療保険統合の政策決定過程において、政策議題化と政策案作成にほとんど関与していなかった。それは、金大中大統領が政策策定を「労・使・政委員会」に委ねたことに起因する。

また、金大中政権の保健福祉部長官の諮問機関として設置された「医療保険統合推進企画団」が、政策案作成を担ったからである。

一九九八年一二月二日、黄性均議員ほか五人と賛成議員一六人が、既に通過した「国民医療保険法」を全面改正し、完全な統合を推進する国民医療保険法改正法律案を国会に上程した。これに伴い、同年一二月九日に開催された法案審査小委員会で、保健福祉部が上程した法案と黄性均議員などが上程した法律案を審議した結果、保健福祉委員会の単一案で提案することで意見の一致をみた。

一九九八年一二月二三日、保健福祉委員会は、「国民健康保険法案」を中心にし、国民医療保障法改正法律案の一部条項を挿入し、修正・補完した「国民健康保険法案」を上程した。こうして多くの論議を呼び起こした医療保険統合政策が実現されるはこびとなり、職場医療保険まで統合することを骨子とした保健福祉委員会の単一案である「国民健康保険法案」が、一九九九年一月六日、一九九回国会第六次本会議において通過することになった(56)。

これに伴い、一九九九年二月八日、臨時国会で「国民健康保険法」(法律第五八五四号)が公布された。それによって、全国民を被保険者とし、かつ「国民健康保険公団」が単一運営機構となる、三つの保険組織の完全統合が実現されたのであった。

統合法案の主な内容は、一九九九年二月八日の国会議事録によると、すべての国民が健康保険の加入対象になり、加入対象者は職場加入者およびその被扶養者、地域加入者として区分(現在の公・教被保険者と地域被保険者以外に職場医療保険まで統合)する、また保険者は国民健康保険公団とする、財政運営委員会を設置して職場と地域加入者の財政を統合する、二〇〇〇年一月一日から実施し、健康保険審査評価院は別途に設置する、というものであった。

4 国民医療保険法制定の政策過程の特徴

一九九九年二月に制定された〔改正〕「国民健康保険法」の政策過程の特徴は、通貨危機という韓国史上未曾有の経済危機の中で、その経済的危機状況の克服を目指して、金大中大統領就任予定者によって設置されたネオ・コーポラティズム的な「労・使・政委員会」の主導で政策過程が進められた点にある。

政策議題の形成段階では、金大中候補者が次期大統領に当選したことで、議題形成に弾みがついた。金大中は、選挙公約に基づき、大統領政権移行チームで確認された既存政策の問題点について、非常経済対策委員会、「労・使・政委員会」、政府組織改革委員会において検討された事項と民間団体の意見を取りまとめ、それらについて関連行政部署および党の政策委員らと政策協議を経て、大統領就任時に金大中政権が解決すべき「一〇〇大国政課題」として選定した。その課題の中で、社会福祉政策に関連する福祉部所管課題は、選挙公約を基礎にして、「生活の質を高める福祉行政改善」の項目であり、その中の第七二番目の課題である「国民健康保障のために医療保険制度改善」の実現を目指す医療保険の完全統合が、国民健康保険法制定によってその実現が目指された。こうして、国民健康保険法制定の議題が、政策過程において再び取り上げられた。

次の政策立案段階では、保健福祉部長官の諮問機関として医療保険統合案を立案するために設置された「医療保険統合推進企画団」が、政策アクターとして同法制定に大きな役割を果した。

そもそも、金永三大統領時代末期の一九九八年一〇月、統合医療保険法施行を控えて、これを推進するための「医療保険統合推進企画団」が各界代表と専門家三〇人のメンバーで正式に発足していたのであった。前政権において医療保険統合の課題の解決にあたっていた保健福祉部は、「医療保険統合推進企画団」の傘下に三つの分科委員会を設置し、医療保険管理組織改編、保険財政安定化案、診療費支払い制度改善など主な事項を研究・調査していたが、政権交代後の一九九八年三月二三日、この「医療保険統合推進企画団」の第一次会議を開き、推進方向と運営規定を定めた。「医療保険統合推進企画団」は、「労・使・政府委員会」の方針を受けて、職場・地域・公務員・教職員保険を統合一元化するため「国民医療保険法案」を用意し、一九九八年九月の通常国会に提出した。「医療保険統合推進企画団」は、一九九八年六月一七日、職場・地域・公務員および私立教員などで分けられている現行の医療保険制度を「健康保険」という名称で一つに統合した。また、これを管理する「健康保険公団」を新設した。次に、医療保険統合法案に対する公聴会を一九九八年六月二三日に開催した。これにより、保健福祉部は七月から八月に法案を立法予告した後、九月の通常国会に上程した。

最後の政策決定段階では、一九九八年一二月二三日、与野党議員で構成された保健福祉委員会において、「国民健康保険法案」を中心にし、国民医療保障法改正法律案の一部条項を挿入して修正・補完した「国民健康保険法案」を上程した。こうして、職場医療保険まで統合することを骨子とした保健福祉委員会の単一案である「国民健康保険法案」は、一九九九年一月六日、一九九回国会第六次本会議に上程され、国会を通過することになった。

これに伴い、一九九九年二月八日の臨時国会で、「国民健康保険法」（法律第五八五四号）が公布された。これによって、全国民を被保険者とし、かつ「国民健康保険公団」が単一運営機構となる、三つの保険組織の完全統合が実現された。

以上のように、韓国で初めて経験した与野党の政権交替と通貨危機の発生という経済危機の中で、その経済的危機状況を克服する政策策定機関として金大中大統領就任予定者が設置した「労・使・政委員会」を中心に、国民健康保険法制定の政策過程が進行したのである。

第三節　韓国電力公社民営化（二〇〇〇年）

1　世界的な新自由主義的改革の流れ

韓国電力の民営化という政策立案には、一九七〇年代後半期にケインズ主義的介入政策を真っ向から批判し、急速に台頭した英米の新自由主義の影響が強く作用しているように見られる。

第二次大戦後、イギリスでは、労働党政権による産業の国有化と並んで、世界に冠たる社会福祉制度の確立が行われた。戦後の大衆民主主義の成熟に伴い、この社会福祉体制の確立においては、野党の保守党も協力せざるを得ない状況に追い込まれていた。というのは、次の選挙で国民の支持を得て政権を奪取するために、国民が強く望む福祉の提供に反対できないからである。こうして、二大政党の労働党と保守党の間で、大衆により多くのものを与える社会福祉の充実化のオークション・ゲームが展開された[57]。与野党がこうした「合意の政治」を行う体制の下、福祉サービスを提供する行政組織は拡大の一途を辿ることは必至であり、さらに、この行政組織はそれ自体を存続させるために、増分主義的予算編成方針をとり、一国の経済的負担能力を超える福祉業務を拡大する傾向を強めていた。つまり、収入以上の支出を行うようになったのである。こうした傾向は、必然的に財政破綻を招来させた。これが社会福祉国家の否定的側面である。この否定的側面は、それにとどまらず、国民の間においても、自助努力の精神に代わって、国家への依存心やフリー・ライダー意識を生み出し、その帰結としてイギリス経済の国際競争力の減退につながった「衰退の文化」を育んだ[58]。この否定的側面は「イギリス病」と言われた。一九七三年の石油危機の勃発により、それまで社会福祉体制を財政的に賄ってきたケインズ主義的介入政策の失敗が明らかとなり、この社会福祉体制の否定的側面の「イギリス病」を治癒し、イギリスの衰退を食い止め、イギリスを再生させるためにはどうすべきかという様々な提言がなされた[59]。

一九七九年の総選挙において、「鉄の女」といわれたサッチャー率いる保守党が勝利した。彼女は、アダム・スミスが唱えた古典的自由主義原理に立ち戻り、社会経済への国家の介入を一切撤廃させ、個人は政府の福祉に頼るのではなく、自助努力によってその幸福を追求すべきであり、経済生活においては規制を撤廃し、競争原理を導入することによって経済を活性化させなくてはならないという古典的自由主義原理の現代版である「ネオ・リベラリズム（neo-liberalism）」、つまり、新自由主義の信奉者であった。従って、サッチャーは、政権交代後直ちに、個人ができることは個人に委ね、政府はなるべく社会経済への介入を行わないという「小さな政府」のスローガンの下、従来の合意に基づく新団体協調主義的システムを否定する政策転換を強行した。サッチャーは、まず、社会福祉体制を支えている国有企業を含めて全ての肥大していた行政組織の縮小・解体を行う行政改革を断行したのである[60]。

また、同時期にアメリカでも新自由主義者のレーガン大統領が登場し、彼も、経済の活性化を図るためには競争原理を導入する必要があるとし、そのための政策として「規制緩和（Deregulation）」を始めた。この英米における新自由主義的政策転換の成果が誇張され、イギリスと同じく社会福祉国家体制に起因する財政破綻に苦しむ国々も、この新自由主義的政策への転換を行う政策伝播[61]の現象が起こった。日本でも、この新自由主義の影響が波及し、中曽根内閣の下での民営化、橋本内閣の行政改革などに政策伝播現象が起こった。

こうして、先進諸国においては社会福祉体制を再検討する新自由主義政策が採用され、国営企業を含めての行政改革および経済における規制緩和政策がさらに進められていった。こうした傾向が韓国にも波及したのであった。ところが、韓国は先進諸国と異なり、新自由主義によって改善すべき社会福祉制度は、前節で見た通り未整備であった。

周知のように、新自由主義的政策転換を行なったイギリスやアメリカをモデルにして、フランスや北欧、そして日本が新しい新自由主義的政策理念を受容し、社会福祉体制の否定的側面の克服に向けて、それぞれの国の特殊事情に適合する形で新自由主義的政策を策定し、それを実施していた。それに対し、韓国は社会福祉体制が確立されているどころか、経済の近代化に向けて国家の総力を傾けている発展途上国であった。従って、新自由主義の主張するような社会経済分野における国家介入の撤廃、具体的には国営企業の民営化や規制緩和という政策パッケージを韓国が導入しなくてはならないという必然性が見当たらないのである。ところが、一九八〇年代に入って、先進国に見られるケインズ主義的介入政策から新自由主義的政策への転換を見て、韓国でもそれを見習って民営化や規制緩和を行うべきであるという新自由主義政策理念が、経済政策立案を担当する国務総理直属の経済企画院の経済官僚の間に広がっていた。つまり、政策伝播現象が起こったのである。また、「韓国開発研究院」（ＫＤＩ）、「産業研究院」（ＫＩＥＴ）、「エネルギー経済研究院」（ＫＥＥＬ）などの国策研究機関に所属する経済学者たちも、アメリカでの留学経験があり、当時最新の新自由主義的政策理念の影響を受けていた人々であった。こうした英米の新自由主義を信奉する経済企画院と、それを理論的に支える国策研究機関に所属する経済学者を中心に、一九八〇年代中頃に韓国でも世界の民営化の流れに乗り遅れてはならないという主張が展開された[62]。そして、その主張の一つとして、公企業の民営化を行うべきであるという政策理念レベルでの政策の流れ（policy stream）も作り出されていたのであった。

一般論として、発展途上国において、先進国の最新の政策動向を取り入れようとする傾向が、知識人やマス・メディアの間に見られる。韓国においても、新自由主義理念の伝播について同じ現象が見られた。一九八七年六月二九日の民主化宣言とともに韓国で権威主義体制から民主主義体制への移行が進行し始めると、マス・メディアの間では、民主主義の実現が現実のものになれば、名実ともに先進近代国家へと韓国も政治発展することになるので、先進国クラブのＯＥＣＤへの加入を果たすべきではないかという主張がなされた。ところが、実際、金泳三大統領時代に韓国がＯＥＣＤ加入を申し出ると、その条件として、韓国は新自由主義の経済政策を採用することが求められた。経済企画院を中心とする新自由主義的政策理念を唱える者たちは、こうした外からの外圧を積極的に自説補強のために利用したのであった。(63)

経済開発を進めていく中で、ＯＥＣＤへの加入を果たすことで、先進国の仲間入りをするチャンスが訪れたと捉えられた。こうして、新自由主義の採用は全ての先進国が行なっている政策なのだから、韓国も取り入れた方が良いのではないか、という世論が作り出されていったのである。

こうした新自由主義的政策の政策伝播の広がりは、経済企画院の経済官僚ばかりでなく、この政策理念の韓国にとっての利点がマス・メディアを通じて徐々に広まるとともに、政治家の間にも浸透していった。新旧軍事政権が追求した経済近代化路線と命を張って戦った金大中も、一九九七年末の大統領選挙の公約一〇〇の中に、民営化を含めた新自由主義的政策を取り入れている。新自由主義的政策が欧米諸国において果たすべき役割を知っている者にとって、これはいささか驚きである。

ところが、韓国における新自由主義には、もう一つ別の捉え方があったとみられよう。金大中大統領が新自由主義を選好する理由は、この韓国における新自由主義のもう一つの捉え方を理解する手掛かりを与えてくれる。というのは、後で述べるが、電力をはじめ、韓国の基幹産業は、全て朴政権が一九六五年の日韓基本条約締結後に日本から取り入れた有償無償の資金及びその他の外資を導入して作り出され、保護・育成された国営企業体である。つまり、国営企業それ自体が、権威主義体制の象徴そのものであったと言えるのである。

従って、権威主義体制から民主主義体制への移行を進めるためには、権威主義体制の象徴である国営企業の「自由化」、つまり、規制緩和や民営化を行うことが、民主化の一環として好ましいことではないかというように、新自由主義政策の持つその本来の意味とは全く異なるインプリケーションが、韓国において新自由主義という理念に込められていったのである。(64) こうした韓国における新自由主義の一部の意味転換という現象を理解することにより、金大中大統領の下での二〇〇〇年の電力民営化という政策過程の重要な局面が少しは明らかになるのではないだろうか。

以下、韓国電力の民営化の政策過程にアプローチしてみたいと思う。

2 金泳三政権末期から金大中政権初期にかけての韓国電力民営化の政策過程

(1) 金大中政権の公企業民営化に対する姿勢

韓国電力民営化の政策過程は、一九九七年末の通貨危機とＩＭＦ支援により大転換を迎えることになる。一九九七年を前後して東アジアに打撃を与えた通貨危機は、外資の導入によって経済発展を目指す「発展国家(developmental state)」の産業政策に対する信頼を急速に失わせることになった。(65)「発展国家」の一つである韓国においてもＩＭＦ支援が始まった。これを契機に、通貨危機発生の原因究明作業が始まるが、その原因を国外に求める者もいれば、国内に求める者もおり、多様な見解が示された。その中で、支配的な見解は、通貨危機の原因は「官治経済」にあるとする立場であった。それによると、主要な原因は「官治経済」が抱えている過剰投資と、その結果としての過剰設備にある。この危機を克服する方法は、市場経済の自律性を高めることである。そして、自律性が高められた市場経済に公企業が適合できるようにするための規制緩和や民営化を推し進めるべきである、というものであった。このように、新自由主義的経済政策は本来社会福祉国家の否定面を是正するための政策パッケージであったのであるが、韓国では、経済近代化を最優先課題に掲げる「発展国家」の経済構造の危機の克服を目指す政策として用いられるようになったのである。つまり、韓国的な特殊性を持つ変種の新自由主義は、先進国とは全く異なる文脈の中で、外見が似ていても、その目指す方向や内容を異にする、公企業の民営化を市場経済の自律化を高める手段として主張されていたのである(66)。

このように、「問題の流れ（problem stream）」としては、韓国では「発展国家」から民主主義国家への移行に伴う、「発展国家」の経済システムから資本主義経済の自律した市場秩序優位の経済システムへの転換という問題として捉え直されていたのである。そしてこの韓国的「問題の流れ」を解決する政策手段として、韓国的に解釈された新自由主義的経済政策が主張され、それが世論にも反映され、新自由主義的経済政策の導入という「政策の流れ（policy stream）」が作り出されて行ったとみられるのである。

上記のように、金大中大統領は、軍事政権が作り出し、その保護・育成の下にあった、民主化以降も民政党を中心とする盧泰愚政権を支えてきた国家資本主義的経済システム、つまり「官治経済」の民主化、すなわち民営化を通じての民間主導の経済システムへの構造改革を志向していたのである。この志向は、金大中政権「一〇〇大国政課題」の最初の経済部分の一から四〇までの経済分野の課題の中、具体的には八で、「民営化と経済促進による公企業の経営革新誘導」として掲げられている。すでに述べたように、一九八〇年代中頃に、新自由主義理念が経済企画院の経済官僚とそれを支える国策研究機関に属する経済学者によって主張され、韓国でも国営企業の民営化という政策課題が提起され、民営化の政策の流れが作り出されていた。この流れは、既得権者による反対や抵抗にあいながらも段々大きくなっていた。一九九七年末に通貨危機が勃発し、金泳三政権が無策のうちに退陣し、公企業の民営化を政府の解決すべき重要な課題であると主張する金大中が大統領選挙で当選することにより、民営化政策の流れはようやく現実化する可能性が開かれたのである。

前の二つの政権の下で、すでに韓国電力は新自由主義的経済政策の一つである民営化の対象に選ばれていた。そして、金大中政権が民営化の方向へ向けて経済政策の舵取りを始めることで、韓国電力の民営化へ向けての政策過程が本格化したのである。換言するならば、「問題の流れ（The problem stream)」、「解決策の流れ（The policy stream)」、「参加者及び機会の流れ（The political stream)」、この三つのPが、通貨危機という機会を契機に結合して、韓国電力の民営化という政策過程の「政策の窓」が開かれることになったとみられるのである。[67] 次に、この政治過程を順に追って見ることにしたい。

金大中政府は、発足後直ちに公企業民営化に取り組み始めた。同政府は、金融・企業・労使・公共部門という四大部門改革の一環として、公企業民営化を推し進めた。大統領政権移行チームから、「公企業民営化と競争促進を通した公企業経営革新誘導」を主要な課題に設定し、民間への移行が可能な部分に対する早急な民営化、独占部門に対する競争体制導入、子会社および非業務用不動産売却、外注拡大、人材および組織縮小などの法案が発表された。

これまで急進的民営化政策の実行を主張してきた経済企画院は、金大中政権の行なった行政改革により、一九九八年二月に大統領直属の「企画予算委員会」[68] に組織が変更された。そして、それは公共部分の民営化を専門に担当する機構となった。この「企画予算委員会」は、当面の通貨危機克服のために、株式および設備の売却を含む一連の公企業民営化計画の策定を開始した。そして、電力産業構造改編に対する基本的な計画を、一九九八年四月二日、韓国開発研究院に依頼して策定させた。[69]

韓国開発研究院は、その依頼に基づいて策定した報告書において、深刻な通貨危機克服のためには基幹産業の売却が避けられないので、その一つである韓国電力の民営化による財源確保および韓国電力の非主力部門（ＹＴＮ、通信事業など）の整理、政府保有持分売却のための売却範囲、規模、時期、方法などを設定することを政府に促した。

また、これと関連する関係部署会議が四月一〇日と一八日に財政経済部主導で開催され、韓国電力などの公企業株式売却計画を準備し始めた[70]。

一九九九年一月、産業資源部が発表した「電力産業構造改編基本計画」では、準備期間、発電競争期間、卸売競争期間、小売り競争期間の四の段階で電力産業構造改革と民営化を推進することが確定された[71]。

それによると、第一段階の準備期間（一九九九年一月―一九九九年一二月）は、電力産業構造改編案の発表以降、実質的な構造改編のための制度的準備の段階であった。この段階では、電気事業法を含む法令の整備と韓国電力の資産実態調査と会社分割、子会社の設立、発電入札市場の準備などの内容を含んでいた。また、発電子会社分割と関連して、一九九九年中に一つの会社に対しては売却を始めることにした。

第二段階の発展競争期間（一九九九年一〇月―二〇〇二年）は、電気事業法を含む法令の整備と、韓国電力の資産実態調査と会社分割、子会社の設立、発電入札市場の準備などである。また、発電子会社分割と関連して、一九九九年中に一つの会社に対しては売却を始める。

第三段階の卸売競争期間（二〇〇三―二〇〇九年）は、発電会社と配電会社を自由経済によって取引できるようにすることである。地域別に多数の発電会社・配電会社を設立するなど、独立の運営会社を設立し、送電網を開放する。

第四段階の二〇〇九年以降の卸売競争期間は、配電網開放により、地域配電会社の独占権を解除し、すべての消費者が供給者を選択可能にすることである。

以上の「電力産業構造改編基本計画」は、韓国電力民営化の法案の骨子となったものである。

（2）官僚機構内部における民営化をめぐる主導権争い

企画予算委員会は、一九九八年四月、企業性の強い公企業は原則的に民営化を推進し、経済・社会条件の変化によってその必要性が減少したり、機能や業務が類似・重複したりする公企業は機能を調整あるいは縮小し、また継続して公企業として存続する場合でも、強力な構造改革と経営効率を推進するという検討方向を確定した。

このような方針は、一九九八年七月三日に発表された「第一次公企業民営化および経営革新計画」にそのまま反映されていた[72]。韓国電力については、政府持分五％を当時低迷していた国内証券市場の負担にならないように海外に売却し、熱併合発電所二ヶ所（富川・安養）と火力発電所の一部を早期に民営化することにした[73]。

ところが、一九九八年四月に産業資源部が企画予算委員会に提出した内容（公企業経営革新関連資料）と、七月に「企画予算委員会」が発表した内容において、大きな違いが明らかになった。韓国電力を公共部門で維持しなければならないという該当部署の主張が、企画予算委員会によって拒否されていたのであった。一九九六年に産業資源部の前身である通商産業部が経営診断結果に基づく評価報告書で提示した内容のように、産業資源部も韓国電力の民営化に対して否定的な見解を表明した。同時に、産業資源部が企画予算委員会に提出した資料には、「韓国電力は公共性が強いが、一部事業部門に企業性を導入している公企業である。電力は国民生活に必要不可欠なエネルギーを供給する代表的な公益産業であるが、一部発電部門を中心に競争の導入が可能であり、実際に民間出資発電の導入を推進中である」とあった[74]。

こうして、政府は、発電部門をどのように処理するかに関して一切言及しないままの姿勢を示すことで、発電事業に対しては民営化しないという産業資源部の意志を間接的に表わした。

そして、産業資源部は、韓国電力の民営化だけでなく、政府持分の海外売却についても否定的立場を表明した。一九九八年六月から行われた韓米投資協定過程と関連して、七月一三日に産業資源部が外交通商部に送った「韓米投資協定（案）に対する検討」において、産業資源部は韓国電力が独占的に運営している電気事業に対する内国民待遇（海外開放時、内国人・外国人を同等に待遇すること）留保案を提出し、政府の発電事業に対する外国人持分を継続して制限するという立場を明らかにした。

しかし、企画予算委員会は、上記のように、七月三日に発表した「第一次公企業民営化および経営革新計画」において、「韓国電力の政府持分の五一％以上を維持するものの、発電・送電・配電をそれぞれ分離して発電部門から早期に民営化する」と発表した。

このように、韓国電力に対する産業資源部の掌握力は、通貨危機を経て、以前のように維持するのが難しくなっていた。韓国電力に対する事実上の主導権は企画予算委員会へと移り、一九九八年八月四日、企画予算委員会は「第二次公企業民営化および経営革新計画」を発表して第一次民営化計画の細部事項を提示したのであった。(75)

「第二次公企業民営化および経営革新計画」は、電力産業構造改編案を一九九八年一〇月までに確定して、この案と連係して韓国電力組織を縮小改編し、人材調整および民間委託を並行して推進したものの、構造改編案作成のために海外専門機関のコンサルティングを受けて、統合体制を垂直的に分割し、発電部門と送電・配電の分離を推進するとした。(76)

また、発電部門を早期に民営化し、消費者（大口需要者）と生産者の直接取引を認める内容も含まれていた。企画予算委員会は、八月一八日、このような内容を骨子とする電力産業構造改編勧告案を策定した。

これに対し、産業資源部は構造改編勧告案を「第二次公企業民営化および経営革新計画」に対して大きくはみ出さない範囲内で策定し、「構造改革基本計画試案」を準備した。(77)

一九九八年一一月一六日、産業資源部は公聴会を開催して「電力産業構造改編基本計画」の草案を発表し、次いで一九九九年一月二一日に、すでに（1）で紹介したように、「電力産業構造改編基本計画」を確定・発表した。

図表11　産業資源部の「電力産業構造改編基本計画」

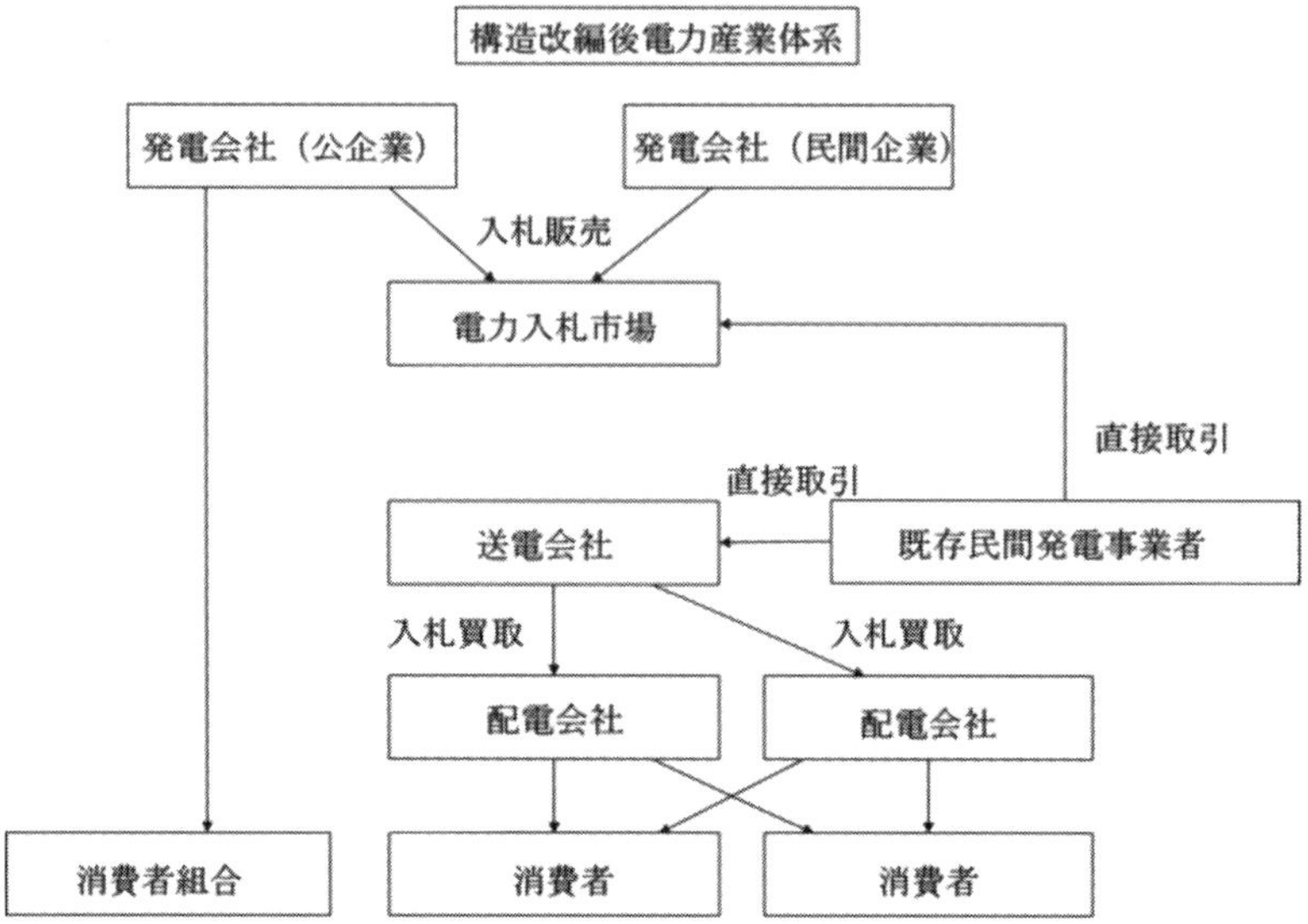

（出典）産業資源部（http://www.motie.go.kr/www/main.do）を基に、筆者作成。

一九九七年の通貨危機以後、経済部門の非効率性の改善および通貨危機の克服に必要な財源確保のために、公企業を売却する民営化政策は早められることとなった(78)。

以上のような内容を骨子に、一九九九年一月二一日、産業資源部は韓国電力発電所を分けて売却することを決定し、図表11のように「電力産業構造改編基本計画」を発表したのであった(79)。

(3) 韓国電力民営化法案の国会における議決動向

民営化の推進に前向きの金大中政権の登場で、官僚機構内部での主導権を再び取り戻した企画予算委員会の主張が強く反映された民営化の推進計画を基に、一九九九年一一月二二日、政府は「電力産業構造改編促進に関する法律案」、「電気事業法改正法律案」および「発電所周辺地域の支援に関わる法律の部分的改正法律案」の三つの制定・改正法律案を国会に提出した。

一九九九年一二月一三日、国会において政府側の提案説明が行われた。二〇〇〇年の総選挙を控え、それを意識した国会議員は、労働界の反対を理由に法案審議自体を拒否した。また、政府の産業資源部と利害を同じくする国会産業資源委員会も、同法案に対し、もう少し十分な意見の取りまとめが必要であり、検討を要すると判断して、審議を保留した。その後、法案審議の委員会が開かれないまま、同法案は第一五代国会の任期満了によって廃案となった[80]。

二〇〇〇年五月三〇日、総選挙後の第一六代国会が開会するや、政府は与党が議会の多数を占めたことで直ちに二〇〇〇年六月三〇日、同法案を再び提出した。しかし、政府案の韓国電力分割および民営化政策の推進過程において、次の項で述べるように、電力産業構造改編ないし韓国電力の民営化に対する反対世論が急速に高まっていた。また韓国電力の労働組合も強く反対を続けており、その反対の意思を韓国電力民営化および「国富」の海外流出反対を争点にした労働争議において示した。そしてこの争議は中央労働委員会に調整がもち込まれた。韓国電力労組はさらにストライキの賛否投票を実施してストライキ突入を決めた。その後、中央労働委員会の調停会議による調停期間の延長および労使政協議の推進等を通して「労・使・政委員会」は電気料金引上げなど労使両方が提示した九つの議題を協議することにして、ストライキの開始が延期されることになった。この過程で、野党のハンナラ党も使用者側の勧めもあり、構造改編賛成を党論として確定することになった。また中央労働委員会の調停会議において労使間に合意が成立し、韓国電力労組は予定していたストライキを撤回したのであった。

その後、国会の産業資源委員会で「電力産業構造改編関連法案」が修正・議決され、法制司法委員会の議決を経た後、国会の本会議で関連法案が議決された。

同法案は政府に送付され、二〇〇〇年一二月二三日付で一括して公布されたのである[81]。

（4）政府と労働組合との対立と妥協

一九九九年、政府の政策決定以後、電力産業構造改編政策に対する労働組合の対応は、「民営化反対」であり、従って、労働組合は政府に対して強硬な反対闘争を展開していた。

電力産業構造改編政策に対する労働組合の対応を時期別に分けると、以下のように二つの段階に分けられる。最初の時期は、一九九九年の第一五代国会の法律制定・改正に反対する法案通過阻止闘争であった。次の時期は、二〇〇〇年の第一六代国会における政府の構造改革政策推進に対して反対して行なったストライキ闘争の時期である。[82]

最初の時期における政府と労働組合の民営化をめぐっての政治的対立は、民営化政策の立法過程から始まった。一九九九年初めの「電力産業構造改編計画」確定以降、民営化と構造改革を推進するための立法作業が第一五代国会において行われている間、国会の外部では政府と労働組合の間の民営化に対する対峙が続いた。[83]

韓国電力労組側は、国家基盤事業を海外に売却してはならないといった世論の拡大をはかるとともに、与野党の党事務所前で抗議集会を開催し、法案に賛成する議員に対しては、国会議員選挙の時に落選運動を行うと威嚇して、構造改編法案通過阻止に総力を挙げた。また、韓国労組総連盟と連帯し、韓国電力の民営化には労働界全体も反対の立場にあることを示すことで、法案通過阻止に努めた。

電力労組は、一九九九年七月から内部に非常対策委員会を設置し、労働組合のすべての活動を非常対策委員会中心とする態勢をとった。大規模集会と街頭での宣伝活動、新聞広告等を通して政府の政策の問題点を明確に示す一方、市民団体中心に公聴会と討論会を開催し、政府の政策に反対する活動を展開した。特に、全国の労働組合の支持者を総動員して約一〇〇万人以上の署名を集め、一九九九年一二月、国会に関連法案の立法反対請願書を提出した。[84]

韓国電力労組が法案通過阻止にこのように総力を挙げたのは、子会社の分割売却にともなう雇用不安と、作業環境の悪化に対する憂慮であった。

このように、国会常任委員会を囲み、産業資源部を中心とした政府と韓国電力労組を中心とした労組との対立関係は、二〇〇〇年の国会議員選挙という変数によって、一二月一三日、産業資源委員会全体会議において審議保留決定となり、それにより労組の勝利となった。

与党の新千年国民会議は、構造改編関連法案を強行通過させようという態度を示したが、韓国電力労組と韓国労総をはじめとする全労働界の反対の立場を考慮し始めた何人かの同党所属議員と自民連議員により、強行突破は不可能となった[85]。

次の時期では、一九九九年第一五代国会で任期満了によって廃棄された「電力産業構造改編関連法案」に対し、産業資源部が中心となった法案自体の補正と政府の各部署間の協議を経て、二〇〇〇年四月一八日に構造改編関連法案が策定された。以降、閣僚会議の議決を経て、七月二四日には第一六代国会の産業資源委員会に法案が提出された。これによって、電力産業構造改革関連法案制定・改正の第二ラウンドを迎えることになった。

電力産業構造改革と関連して、第一六代国会の産業資源委員会は、第一五代国会の時よりさらに否定的な反応を示した。野党のハンナラ党所属の議員だけでなく、与党に加わっていた盧武鉉率いる小党の民主党所属議員までも、積極的に反対の立場を表明するようになったのである。

当時産業資源委員会委員長だったパク・グァンテ議員も、決して法案の強行採決に賛成ではないという立場をとった[86]。

電力産業構造改編関連法案の再上程に対し、韓国電力労組と全国電力労働組合は、二〇〇〇年九月二四日、ソウル駅広場で三〇〇〇人余りが参加する中、「民営化阻止のための闘争宣言式」を行ない、分割売却を内容とする公企業民営化計画を直ちに撤回するように主張して、関連法案国会通過阻止のための本格的な反対闘争を始めた。関連法案の国会常任委員会の審査が続いていた一一月頃には、労組は電力部門のストライキの可能性を示唆することによって、国会と政府を圧迫した。

そして、一一月一七日、韓国電力労組は、韓国電力民営化法案の撤回を要求するストライキを議決し、二四日から総ストライキ突入を決めた。しかし、上記の通り、二三日、中央労働委員会で開かれた「韓国電力公社労働争議特別調停委員会」の「労・使・政」交渉の末、二九日まで交渉期間を延期することにした。そして、一時的に合意がなされ、一一月二四日の総ストライキは撤回されることになったのである。

ところが、これ以降二度の「労・使・政」交渉があったが、電力構造改編に関する政府の全面的な修正努力がみられないと主張し、韓国電力労組は、二八日に本部と各支部労組幹部一〇〇人余りが参加する中で中央委員会を開き、三〇日午前から全面ストライキの突入を決議した。

しかし、このような総ストライキの決議も、二九日に再び開かれた中央労働委員会における「労・使・政」交渉の結果、一二月三日に延期されることになった。そして、一二月三日に開かれた「韓国電力公社労働争議特別調停委員会」において、委員長の職権により調停案が調印され、三〇日に予定していた総ストライキの撤回が合意された[87]。

第一五代国会において、構造改編関連法案の審議保留決定という失敗を経験した政府は、韓国電力の民営化が失敗した場合に、残りの韓国通信、ガス公社、鉄道公社などの民営化計画にも悪影響を及ぼすことをあげ、与野党の国会議員に対し電力産業構造改編の正当性を訴え、説得に努める一方、韓国電力労組のストライキに対して強硬な手段に訴えるという方針を示した。

このような韓国電力労組と政府間のストライキをめぐる攻防戦は、一方で政府は民営化と構造改編の実施への強固な意志を表明し続け、他方では民営化反対に関して内部の分裂を抱えたまま韓国電力労組が総ストライキを留保する状態が続いていたが、最後には政府側の勝利で決着がついたのである。

韓国電力労組の反発に対し、政府が積極的に対応したことで、国会に対しても政府の影響力は以前よりも高まった。

電力産業構造改編に積極的に反対意志を表明していた野党のハンナラ党も、一一月二九日、党務会議を経て法律案に対する支持を決めた。これにより、一二月四日、関連法案が国会産業資源委員会で議決されることになった。しかし、早急な民営化に対して躊躇を示している野党のハンナラ党の立場を考慮して、民営化の一年猶予条項を盛り込むことになった。この点が、政府の民営化政策推進の限界とみられる。こうして、一二月二三日に「電力産業構造改革促進に関する法律」と「電気事業法」が国会で最終的に議決されることによって電力産業構造改編と関連した法律的基盤の確保という政府の最初の構造改編作業が完了したのである。(88)

3　韓国電力公社の民営化における政策過程の特徴

二〇〇〇年の韓国電力公社の民営化における政策過程の特徴は、通貨危機発生以降、官僚主義に起因する経済部分の非効率性の改善と外貨危機の克服に必要な財源確保のために、政府が企画予算委員会を設置し、それを通じて政策過程が始められた点にある。

韓国電力民営化の背景がどういうものであったのかは、公企業民営化政策に対しては原則的に賛成の立場を示していた劉承旼議員の次のような発言の中に読み取ることができよう。「一九九七年から一九九八年の経済危機が外貨部分から始まり、金融や、企業が急速に大量の負債を抱え込むことになり、我が国の経済の回復が極めて不透明であった状況において、当初は、公企業は経済危機と直接に関係が無かったし、それ故に、公企業の民営化は当時、喫緊の政策課題ではなかった」。また、劉承旼は「ＩＭＦやＩＢＲＤ（世界銀行）などの救済金融の提供者も公企業の民営化を要求していなかった。それにもかかわらず、政府が公企業の民営化を検討した背景には、国有資産の公企業を売却して、当時、不足していた外貨を確保し、金融と企業の構造調整に必要な財源を作り出そうとする動機が強く作用していたのであった」と分析している。さらに、彼は「『経営革新』という名分の下で公企業の構造調整を積極に推進する計画も、金融・企業・労働の構造調整に対応させる形での公共部分もまた構造調整を通じて一種の苦痛の分け合いに加わっているという姿勢を示そうとする動機も作用していたのであった。」と結論付けている(89)。

政策課題の形成段階では、金大中政府はスタート初期から公企業民営化に非常に積極的であり、金融・企業・労使・公共部門という四大部門改革の一環として公企業民営化を急速に推進した。

大統領政権移行チームは、「公企業民営化と競争促進を通した公企業経営革新誘導」を主要な課題に設定し、民間への移行が可能な部分に対する早急な民営化、独占部門に対する競争体制導入、子会社および非業務用不動産売却、外注拡大、人材および組織縮小などの方針を発表した。

一九九七年末に発生した通貨危機に対処するために、金大中政権は公企業民営化政策をより強く進めることになり、前政権が一九九八年七月に発表した「公企業民営化計画」をさらに推し進める形で韓国電力の民営化を加速化させた。

次の政策立案段階では、一九九八年八月四日、企画予算委員会は「第二次公企業民営化および経営革新計画」を発表して、第一次民営化計画の細部事項を示した。

「第二次公企業民営化および経営革新計画」は、電力産業構造改編案を一九九八年一〇月までに確定し、この案と連係して韓国電力組織を縮小改編して人材調整および民間委託を並行して推進するものの、構造改編案作成のために海外専門機関のコンサルティングを受け、統合体制を垂直的に分割して発電部門と送電・配電の分離を推進した。

また、発電部門を早期に民営化し、消費者（大口需要者）と生産者の直接取引を認める内容も含まれていた。企画予算委員会は、八月一八日、このような内容を骨子とする電力産業構造改編勧告案を策定した。

これに対し、産業資源部は構造改編勧告案を「第二次公企業民営化および経営革新計画」に対して大きくはみ出さない範囲内で策定し、「構造改革基本計画試案」を準備した。

一九九九年一月に産業資源部が発表した「電力産業構造改編基本計画」では、準備体制、発電競争体制、卸売競争体制、小売り競争体制の四つの段階で、電力産業構造改革と民営化を推進することを確定した。

最後の政策決定段階では、二〇〇〇年の一年間は、構造改革法案を第一六代国会に再上程するため、法案内容を再検討・補完して関係部署と協議し、立法手続きを再推進した。御用組合であった韓国労総と韓国電力組合の反対を「労・使・政委員会」が押さえ込み、民営化関連法律の「電力産業構造促進に関する法律制定案および電気事業法改正案」は、「労・使・政委員会」の合意後、与野党満場一致で国会を通過した。

その結果、二〇〇〇年一二月二三日、「電力産業構造改革促進に関する法律」が、そして二〇〇一年二月二四日、「電気事業法」がそれぞれ公布された。これによって、電力産業構造改革とそれに　関連した推進基盤確保作業も終了した。

以上のように、韓国で初めて経験した未曾有の通貨危機の発生という経済危機の中で、その経済的危機状況を克服する一連の政策決定が行われ、その一つとして公企業民営化の推進が行われることになった。そして、公企業民営化のための企画予算委員会が設置され、それを中心に公企業の一つである韓国電力の民営化の政策過程が展開されたのであった。

ちなみに、二〇〇二年にイギリスの電力民営化政策が失敗に終わったこと[90]、アメリカのカリフォルニアでも民営化が失敗し停電などが頻発したことなど[91]、英・米における電力民営化失敗のニュースが韓国で伝わった[92]。それによって、企画予算委員会がそれまで進めてきた急進的法案に反対する世論が高まり、それを受けて労働組合も再び反対運動を展開し始めた。また、金大中政府の中枢も、韓国電力の発電部分の売却などによる負債の支払いによって外貨危機を乗り越えた後であるため、世論の反対もあり、政府内部でも産業資源部や、さらに議会でも反対するものが多くなった。その結果、産業資源部が主張する漸進的改革の方へと考え方を変えるようになった。こうして、韓国電力民営化の次の段階への進め方では、主導権が急進的改革を主張してきた企画予算委員会から漸進的改革を主張する産業資源部へと移り、結局、発電部分のみが民営化され、後の部分の民営化は今後その計画を再検討することになり、最終的に、二〇〇四年、盧武鉉政権時代に民営化が中断されることになったのである。

以上、韓国電力民営化の政策過程は、英米の新自由主義的政策理念の伝播があり、それによって政策の転換が生まれたが、その後、その流れを利用する政治家が台頭し、通貨危機をきっかけに、突然に韓国電力の民営化の実現という政策変化が起きたと言えよう。

【注】

（1）任爀伯、前掲書、二四―二五頁。
（2）木宮正史『国際政治のなかの韓国現代史』、一〇八頁。
（3）任爀伯、前掲書、一三九―一四一頁。
（4）同書、二五頁。Hyag Beag Im, op.cit., pp. 218-219.
（5）盧武鉉編著・青柳純一編訳『韓国の希望・盧武鉉の夢』現代書館、二〇〇三年、五―六頁、七〇―七二頁。
（6）木宮正史、『国際政治のなかの韓国現代史』、一五六頁。

（7）朴一『変貌する韓国経済』世界思想社、二〇〇四年、一一一—一一〇頁。

（8）田中誠一「韓国政治の構造の過程に関する一考察——権威主義から民主主義体制への移行とそれに伴う諸問題を中心として」『大阪法科大学法学論集』第四七号、二〇〇〇年、二六九頁、木宮正史『韓国——民主化と経済発展のダイナミズム』、八五頁。

（9）田中誠一「韓国政治の構造と課題」岡野加穂留他編『比較政治学とデモクラシーの限界——臨床政治学の展開』東信堂、第四七号、二〇〇一年、第一〇章、二七七—二七九頁、木宮正史『韓国——民主化と経済発展のダイナミズム』、一四一—一四二頁、『国際政治のなかの韓国現代史』、一三四頁。

（10）田中誠一、前掲書、二六九頁。

（11）『東亜年鑑』、二〇〇三年、三九—四〇頁。

（12）浅羽祐樹「韓国総選挙における候補者選出方法の変化と大統領による政党統制」新潟県立大学、二〇一六年、一八一—一八三頁、山本健太郎「韓国における政治改革立法と政党の動向」『レファレンス』第六四一号、二〇〇四年六月、四七—四八頁。

（13）山本健太郎、前掲論文、五一—五四頁。

（14）文京洙『文在寅時代の韓国——弔いの民主主義』岩波新書、二〇二〇年、一三頁。国家人権委員会については、本書の図表4を参照。

（15）李洪允「社会福祉政策決定過程参加者の役割に関する研究——金泳三政府と金大中政府の比較を中心に」（博士論文）、成均館大学大学院行政学科、二〇〇〇年、七三頁。

（16）李永燦「韓国社会福祉政策決定に関する研究——医療保険統合政策決定過程を中心に」（博士論文）、慶南大学校行政大学院、二〇〇三年、四八頁。

（17）韓国では、一九七七年に五〇〇人以上の事業所に医療保険が初めて導入されて以来、適用対象を次第に拡大し、一九八八年一月に農漁村地域、一九八九年七月に都市地域自営業者まで、医療保険が適用されることによって、一二年という短い期間内に全国医療保険時代に入った。これは、世界的にも類がないほどの量的な成長であり、これに伴い、国民すべてに病院の敷居が低くなり、経済的に困難がなく基本的に診療を受けられるようになったという面で、大きい成果と評価される（国民医療保険管理公団編『国民医療保険管理公団』、一九九九年）。

（18）一九九九年の医療保険連帯会議は、労働、農民、市民、保健医療関係者など合計七七団体と六つの地域連帯会議を包括する連帯組織で、当初は医療保障改革委員会の医療保険改革活動に対応するための一時的組織だったが、医療保険統合の達成まで活動することで合意した後、一九九九年初めまで活動を継続した。

(19) 李洪允、前掲論文、七三頁。

(20) 安 世舟『現代政治学の解明』三嶺書房、一九九九年、三九三頁。

(21) 李洪允、前掲論文、七四頁。

(22) 同論文、七五頁。

(23) 韓国の労働運動の形成と展開を主題にした研究書として、ハーゲン・クー『韓国の労働者――階級形成における文化と政治』(滝沢秀樹他訳)、御茶の水書房、二〇〇四年がある。

(24) 小此木政夫編『韓国における市民意識の動態』慶應義塾大学出版会、二〇〇五年所収の清水敏行「第四章 韓国の政治と市民運動」、七七―一〇六頁と、李石淵「第五章 韓国市民運動の現況、課題及び方向性に関する経験論的考察――憲法合致的市民運動の提唱」、一〇七―一一七頁が、韓国の市民運動の研究書として有益である。

(25) 韓国のネオ・コーポラティズムの性格についての研究として、谷浦孝雄編『二一世紀の韓国経済――課題と展望』「第四章 社会的合意か、新自由主義か――韓国労働政治の新たな展開」アジア経済研究所、二〇〇〇年、一〇五―一三八頁がある。

(26) 「労・使・政委員会」設置の背景、その法的位置づけ、合意事項の実施状況に関する研究として、佐藤幸人編『新興民主主義の経済・社会政策』アジア経済研究所、二〇〇一年の「第九章 韓国の民主化後における政労使関係――社会的合意形成の試み」、三〇五―三三六頁や、木宮正史「韓国における経済危機と労使関係レジームの展開――政労使委員会の活動を中心に」『韓国の経済体制改革に関する研究』産業研究所、一九九九年がある。

(27) ネオ・コーポラティズムの研究として、P・C・シュミッター／G・レームブルッフ編『現代コーポラティズム――団体統合主義の政治とその理論』(山口定監訳)、木鐸社、一九八四年や、安 世舟、前掲書(四五〇―四六四頁)などがある。

(28) 李銀静「国民健康保険政策形成過程に関する研究――医療保険統合一本化過程を中心に」(修士論文)、慶南大学校行政大学院大学、一二六頁。

(29) 同論文、一四二頁。

(30) 李洪允、前掲論文、一二二頁。

(31) 同論文、一二三頁。

(32) 『毎日経済新聞』一九九八年三月二四日、朝刊、三九面。

(33)『ハンギョレ新聞』一九九八年六月一八日、朝刊、二三面。
(34)李永燦、前掲論文、九五頁。
(35)李銀静、前掲論文、一二四頁。
(36)李洪允、前掲論文、一二三頁。
(37)『ハンギョレ新聞』一九九八年四月一一日、朝刊、一九面。
(38)『東亜日報』一九九八年一二月五日、朝刊、五面。
(39)李洪允、前掲論文、一二八頁。
(40)同論文、一二八頁。
(41)同論文、一二九頁。
(42)同論文、一三〇頁。
(43)同論文、一三一頁。
(44)同論文、一三一頁。
(45)同論文、一三一頁。
(46)同論文、一三一頁。
(47)同論文、一三一頁。
(48)同論文、一三二頁。
(49)同論文、一三三頁。
(50)同論文、一三三頁。
(51)同論文、一三四頁。
(52)同論文、一三四頁。
(53)同論文、一三五頁。
(54)同論文、一三五頁。
(55)同論文、一二六頁。
(56)同論文、一二七頁。

(57) D・ブランド/K・ワトキンス『イギリスは甦るか――政治経済の分析と展望』(安 世舟他訳)、サイマル出版会、一九七三年、一五一頁。
(58) M・サッチャー『サッチャー回顧録』(石塚雅彦訳)、日本経済新聞社、一九九六年、四六頁。
(59) 安 章浩「ニュー・ライト思想とイギリスの行政改革――サッチャーリズムを中心として」『早稲田政治公法研究』第五三号、一九九六年、二〇三―二〇七頁。
(60) 安 章浩、前掲論文、二〇六―二〇七頁。
(61) 公共政策研究において、政策伝播(Policy Transfer)というアプローチを提唱したのはR・コモンである。彼は、二〇世紀後半においてコミュニケーションと伝達技術における目覚ましい発展が見られ、政治の国際化、経済のグローバリゼーションとともに、ある国の公共政策が成功するとそれが他の国にも波及・伝播することに関心をもち、国際的な政策伝播の研究を行っている。Ricahrd Common, *Public Management and Policy Transfer in Southeast Asia*, London: Taylor and Francis, 2001. p. 3. 韓国について言及したところは、p. 83.
(62) ヨ・インドン「韓国電力産業構造改革の政治経済的動学」(修士論文)、ソウル大学校大学院、二〇〇九年、五一頁。
(63) 同論文、五一頁。
(64) ハ・ヨンソプ「政策アイデアと制度変化――我が国での新自由主義の解釈と適用を中心に」『行政論叢』第四四巻第四号、二〇〇三年、一一頁。
(65) ヨ・インドン、前掲論文、五一頁。
(66) ハ・ヨンソプ、前掲論文、一六―一七頁。
(67) Kingdon, John W., *Agendas, Alternatives, and Public Policies*, 1984, pp. 174ff. ジョン・キングダン『アジェンダ・選択肢・公共政策』(笠京子訳)、二〇一一年、勁草書房、二〇一七年、二六四―二七一頁。
(68) 企画予算委員会は、予算編成指針の作成、財政改革と行政改革に関する事務を担当した韓国の中央行政機関であった。一九九八年二月二八日に発足し、一九九九年五月二四日に予算庁と統合して企画予算処が発足することにより廃止された。
(69) ハ・ヨンソプ、前掲論文、五四頁。
(70) ヨ・インドン、前掲論文、五四頁。
(71) 金ジュンキ他、『政策事例研究――韓国電力構造改革および民営化の政策費用』大永文化社、二〇〇六年、一七二頁。

(72) 一九九八年七月三日、政府は、金融機関を除外した一〇八の公企業に対し民営化計画を確定・発表した。民営化計画によれば、浦項製鉄、韓国重工業、韓国総合化学、韓国総合技術金融、国定教科書など五つの公企業と二三の子会社をできる限り早期に完全民営化することにした。また、競争条件の不備などで早期の民営化が困難な韓国電気通信公社、韓国電力公社、韓国タバコ人参公社、韓国ガス公社、大韓送油管公社、韓国地域暖房など六つの機関と二八の子会社に対しては、抜本的な構造改革を推進した後、段階的に民営化する計画であった。合わせて韓国送油管公社、慶州観光開発公社、韓国物産、韓国不動産信託など六つの子会社は統・廃合し、親企業に吸収することにした。

(73) ヨ・インドン、前掲論文、五五頁。

(74) 同論文、五五頁。

(75) 同論文、五五頁。

(76) 同論文、五五頁。

(77) 同論文、五五頁。

(78) 金シンジョン「韓国電力産業の構造改編成果に関する研究」（修士論文）、ソウル科学技術大学校エネルギー環境大学院、二〇一一年、五頁。

(79) 『東亜日報』一九九九年一月二二日、朝刊、二一面。

(80) 廃案になった理由は、英米などの電力の民営化が国民生活にとってむしろ好ましくない結果となりつつあるというニュースが伝わり、民営化に対する世論の変化、およびこうした世論の変化によって追い風を受けた労働組合を中心とする反対運動の高まりであった。金ジュンキ他、前掲書、一七二頁以下。

(81) ヨ・インドン、前掲論文、六四頁。

(82) 高ヨンジュ「韓国の電力産業構造改編の労使関係の変化——イギリスとの比較研究」（修士論文）、高麗大学校労働大学院、二〇〇九年、七〇頁。

(83) 金ジュンキ他、前掲書、一八二頁。

(84) 高ヨンジュ、前掲論文、七〇頁。

(85) 金ジュンキ他、前掲書、一八五—一八六頁。

(86) 同書、一九〇頁。

(87) 李ホドン「電力産業構造改編の労働組合の対応に関する研究」(修士論文)、高麗大学校労働大学院、二〇〇九年、四五頁。韓国電力労働組合は、もともと御用労働組合であったが、労働者の基本的権利を強力に主張する民主労総を中核とする労働運動の台頭とともに、組合員のうちの三分の一が民主労総を支持するようになり、組合員のうちの御用組合が三分の一、残りの三分の一は流動的であった。したがって、民営化反対闘争でも、この三者の力関係次第で韓国電力労働組合が打ち出す方針も時々刻々変化し、その結果、民営化反対闘争においてその態度が一貫せず、無原則的な対応となったのである。金ジュンキ他、前掲書、二〇五頁。

(88) 金ジュンキ他、前掲書、一九〇—一九二頁。

(89) ヨ・インドン、前掲論文、五三—五四頁。

(90) ヨ・インドン、前掲論文、六七頁、七〇頁。イギリスの電力民営化については、次の文献がある。木船久雄「英国の電力改革——NETA以前・以降の成果と評価」『名古屋学院大学論集』社会科学篇、第四〇巻第二号、二〇〇三年、一九—三七頁。

(91) ヨ・インドン、前掲論文、六七—六八頁。なお、欧米の民営化の動向とその成果についての研究として、南部鶴彦他編著『欧米の規制緩和と民営化——動向と成果』大蔵省印刷局、一九九四年がある。

(92) 安ヒョンヒョ「我が国の電力産業の発展方向——新自由主義の退潮と新しい政策転換」『社会経済評論』第三二号、二〇〇七年、一一二—一一三頁。

終章　民主化の後期段階への移行を試みた盧武鉉政権の挫折

私は、本書において、韓国における権威主義体制から民主主義体制への移行過程、つまり、民主化過程を前期と後期の二段階に分けて、政治・経済・社会分野における韓国的な民主主義が本格的に展開される後期段階への基礎を築いた前期段階の政治改革、社会改革、経済改革の三つの分野に関して、特に公正な選挙で国家を運営する政治的リーダーを選出する公正な選挙制度を作り上げる政治改革、次に国民の基本的人権を保障する点において、最も根底的な生存権の保障の一部である福祉、とりわけその根幹の健康保険制度の改革、最後に、権威主義体制を支えた経済体制を自律性を持った自由な競争に基づく市場経済体制への構造改革、この三つの政治改革・社会改革・経済改革に関する政策決定過程について考察した。

顧みるなら、一九八七年、韓国が進むべき方向をめぐる、体制エリートと現状打破を求める民衆との政治闘争の中で、民主化の方向へと軌道を修正することで闘争は結着し、その後の韓国の進むべき方向を示す三つの政策が多くの選択肢の中から選びとられた。

第一の選択は、政治分野における、政治体制の民主化の基盤を作る政策である。韓国では、自由民主主義国家を標榜していたにもかかわらず、その実態は四半世紀間もの長い間独裁政権の継続であった。こうした形ばかりの自由民主主義を実質的な自由民主主義へと変換させるきっかけは、光州事件以後、一時抑えられていた民衆の反政府デモが次第に高揚し、一九八七年六月には、再び内乱状態に陥ったこと、そしてそれを収拾すべく、与党の民政党代表が全斗煥の強硬路線に反対し、民衆を代表する野党との合意の下で現行憲法の第六共和国憲法の制定を約束し、今日の民主化の基礎を築いたことにある。

第二の選択は、国民の最低限の生存が保障される社会福祉体制の確立であり、その基盤を作った政策である。第三の選択は、健全な社会の存続を可能にする、経済システムの近代化政策である。以上三つの政策によって、約四〇年の間に、韓国の政治体制が軍事独裁体制から自由民主主義体制へと大きく転換することになった。その三つの政策過程を解明することで、「光州事件」以降、約四一年が経過して、先進自由民主主義諸国と肩を並べるまでに政治・社会・経済の三分野で発展が成し遂げられている姿を理解することが可能となろう。

この三つの政策に関わる政策決定過程は次の通りである。

第一は、国会議員選挙法改正の政策過程である。韓国の現行憲法は、その基本的性格においては半大統領制であるので、統治権力は大統領と議会が分かち合う形になっている。従って、従来の韓国と違って、国会がその権力の自律性を獲得するなら、相対的に政治におけるその権力の比重は高まることになる。その結果、国家の最高意思決定権力の創出、つまり、大統領選挙に劣らず、国会議員の選挙も極めて重要になって来る。従って、国会議員の選挙法改正の政策過程を取り扱った。

次に、統合選挙法制定の政策過程を分析した。大統領及び国会議員の選挙法が一応与野党合意の下で成立していても、それが公正に行われる保証はない。その公正性を担保する制度づくり、および「民主主義の学校」と言われている地方自治体の創設も重要であるので、地方自治体の長および地方自治体議会議員の選挙を含めて、すべての公職選挙を網羅する総合的な選挙法の制定の政策過程を取り扱った。この二つの政策決定によって、韓国はそれまでの形式的な自由民主主義体制から実質的な自由民主主義体制へと転換した。憲法論的に言うなら、疑似立憲民主主義国家から真の立憲民主主義国家へと転換して、自由民主主義が花咲く道が開かれたのである。

第二は、国民健康保険法制定をめぐる政策過程である。韓国が伝統的社会から近代的市民社会への転換を成し遂げ、憲法によって保障された社会権を具体化させる方策が制度化される過程である。

第三は、外からの新自由主義的経済政策の導入が迫られていたが、それを活用して開発主義的経済システムを自由な競争に基づく経済システムへの転換の試みの一事例として行われた電力民営化の政策過程である。

そもそも、政治と社会が近代化され、それが順機能を果たすようになるには、それを支える経済システムが民主化される必要がある。韓国では、軍事政権の下で開発独裁が行われ、一種の国家資本主義体制が確立されていた。この国家資本主義体制を、権力ではなく、市場メカニズムによって運営される自由な市場経済システムへと転換させる経済の民主化過程の基盤を作った政策が、先進諸国とは全く逆に、新自由主義的理念に基づいて遂行されたという逆説を、国営企業の典型である韓国電力の民営化の政策過程を分析することによって明らかにした。

従って、本書の研究は、従来の日本における韓国政治研究とは異なる独自性を持っている。その理由は以下の通りである。

現行憲法が制定されるまで九回も改憲が行われたことに示されているように、韓国では、政治体制の変化が激しかったので、こうした政治体制の変化を、権力闘争やその原因となる政治的イデオロギーの対立を中心とする政治過程に焦点を当てて分析した多くの研究がなされてきた。本書は、こうした従来の韓国政治研究とは異なり、約二世紀の間に、西洋先進国の外に拡散し始めた個人の基本的人権の保障を目標とする政治体としての近代国家モデルの韓国における移植の試みとして、「六・二九民主化宣言」以降の第六共和国の初期段階において民主化を開始した政治と経済の改革についての実証研究に焦点を絞っている。つまり、権力闘争史の視点からはあまり見えてこなかった韓国政治の実態を、政治システムの下位部分の政策過程に焦点を当てて解明を試みたのである。自由民主主義体制における政策過程とは、権力闘争を伴う政策決定とそれが法化される分野、つまり議会における権力闘争とが交錯する領域であるので、本書は、一九八七年の民主化への軌道修正とともに、いかなる政策が、いかなるアクターによって、韓国を民主化する方向において戦われたのか、その権力闘争において、いかなる政策選択がなされたのかを分析し、そして選択されたそれぞれの政策過程と法化のインターフェースの領域について公共政策論の立場から解明を試みた研究である。管見の限りでは、この種の研究はあまり無いのではないかと思われる。

要約するなら、民主化宣言以降、約一五年の短い期間内に、韓国政治の政策過程の展開において、新旧軍事政権によって積み残された国民の自由の実現と国民の福祉の保障という二大政治改革が、前者は軍事政権時代の野党の二人のリーダーの一人であった金泳三大統領によって実現され、後者は金泳三大統領の好敵手であった金大中大統領によって取り組まれた。後者の場合は、「IMF危機」の発生という危機的な状態において、新自由主義経済政策の採用を本格的に強要される中、それを逆手にとって、金大中大統領によって作り出されたネオ・コーポラティズム的な政治的決定方式に基づいて健康保険制度が実現されたという特徴がある。

本来ならば、新自由主義政策は社会福祉制度を削減する方向に作用するはずであるが、韓国の場合、ある意味では逆に作用し、「消極的福祉国家」と批判されてはいるが[1]、一応、福祉国家確立に貢献したと見られる。こうした三つの事例の政策決定の軌跡を追うことで、韓国政治の政策過程の展開の一局面が明らかになったのではないかと思う。従って、こうした政策過程論的アプローチによる韓国政治の研究が他の政策分野でも行われ、韓国政治の政治力学の全容が解明されることを期待してやまないのである。

さて、この一五年間の民主化の前期段階における改革の政治をリードしたのは、本書で述べたように、金泳三大統領と彼の後を継いだ金大中大統領である。この二人は朴政権、全政権に反対する野党のリーダーであった。そして、この両金の政治活動を支えた政党はこの二人を家長とする家産主義的な政党組織であった。その点に着目するならば、韓国における権威主義体制から民主主義体制への移行をリードしたのは民主的政党ではなく、前近代的な家産主義的原理に基づいた政党であった点は注目されるべきであろう。従って、韓国における民主化の前期段階は政治的民主主義の制度的側面及び市場経済の自律性が確立される条件が創出されたことは評価できるとしても、西欧諸国の自由民主主義体制と比較するならば、基本的にその政治文化の点及び政治を担う政党のあり方の点ではまだ民主化されていないというマイナス面が存在していた。前にも紹介したが、「政党は現代政治の生命線である」と、S・ノイマンは彼が編集した比較政党研究書の『政党』の序文において指摘しているように、「現代政治の生命線」の韓国政党が民主化されて初めて韓国政治も民主化されることになろう。もっとも、前近代的な家産主義的原理に依拠した、二金が導く政党が韓国民主化の前期段階の重要な課題を一応解決して行ったということは歴史の皮肉とも言えよう。言うまでもなく、韓国が本格的に民主化されるためには、この政党の民主化が達成されることが必要であろう、と私には思われる。

この政党の近代的民主化という課題に関しては、前期段階においてそれを実現しようとする動きが現れなかった訳ではなく、その点についてはすでに盧武鉉を中心とする政党の近代化の動きのところで少し触れたことがある。そして、実際、二〇〇二年末に韓国の政治生活における一種の革命的な出来事、つまり強力な支持基盤を持たない盧武鉉が広範なる民衆の支援の下で大統領に選出されるというハプニングが起こった。このハプニングを生み出した切っ掛は、実はアメリカにおける候補者の選出システムの予備制度の韓国への導入が金大中大統領によって決断された点である。言うまでもなく、韓国は、日本が一〇〇年かけて、あるいは欧米が二〇〇年かけて達成した政治発展の期間を数十年に圧縮して実現しようと努めて来た。その過程において、良いと思われるものは何でも取り入れようとするその熱意は凄まじいものがある。民主化の過程にあった韓国では、明治維新後の日本以上の勢いでその目指す近代国家確立という目標に向けてそのモデル国を追いつき追い越せという政治改革がなされていた。そしてその改革の行き着く先のモデルは自由民主主義体制のモデル国のアメリカであった。韓国では、自由民主主義が実質的立憲主義の確立という形で達成された後の世紀の転換期において、市民一人ひとりによる政治への参加、そして主権者としての自覚を高めた市民が政治を作り変えようとする勢いが生まれ、それを手助けするＩＴ革命も実現されていたのであった。

本書では、民主化の前期段階における政治改革・社会改革・経済改革の側面について主として焦点を当てて考察してきたので、最後のところで若干触れたが、金大中政権が韓国政治に残した大きな贈り物は、実は追いつき追い越せという政策の一環として、韓国のＩＭＦ経済危機を克服するための韓国経済の構造改革に際して、韓国の次の時代における主要な産業を何にするという点に関して、アメリカが既に情報技術産業で世界をリードしていることを念頭に置いて、韓国もその情報技術産業を次の時代の主要な産業にするという決定を行った点である。その決定が実現されたおかげで、ＩＴ産業が急速に発達し、一人ひとりがスマホを持ち、そしてそれを通して意思の疎通、つまり相互コミュニケーションが行われる社会が出現していたのである。

韓国では、個人は血縁・地縁・学縁という三つの結びつきが織りなす同心円の共同体の中で生活していたが、急速な経済の近代化と共にそうした共同体も融解し始め、砂のようにバラバラになる傾向が強まった。そして次第に伝来の儒教的伝統を持つ主要な共同体の血縁共同体も崩壊の兆しを示し始めた。それまで個人の精神や行動を強く拘束してきた共同体からある程度解放されはしたが、その代わりに自分を守ってくれた甲羅も失いつつあった個人は、その精神的な不安から逃れようと藻掻く中で、急速に広まった新旧の、そして新興のキリスト教団に包摂される者も出た。人口の約三五％がクリスチャンである。韓国は日本では想像できないが、キリスト教国である。と同時に各個人はそれぞれ生きるために、何らかの形で生活の糧を求めて利用できるものは何でも利用しようとする傾向が極めて強い。勿論、まだ利用価値が残されていれば、血縁・地縁・学縁をも頼っている。しかし、それも助けにならなければ、その他のあらゆる手がかりを求め、ちょっとした縁でもお互いが結び合い、お互いが助け合う新しい環境を構築し合おうと努める時代が世紀の転換期において韓国社会の底辺で起こっていた。それは全てスマホを通して行われたのである。従って、ＳＮＳを含めてのマス・メディアの役割が社会の世論の形成の方向付けにおいて想像もできないほどの大きな力を持つようになってきたのである。さらに世論形成において忘れてはならない点は、世紀の転換期を前後して政治文化が変化し始め、同時に新旧軍事政権と戦った野党のリーダー、とりわけ二金が相次いで大統領となり、それと同時並行的に政治家の世代交代も急速に進行し始めていたのである。

まず政治文化であるが、冷戦の崩壊と韓国における民主化の進展によって「共産主義」の脅威が後景に退き始め、同時に政治空間の拡大も急速度に進み、マルクス主義の研究もようやく自由化されるようになった。それは、一九九八年の金大中政権登場の前後であるが、書店にマルクスの『資本論』や『レーニン全集』が並び、誰でも自由に読めるようになった。つまり、政治的自由が保障されるようになったという何よりの証であろう。こうして、西欧先進国と殆ど変わらない政治的意思形成の客観的な条件が整備されて行ったのであった。それと共に、反共イデオロギーを持たない、「三民主義」を掲げて軍事政権と戦った学生運動の指導層から成る「三八六世代」――一九六〇年代生まれで、八〇年代に大学生活を送り、世紀の転換期に三〇代後半から四〇代になっている世代を指す――という三金らとは全く異なる政治文化を持つ世代の人々が「政治の世界」に台頭するようになった。「三民主義」とは「民衆（人民）主体主義、民族主義、民主主義」を指す。それは儒教的な家父長的・家産主義的な政治文化とは真逆のものである。この「三民主義」思想をバックボーンに持つ彼らの一部が既成政党の中へ入り指導部の一角を占め始め、また他の者たちは西欧型市民社会の確立を目指して市民運動や社会運動を組織し、リードし始めた。上記のＩＴ革命の最中であったので、彼らが指導する新しい民主的な市民文化はＩＴを通じて急速に全国に広がって行った。それが表面化したのは二〇〇〇年四月の総選挙であった。この選挙において、従来の汚職と政治腐敗にまみれ、反共的で権威主義的な旧政治家を落選させようという市民運動が全国的に広がり、その成果があって多くの旧政治家が落選した。第四章第一節ですでに少し触れたように、この影響をもろに受けたのが金鐘泌率いる政党であった。従って、この落選運動を金鐘泌は連合相手の金大中大統領の差し金と受け止めて憤激し、連合が解消されたほどであった(2)。

政治文化の変化の点では、もう一つ見逃してはならない点は、韓国人は歴史的に見ると、隣国の強国の制約にあったために、その心理の深層には「事大主義」が埋め込まれており、韓国という国家の誕生後はその「事大主義」はアメリカの方へ向くようになったことである。そのせいもあって、多くの貧しい韓国人の夢はアメリカに移民してアメリカで成功することであり、それが出来ない者はアメリカをモデルとした国作りが市民の願いということになる。従って、政党の民主化のために、まず自由民主主義を強固にする制度改革、政治改革の最後の仕上げとして、「政治の生命線」の政党において、大統領候補あるいは国会議員候補の選出において、党員のみならず、党を支持する国民も参加する予備選挙を導入すべきであるという意見が世紀の転換期において強まっていた。そして、その勢いが最初は小さな小川であったが、二一世紀に入って激流となり、既成政党はその声を聴かなければ、次の選挙において支持されない状況が生まれつつあったのである。

従って、金大中政権の与党では、二〇〇二年末に実施される大統領選挙に備えて、政権存続をはかるために市民のあらゆる要求を受け入れてその支持の獲得を目指す動きに出た。すでに第四章第一節で少し触れたが、大統領の任期は五年で再任禁止となっていたことで、大統領は在任期間を残す一年ないし半年前にはすでにレイムダック現象を起こしていた。そして、この大統領職重任禁止と政党のあり方との関係において問題が生じていた。それまで大統領は与党の党首を兼務し、与党を帝王のように支配し、かつ国家権力を行使した。その結果、与党の家産主義的な在り方がそのまま国政にも反映された。それが側近による政治腐敗の横行であった。大統領本人がいくら「清潔な政治」を心掛けても与党と政府の政治腐敗をコントロールすることはできず、金泳三大統領時代、そして金大中大統領時代はその子息ないしその側近の政治腐敗が曝露されて、この両人は韓国の民主化に果たした功績にもかかわらず、その末期や退任後に国民の厳しい批判を受けることになったのである。このように、大統領職と政党党首職の兼務は、政党が家父長的で家産主義的な原理に基づいて組織され運営される限り、必然的に政治腐敗を生み出すのは明白である。政治腐敗を起こす連鎖を断ち切るために、政党党首と大統領候補を分けることにしたのである。これはアメリカにおいても同じであるが、西ドイツにおいても、党代表あるいは党首と党の次期総理を目指す首相候補者を分けているので、この制度を導入することにしたのであった。

こうして、金大中大統領は与党の党首を辞任させられた。そして新しい党代表を選び、その党代表の下で次の選挙における大統領候補として国民に支持されるような人を大統領候補に選ぶというシステムが与党において導入されることになった。そしてこの次の大統領になる人を選ぶ方法として草の根の民主主義を実現するために、党員による予備選挙を中心にして、党を支持する一般国民にもその選出に参加する形をとるという党内選出制、「国民競選」と称される予備選挙制が導入されることになった。

まず、与党の新千年民主党内においては、二〇〇一年一一月に党改革と発展のための特別委員会が設置され、政党の支配構造と大統領候補推薦制度に関する制度の改革に関する討論が行われた。三時間の激しい討論と審議を経て、民主党特別委員会は一二月末に政党に改革案を提出した。その主要な内容は、現職大統領の政党総裁職兼任禁止、集団指導体制の導入、政党代表と大統領候補の分離、国会議員候補の上向的な公選制度、そして最後に「国民競選」と称される予備選挙制度を通しての大統領候補の選出というものであった(3)。この制度改革案は、従来の韓国政党の特徴であった、封建的、独裁的な三金政治を特徴づけるような政党のあり方を刷新し、党の大衆的支持基盤の拡大をはかる創造的な改革案でもあった。その中でも、とりわけ予備選挙制度という新しい大統領候補の推薦制度は最も衝撃的で革新的な改革であったと言えよう(4)。

この予備選挙制度は、開票型と閉鎖型の予備選挙を合わせた新しい予備選挙を通して大統領候補を選出する方式である。この予備選挙は、七万人の選挙人団が市・道別に巡回投票を経て、大統領候補を決定する方式である。その二分の一の三万五〇〇〇人については、選挙人を申請した国民の中から無作為で抽選で選び、残りの二分の一は党代表議員の内から抽選で決定した。そしてこの国民競選、つまり予備選挙の一〇％はインターネットを通して申請した人々に対して抽選方式を採択して、電子民主主義の時代に出現したネチズン達にもこの選挙人の一部の役割を割り当てることにした。以上のような内容の予備選挙制度の導入が決定された後、民主党は二〇〇二年三月七日、済州道からこの予備選挙を実施し、毎週毎に全国の市・道を巡回して、この予備選挙を続けた。そして四月二七日、ソウル地域での予備選挙を終え、最後に政党指導部から成る政党大会で、大統領候補が最終的に確定された(5)。

民主党において実施されたこの国民競選制度は韓国政党のあり方をエリート政党から大衆政党へと転換させる上において大きな契機となった。この国民競選制度は政党エリートが密室で決定する下向的な決定方式から一般党員と党を支持する一般国民が参加する上向的な方式による大統領候補の選出方式であり、有権者である国民に彼らの指導者を直接に選出させる道を開いた点では画期的な候補者選抜制度の改革であったと言えよう。

この国民競選制度の効果は絶大であった。この制度と政党改革によって国民達は民主党に対してそれまで持っていた悪いイメージを改善させたばかりでなく、民主党が選んだ大統領候補に対してマスコミ及び国民の関心を集中させることになった。今や国民たちは政党エリート達が決定した候補を自動的に受け入れるのではなく、自発的な参加に通じて彼らを代表する候補、彼らがなって欲しいと思われる人を候補にすることができた。この国民競選を通して国民たちは民主党の既得権勢力に支持された候補である李仁濟を退けて、彼らが大統領になってほしいと思う盧武鉉をリストの先頭に挙げることにした。前で述べたように、盧武鉉は三金以降の新しい政治を代表する政治家である。政党内勢力基盤が弱い盧武鉉は改革と変化を通して古い政治を清算し、新しい政治を求める国民たちの自発的で能動的な支持を基盤にして、予備選挙初期から先頭打者として浮上した。そして盧武鉉旋風が起こった。予備選挙の中盤に入って、盧武鉉が事実上民主党の大統領候補に確定したという世論調査が出た。それまで支持率で先頭打者であった野党のハンナラ党の李會昌候補を超えていた。そしてその絶頂期には、盧武鉉の支持率は六〇%で、対立する候補の李會昌に対しては二〇%以上の差をつけていた。このように、反対党のハンナラ党と与党の間で有権者の支持率の逆転現象が起こったのである。(6)

こうして、二〇〇二年の末の大統領選挙では、盧武鉉が大統領に当選し、改革を実行した民主党の政権のさらなる存続が可能となった。一方、選挙期間中、予想され得なかった盧武鉉旋風に驚いた李會昌とハンナラ党も民主党の政党改革と似たような政党指導体制の改革と大統領候補の予備選挙制度を採択した。李會昌は政党総裁職を辞退し、大統領予備選挙を通して候補に選出される道を選択した。こうして予備選挙は他の政党にも伝播して行った。国民競選制の導入と、それによってもたらされた盧武鉉旋風は、野党のハンナラ党の改革まで飛び火し、韓国の政党の改革の転換点となったのである。この点は韓国の民主化の進展という点で注目すべき出来事である。

二〇〇三年初め、第一六代大統領に盧武鉉が就任した。この盧武鉉大統領の就任は韓国の民主化の前期段階から後期段階への転換を画するものであり、その意義は任教授によると次の五つであると言う。第一は、腐敗政権をもたらした古い政治の清算である。第二は、地域主義が是正されて政党の支持よりも国民の支持が大統領となるためにより重要視されるようになった点である。第三は、金と組織の力が選挙で作用する力が弱まり、政治資金の透明性が高まった点である。第四は、選挙におけるネットの活用の重要性が決定的に重要になった点である。言うまでもなく盧武鉉の当選はインターネットを効果的に活用した「ノサモ」（盧武鉉を愛する集まり）の熱烈的な支持があって可能であった。ネチズンたちはサイバー網を通した討論を通じて盧武鉉のための選挙運動を行い選挙資金も集めた。こうして、インターネット選挙とイメージ選挙に依存する部分が極めて大きくなり、先進国のようにお金のかからない選挙を可能にし、かつ韓国政治の痼疾の地域対立ではなくて、政策対決の選挙がこれによって実現することになった。第五は、市民たちは自腹を切って自分たちの代表を国政のトップに立たせるために自ら自分の金で選挙運動を支えたという点である。実際、市民達は積極的に政治に参加し――それはネットという形が取られたが――その下からの自発的な選挙運動を行う際に市民一人ひとりが少ないが寄付を行っており、それは「豚貯金箱」と言われていた。このことは日本では考えられないような画期的な韓国における市民の民主的な成熟を表すものであろう。(7)

以上を要約するならば、韓国の人々は二〇〇二年の大統領選挙を通して変化と改革を約束した候補を大統領に選出させ、民主化の前期段階をリードした三金時代以後の民主主義をより強化するための政治改革の基盤を用意すると共に、選挙過程にも能動的に参加し、韓国民主主義の流れを変えて行った。また選挙過程の公正性、透明性を確保した点に選挙民主主義の転機を作り出したネットのオフラインあるいはオンラインの政策対決選挙を実現して選挙戦の先進化をもたらした点は特筆すべきであろう。

さて、二〇〇三年初めに登場した盧武鉉大統領の時代を作り出し支えたのは上記の三八六世代という三〇代後半から四〇代と五〇代初めの世代であった。従って、盧武鉉大統領の当選は韓国政治における世代交代を表すと同時に、その世代交代に伴う権威主義的政治文化から自由民主主義的政治文化への転換を画するものであったと言える。さらに、与党では少数派の代表者である盧武鉉が大統領候補選出方法として従来韓国では考えられ得なかった革命的な新しい予備選挙制導入のお陰で大統領になったが、国会における古い世代の政治家が多数を占める与党は、当然、想像されることではあるが、積極的には盧武鉉大統領の政権運営に対して支援する姿勢を示さなかった。従って、盧武鉉大統領がまず着手せざるを得なかったのは与党の再編であった。全羅道を主要な支持基盤とする地域政党という色彩が依然として濃い与党を全国民に開かれた新しい政党に作り替えようとした。新しい政党名は「開かれたウリ（我々の）党」である。大統領選挙の一年後に国会選挙が行われることになっていたので、二〇〇三年末に新党結成に漕ぎつけた。しかし、古い政治家は新党参加を拒否し、与党は二つに分裂した。そして二〇〇四年四月に行われる国会選挙に向けて選挙戦が始まった。ところが、開かれたウリ党の支持は思うようには伸びなかった。そこで大統領が与党を応援したが、このことを捉えて、野党は政治的中立を犯したという理由で大統領弾劾訴追の決議を提出した。それをこともあろうに古い政治家の集まりの旧与党も支持し、可決され、憲法裁判所に送られた(8)。

ここに至って初めて韓国において憲法裁判所が三権分立制の趣旨に沿って憲法の基本理念に照らして大統領弾劾訴追について国民世論を納得させる判断を下し、司法の独立性を示すかどうか、それが韓国における民主化の実現を試すバロメーターとなった。このように任期切れを前にした古い既得権を反映する議会と古い政治を清算し新しい政治の実現を目指す盧武鉉大統領との対立はただちに民衆レベルに反映された。盧武鉉を大統領に押し上げた彼の支援母体のノモサの呼び掛けに答えて大統領を支持する広範な民衆が街頭に出て、いわゆる「ろうそく集会」を繰り広げた(9)。このように街頭において民衆の意思が示されるや、憲法裁判所は大統領弾劾訴追を棄却した。そして総選挙では開かれたウリ党が議会の過半数以上の議席を獲得した。こうして盧武鉉大統領は残り四年間、議会の制約を受けることなく古い政治を清算して新しい政治を切り開く道が開かれたかのように見えた。

ところが、盧武鉉大統領の四年間の政治を概観して見た場合、それは、古い政治を清算し、新しい政治の展開を期待した三八六世代の期待に沿う方向には必ずしも進まなかったと言える。盧武鉉大統領は自分の政府を「参与政府」と称し、韓国成立後に構築された李氏朝鮮時代の家産主義的な政治文化をその深層において持つ極端な反共・保守主義で凝り固まった既得権益層の支持基盤を掘り崩す政策の展開を開始した。それは、具体的には（ヘンダーソンの言う「渦巻き型」政治の克服を目指す）首都移転、国家保安法の撤廃、私学法改正、（既得権益層の掌握する）マスコミ改革、過去史清算、などである。それは一種の近代化革命であると言える。従って、こうした革命を成就するためには、国家の進むべき未来ヴィジョンを提示し、かつその実現のための準備とそれを実行する強力な組織が必要であったろうと思われる。ところが、大統領職に就いたとはいえ、こうした課題は、近代化を求める人々にとっては、確かに韓国がより民主主義的な国家に生まれ変わるために必要であるとは考えられてはいたが、準備もなくいきなり韓国という国家の「反共・保守」の岩盤を大統領を中心とする少数で壊そうとする行為であったために、既得権益層の猛烈な反撃に会い、過去史清算の一部のみが実現し、頓挫するはめに陥った。とはいえ、日本植民地時代の対日協力者や独裁時代の人権弾圧の真相究明、並びに朝鮮戦争直前に起きた済州道四・三事件の真相究明などへの道を開くことには一応成功した[10]。こうして古い政治の清算は進まず、今日の文大統領時代までその課題が引く継がれることになり、いまだその解決のめどが立っていないように思われる。

盧武鉉大統領は、それを支える三八六世代の人々と共に、自国をどのような国に作り変えるべきかの明確なヴィジョンとそれを実行する具体的な計画やそれに基づく政策体系を持っておらず、古い政治をただ壊せば新しい政治が生まれるというナイーヴな正義感に基づいて行動したという印象を拭いきれない。それは経済政策においても見られる。盧武鉉政権はアメリカとの関係の中で、金大中前政権の取った新自由主義経済政策を続行した。この新自由主義経済政策の実行によって従来からあった社会の貧富の格差はさらに拡大した。任教授によると、新自由主義経済政策とは「黄金の囚人服[11]」であるので、この「黄金の囚人服」を着せられて身動きできなくなった状態にあって、盧武鉉大統領及びそれを支える勢力は「黄金の囚人服」を脱ぎ捨て、それに代わる貧富の格差を出来るだけ少なくして韓国経済を発展させる経済戦略を持ち合わせていなかったために、ずるずるとその政策を続けた。また外政においても、アメリカの要請に基づいてイラク戦争への派兵、米韓ＦＴＡの締結などを行なっている。

こうして、盧武鉉政権は新しい政治を期待した多くの民衆の期待に応えることがなく、当然、民衆の支持の熱意も次第に冷めて行った。それに反して、盧武鉉政権が初めに着手した既得権益層の岩盤への切込みに対する既得権益層の反撃はすさまじい勢いで急速に高まった。[12]既得権益層も、「ノサモ」に象徴される市民運動を逆用する形で、盧武鉉を支えた新しい世代が下からのＩＴを通じての市民運動を展開したことをまねて、六〇代、七〇代の古い軍事政権を支えた保守層が新しい盧武鉉政権によってその既得権が奪われることを恐れて、彼らも街頭に出て市民運動を展開し、保守と革新の市民運動同士の衝突が始まり、韓国における民主化の後期段階は「街頭デモクラシー」として展開されることになった。[13]

二〇〇七年末の大統領選挙では野党の李明博候補が当選した。同政権とそれを継いだ朴槿恵政権の下で、韓国の民主化の後期段階においては、一時、後期段階の民主化の揺り戻しがあった。[14]そしてその揺り戻しをもう一度、民主主義の方向に前進させたのは日本でも有名な朴大統領の退陣を求める全国に渡る「ろうそく集会」の展開とそれに促された国会の朴大統領弾劾訴追の決議に基づく憲法裁判所の罷免判決であった。そして「街頭デモクラシー」の力で今の文政権が誕生した。こういう点を勘案すると、戦後日本の民主主義は外から与えられた民主主義であると見られるなら、もう一つの、韓国の民主化時代と同じ時期に民主化を成し遂げた台湾における民主主義は国民党の李登輝大統領が企てた上からの民主主義であるのに反して、韓国における民主主義は自生的で下からの民主主義であった、と見る人もいる。[15]

【注】

（1）武川正吾・李へギョウン編『福祉レジームの日韓比較——社会保障・ジェンダー・労働市場』東京大学出版会、二〇〇六年、五四頁以下。

（2）安 世舟「韓国政治の民主化の新展開——盧武鉉大統領弾劾事件が象徴する政治文化の変容」『国際比較政治研究所』（大東文化大学）のニューズレター、No. 14、二〇〇五年、二—三頁。
（3）任爀伯、前掲書、一四七頁。
（4）同書、一四八頁。
（5）同書、一四八頁。
（6）同書、一四八頁。
（7）同書、一五二—一五四頁。
（8）Young Mi Kim, The Politics of Coalition in Korea, 2011, p. 154.
（9）任爀伯、前掲書、一五二—一五五頁。
（10）木宮正史『国際政治のなかの韓国現代史』、一五八—一五九頁、安 世舟、前掲論文、五—六頁。
（11）任爀伯、前掲書、三一、三四頁。
（12）韓国の既得権益層の盧武鉉大統領に対して抱く感じ方や見方は次に紹介する崔書勉の言葉に表れている。崔書勉は一九五七年来日し一九八八年帰国するまでの約三〇年間韓国の保守右派と日本の保守右派との間のパイプ役を演じた「日韓外交の怪物、最後のフィクサー」（箱田哲也朝日新聞論説委員の評）と言われたが、来日前は朝鮮信託統治案賛成の張徳秀暗殺の首謀者であり、釈放後李承晩政権時代の野党の指導者の張勉の右腕でカトリック教大主教の秘書であった。二〇二〇年死去しているが、二〇一一年から二〇一八年まで一六回にわたる、静岡県立大学の小針進教授を中心とする数名の日本の学者による、「日本語によるオーラルヒストリー記録」が二〇二二年に刊行された。その中に、盧武鉉大統領についてこう述べている。「歴代大統領の中で……公平な人事をやったことは、評価してもいいのではないか。ただ問題は、お父さんが共産党の組織の責任者であったし、奥さんのお父さんはパルチザンであったし、そういうことで共産主義者に対する偏愛があったと思うので、平壌にいた時のこともいろいろ疑わしい話がたくさんあります。現在韓国で、先ほど来問題になっている教科書問題の左翼的要素などは、盧武鉉の時代に一番繁盛したことなので、大韓民国という国の長い歴史の中から見るとはずれた大統領であるが、任期間の業績は先ほど申し上げた内容です」（小針進編『崔書勉と日韓の政官財人脈——韓国知日派知識人のオーラルヒストリー』同時代社、二〇二二年二月、五六六頁）。この崔書勉の盧武鉉大統領の捉え方はあたかも盧武鉉大統領が北朝鮮の回し者であるかのように捉えられている。既得権保守層が猛烈に反発したことはこの評価から推察されよう。

(13) カン・ムング教授は、「韓国の民主的鞏固化における盧武鉉政権の貢献と限界」について、韓国における民主化の前期段階から後期段階への移行の困難さの問題と関連させて啓発的な示唆を行なっている。同教授によると、民主化の前期段階を実現した金泳三、金大中の両金の大統領時代は政治的民主主義の実現および社会福祉制度の基礎的な部分の確立において全国民の圧倒的な支持があった。その理由は、両金大統領の改革目標が明確であったので、両大統領の支持勢力はそれぞれ結集して両大統領の政策を支持した。そして政策を実現する手法も従来と同様に既存の政党の支持勢力に依拠し、同時に既得権益層の勢力とも妥協して、成果を出すことができた点にある。ところが、両金の大統領の誕生と比べると、まず盧武鉉政権の誕生は異例とも言える出来事の連続であった。その一つは政党を媒介にしないで選挙で当選した点である。

与党の大統領候補の選出方法として新しく予備選挙が導入され、党内のさまざまな勢力との妥協の下で候補として選出されるのではなく、SNSなどが利用されて直接的に国民によって大統領候補に選出され、さらにその勢いを借りて大統領に当選しており、その選出過程が極めてポピュリズム的である。次に、盧武鉉大統領誕生は一部を除く与党を含む既得権益層にとって衝撃の事態であり、それは大統領選挙一年後の議会選挙前に大統領弾劾の形で表明された。それに対して、その反作用として、盧武鉉大統領を支持する民衆の街頭でのろうそく集会が全国的に展開された。盧武鉉大統領は街頭の民主主義の高揚を背景に与党を地域割拠主義的な政党から全国民的政党への近代的政党としての脱皮を図る意味で「開かれたウリ〔われわれの〕党」を作って総選挙に臨み勝利した。この二点は、従来の韓国政治においては見られない、異例かつ革新的な出来事である。さて、盧武鉉大統領は自分の政権を国民の政治への直接的な参与から生まれたことから「参与政府」と称し、民主主義、均衡に発展する社会、東北アジア時代、という三大国政目標を掲げた。次に、この国政目標を具体的に実現する政策プランとして、外交、統一、国防分野では韓半島の平和体制の構築、政治行政分野では腐敗の無い社会、奉仕する行政、地方分権と国家均衡発展、参与と統合の政治改革、経済分野では自由で公正な市場秩序の確立、東北アジア経済中心国家建設、科学技術中心社会、未来を切り開く農漁村、社会文化・女性分野では参与福祉と生活の質の向上、国民統合と両性の平等の実現、教育改革と知識文化強国実現、社会統合的な労使関係の構築など一二の国政改革課題を提起した。盧武鉉政権の改革目標は韓国民主化の後期過程で解決が期待されている課題であるが、その内容は包括的で曖昧である。もしその実現を目指すなら、課題間の優先順位を明確にし、まず実現可能な課題を選定、その課題に関係する利害関係者との関係に応じて改革推進力の結集と組織化や、それを実現する政策遂行の組織体制の編成、次に反対勢力の説得などの準備段階を経ることなく、従来の大統領が行った政策決定と執行という権威主義的な方式を踏襲して、つまり政党を媒介にせず、そして計画性を持たず、さらにそれを実現するための制度の制定を行わず、国民に直接に訴えるポピュリズムに依拠するやり方で政策の実現を図ろうとした。ともあれ、盧武鉉政権の掲げる政策は、民主化の前期段階で実現できなかった課題、つまり「より多くの民主主義（more democracy）」の実現であるので、既得権益層から見るなら、それは急進的に映ったことは言うまでもない。そして、一部の政策の実現で、それを支持する勢力は歓迎したが、多くは反対するようになり、さらに経済政策においては新自由主義政策を続行しようとしたことから、貧富の差がますます広まり、大統領支持勢力の分裂が始まった。それと同時に彼の掲げた政策はあまりにも過激であるが故に、保守・反共の岩盤が強い韓国では、その岩盤の朝鮮日報、東亜日報などの大新聞とその傘下のマスディアを含めてソウルの江南地区の財閥が盧武鉉政権批判の世論形成に主導権を掌握するようになり、さらに、政権による改革でその権益が否定される人々が結集して、盧武鉉がやったと同じ方法で反撃に出た。つまり保守勢力も大衆を動員して街頭に出たのである。こうして政策遂行は遅々として進まず、大統領に期待したその支持勢力も分散し、大統領とその側近は孤立するようになった。そこに韓国における民主化の後期段階の限界があった。大統領がその課題を実現するために、まず当面達成すべき目標を明確にし、その実現を漸進的に行い、と同時にそれを実現するための勢力を糾合すべきであった。また、従来の大統領のように権威主義的な政策決定や執行のやり方ではなく、中間層を味方につけ、中間団体の様々な勢力の糾合と提携を図るべきであったが、それらが無視された。それ故に、彼のポピュリズム的政治は限界に突き当たり、かえって保守勢力を結集させ民主化の後退の一つの契機を作った。この点では盧武鉉政府は韓国における民主化過程において一つのマイナスであったと見られる。（カン・ムング「韓国の民主的鞏固化と盧武鉉政府――貢献と限界」『大韓政治学会報』第二〇集第二号、二〇一二年一〇月、二六四頁、二六六頁、二七一―二七二頁、二七四頁、二七八―二八〇頁）。なお、カン・ムング教授の他にも盧武鉉の成果と限界、その政治技術の面でのアマチュア性を論究した研究として次のものがある。韓半島社会経済研究会編『盧武鉉時代の挫折―進歩の再構成のための批判的診断』チャンビ、二〇〇八年。金萬欽『民主化以降の韓国政治と盧武鉉政権』ハンウル、二〇〇六年。

（14）任爀伯、前掲書、四四七―四四八頁。

（15）同書、一二一頁。

あとがき

心理学的アプローチを用いて現代政治の動態分析を行なった現代アメリカ政治学の創設者の一人のラスウェルは、広島、長崎への原爆投下というトルーマン大統領の政策決定が短期的に見れば、日本の降伏を早めた点では、その成果があったように見られるが、しかし、それは長期的に見た場合、人類の生存に関わるメガ政策決定である点から推し測るなら、悲劇的なほど誤っていた、と強く反省的に捉え直している。そして民主主義の政治学、とりわけ政策決定過程を実証的に研究する政策科学は全ての政策決定が人間の尊厳を最大限に尊重する結果を生み出すものでなくてはならないという問題意識を持って研究すべきである、と主張した。ラスウェルはこの主張を政策科学の目的に掲げているが、私もその通りであると思う。

その独自の生存を自主的な権力を持って確保できる国家を持たない民族は、これまでどれほど人間の尊厳を否定され続けてきたか、世界史が証明している。韓国民族も国家を失い、人間の尊厳を否定され続けてきたが、第二次大戦後、外から強要される形でようやく一九四八年に新しい国家を持ったが、しかし、残念ながら、その下でも人間の尊厳の多くが否定され続けたと見られよう。しかし、一九八〇年代後半以降、民主化運動の高まりによって人間の尊厳を最も尊重する政治体制と信じられている自由民主主義体制が韓国にもようやく確立され始め、人間の尊厳が少しは尊重されるようになった。この流れは絶対に止めてはならないだろう。

私は家の都合で、大学への進学を諦めざるを得ず、三年間、徴兵されて第一線で特殊部隊の一員として韓国を守るために青春の一時期を過ごした。その間、軍隊という「人間機械」の一部分になるよう強制され、自分の自由意思を殺して条件反射的に上官の命令通りに動く兵隊機械の一部となっていた。その時でさえ勉学の志は強く抑えることはできなかった。何故に韓国は三五年間、日本の植民地にされ、さらに国際政治の成り行きの結果、民族は二つに分断される中で生存を強要されているのか、その疑問を解き明かすことが自分の考えを確立するためにも必要であり、そして自分がその一員である韓国民が自由で平和な生活をするためにも、重要であると考えた。そしてこの疑問を解き明かす学問を志すことが次の人生の目標に定められた。学問をする道は日本への留学で達成しようと考え、その資金集めのために、除隊後、色々な仕事をこなし、金が稼げるといううわさを聞いて遠洋漁業の船員になって一年有余世界の海を回った。その中で世界の中で韓国のあり方を考えた。そしてようやく日本で勉強できる最低限の資金を確保して、朝日新聞の奨学生試験に合格し来日した。二十代後半になっていた。

新聞配達をしながら、日本語学校および専門学校で情報処理を含めて初めは生活のことを考えて理系大学を目指して勉強を続け、四年が経過した。そして念願通り大学の門をくぐることはできた。それが母校となった大東文化大学である。一九九五年、同大学の経済学部経営学科に入学した。卒業後大学院の進学を目指していた四年生の時、法学部政治学科の安教授の政治学原論の授業を受講することができた。そして大学卒業後、政治学を学ぶことのできる安教授のいる法学研究科政治学専攻博士前期課程に進学したが、生活のために一時中断はあったが、さらに後期課程へ進んだ。ようやく五三歳になって少年時代の勉学の志が少しは実って、未熟であるが、本書の元になった学位論文を仕上げることができた。

これまで韓国の政治に関して、その政治力学の動態を解明するためにはマクロ的アプローチが多く用いられてきた。それとは逆に政治によって大きく左右される国民の一人ひとりの生活のレベルに焦点を当てて時代の変化を特徴付けるキーワードを手がかりに韓国政治のミクロ分析を行っている研究（李泳采・韓興鉄『なるほど！これが韓国か——名言・流行語・造語で知る現代史』）もある。私はこのマクロとミクロの中間領域の政策過程に焦点を当てて韓国政治のあまり見えてこなかった局面の解明を試みた。それが本書の内容である。私は通常のコースを辿った日本人の研究者と比べると、学問と研究に費やす時間が絶対的に少ないが、しかし問題意識は明確である。

今日、日韓・韓日関係がぎくしゃくしている。両国の政治制度や政治的価値観は類似しているが、政治文化が異なるためにお互いに認識のギャップが生まれ、時々お互いに感情的になり、正しい認識を持てなくなっているところに起因するようだ。地理的環境は変えることができないのである。両国の未来志向的な関係の構築に本書がいささかでも貢献できればと念願している。今後とも未熟であるが、学問を続け、本書の未熟なところを補足し、さらに精進したいと思う。

本書ができるまでには、多くの方々のご指導とご編達を頂いた。

まず、博士前期課程を指導して下さった指導教授の安 世舟先生に、心から感謝の意を表すとともに、先生の益々のご健康とご多幸をお祈りしたい。博士後期課程を指導して下さった指導教授の中村昭雄先生と加藤普章先生にも心から感謝申し上げげたい。保坂三蔵先生（元経済産業副大臣、元参議院議員、現日韓親善協会中央会副会長、現東京日韓親善協会連合会会長）には、いつも生の日本政治を勉強させて頂き、感謝の言葉がないぐらいである。

次に、韓国の成均館大学校に在外研究中ご指導下さった、權祈憲教授（元韓国政策学会会長、現成均館大学校教授、成均館大学校国際情報政策電子政府研究所長、現成均館大学校大学院大学院長）および在外研究中に色々お世話になった、李スルキ助教に感謝の意を表したい。また、博士論文の執筆の際、参考文献の御教示を賜った安 章浩先生（尚美学園大学教授）に心から御礼を申し上げたい。

また、博士論文の執筆を励まして下さった永野慎一郎先生（大東文化大学名誉教授）、渡部茂先生（元大東文化大学学長）、山崎俊次先生（元大東文化大学副学長）、大杉由香先生（現大東文化大学教授）、清水和恵様（現東京日韓親善協会連合会参与）、保坂まさひろ議員（現東京都都議会議員）にも、感謝申し上げげたい。そしていつも暖かく見守って下さった東京日韓親善協会連合会の皆様、木村光男様（現東京日韓親善協会連合会理事）、芹沢幸雄様（現東京日韓親善協会連合会理事）に感謝申し上げたい。

最後になったが、三一年間、一生懸命支えてくれた妻の安銀煥と長女の洙浄と次女の慧浄に、心から感謝申し上げたい。

二〇二二年五月

洪　性暢

人名索引

ア行

カ行

サ行

タ行

ナ行

ハ行

マ行

ヤ行

ラ行

＊韓国人名は現地読みにした。

事項索引

【ア行】

【カ行】

事項索引

【サ行】

【タ行】

【ナ行】

【ハ行】

【マ行】

【ヤ行】

【ラ行】

参考文献

【一次資料】

SBS 스페셜「헌법의 탄생」의 인터뷰, 장슬기 기자. SBSスペシャル「憲法の誕生」のインタビュー、チャン・スルギ記者、2017年7月17日、日曜日、夜11時5分(55分).

『한국일보〔韓国日報〕』「사설―민심은 달라지지 않은 야당을 심판했다〔社説―民心は変わらない野党を審判した〕」、2020年04月16日.

『국민일보〔国民日報〕』「사설―엄중한 총선 민의 직시해 낡은 정치 쇄신하라〔社説―総選挙の厳重な民意直視し、古い政治を刷新せよ〕」、2020年04月16日.

『국회의원선거법중개정법률안심사보고서〔国会議員選挙法中改正法律案審査報告書〕』内務委員会、1991年12月.

『경향신문〔京郷新聞〕』、「사설―되살아난 지역주의, 개탄스럽다〔社説―蘇った地域主義、嘆かわしい〕」、2020年04月15日.「사설―여당의 단독 과반, 민심은 국정 안정을 택했다〔社説―与党の単独過半数、民心は国政の安定を選んだ〕」、2020年04月16日.

『서울경제〔ソウル経済〕』「사설―국난 극복에 힘 실어줘…국정기조 대전환하라

민주당 압승으로 정국 주도권…정책 바로잡을 기회 준 것〔社説―国難克服に力を与えてくれた…国政基調を大転換せよ. 民主党圧勝で政局の主導権…政策を正す機会を与えたもの〕」、2020年04月16日.

『서울신문〔ソウル新聞〕』「사설―민주당 16년 만의 과반의석、겸손하게 국정운영하라〔社説―民主党16年ぶりの過半議席獲得、謙虚に国政運営せよ〕」、2020年04月16日.

대한민국국회회의록〔大韓民国国会会議録〕.

제136회국회, 국회본회의회의록, 제1호, 대한민국국회사무처〔第136回国会、国会本会議会議録、第1号、大韓民国国会事務處〕、1987年9月18日.

중앙선거관리위원회〔中央選挙管理委員会〕(1993)

『통합선거법제정에관한의견서「総合選挙法制定〔に関する〕意見書」』.

『중앙일보〔中央日報〕』「사설―국난 극복 위해 여당 손 들어준 민심 겸허히 수용해야〔社説―国難克服のために、与党は手を上げてくれた民心を謙虚に

受け止めるべき〕」、2020年04月16日.
『조선일보〔朝鮮日報〕』「사설—기록적 與 압승, 전례 없는 이 힘을 국민 위한 정책 전환에 쓰길〔社説—記録的な与党の圧勝、前例のないこの力を国民のための政策転換に使うべし〕」、2020年04月16日.
『동아일보〔東亜日報〕』「사설—압승한 與, 겸손한 자세로 코로나 국난 극복 협치 나서라〔社説—圧勝した与党、謙虚な姿勢でコロナ国難克服のための協力すべし〕」、2020年04月16日.
『한겨레신문〔ハンギョレ新聞〕』「사설—문재인 정부　힘 실은 민심、야당을 심판했다〔社説—文在寅政府に力を与えた民心、野党を審判した〕」、2020年04月16日.
『매일경제신문［毎日経済新聞］』「사설—이제 국회가 경제　살리기 앞장 서라
21대 국회는 지난 4년 역대 최악 국회　되풀이 말고 진정한 협치의 정신으로 위기돌파의 리더십 보여야〔社説—今国会が経済再生先頭立て21代国会は、過去4年間歴代最悪国会繰り返せず協力の精神で危機突破のリーダーシップ見せるべし〕」、2020年04月16日.
노・사・정위원회［労・使・政委員会］（1998）
『1998년　노・사・정활동현황［1998年労・使・政委員会活動現況］』.

【日本語文献】

〔著書〕

秋吉貴雄（2017）『入門 公共政策学——社会問題を解決する「新しい知」』（中公新書）中央公論社.
浅野一郎・河野久編（2003）『新・国会事典——用語による国会法解説』有斐閣.
浅羽祐樹（2015）『韓国化する日本、日本化する韓国』講談社.
芦部信喜（1999）『新版補訂版 憲法』岩波書店.
李範俊（2012）『憲法裁判所——韓国現代史を語る』（在日コリアン弁護士協会訳）日本加除出版.
李泳采・韓興鉄（2006）『なるほど！これが韓国か——名言・流行語・造語で知る現代史』（朝日選書）朝日新聞社.
飯坂良明・富田信男・岡沢憲芙編（1987）『政党とデモクラシー』学陽書房.
飯坂良明・堀江湛（1981）『議会デモクラシー——現代政治の危機と再生』学陽書房.
池畑修平（2019）『韓国内なる分断——葛藤する政治・疲弊する国民』平凡社.
猪口孝編（1993）『アジア太平洋の戦後政治』（朝日選書）朝日新聞社.

イングルハート，ロナルド（1993）『カルチャーシフトと政治変動』（村山皓・富沢克・武重雅文訳）東洋経済新報社.
ウィーアルダ, ハワード・J．編（1988）『比較政治学の新動向』（大木啓介・大石裕・佐治孝夫・桐谷仁訳）東信堂.
内山秀山（1982）『政治発展の理論と構造』未來社.
大久保史郎・徐勝編（2003）『現代韓国の民主化と法・政治構造の変動』日本評論社.
大谷博愛・磯崎育男（2000）『政策の国際比較——新たな政策創造と市民』芦書房.
大西裕（2005）『韓国経済の政治分析——大統領の政策選択』有斐閣.
大西裕編（2013）『選挙管理の政治学——日本の選挙管理と「韓国モデル」の比較研究』有斐閣.
大山穂・下山英二編（1994）『開発途上国の官僚制と経済発展』アジア経済研究所.
小倉紀蔵（2017）『朝鮮思想全史』（ちくま新書）筑摩書房.
小此木政夫編（2005）『韓国における市民意識の動態』慶應義塾大学出版会.
大林啓吾・白水隆編（2018）『世界の選挙制度』三省堂、「韓国」（執筆者：水島玲央）。
小野耕二（2001）『比較政治』東京大学出版会.
粕谷裕子編著（2010）『アジアにおける大統領の比較政治学』ミネルヴァ書房.
加藤普章（1990）『多元国家カナダの実験——連邦主義・先住民・憲法改正』未來社.
加藤普章（2002）『カナダ連邦政治——多様性と統一への模索』東京大学出版会.
蒲島郁夫（1988）『政治参加』東京大学出版会.
川田侃（1977）『南北問題——経済的民族主義の潮流』東京大学出版会.
姜在彦（2001）『朝鮮儒教の二千年』（朝日選書）朝日新聞社.
韓国社会科学研究所社会福祉研究室（2002）『韓国の社会福祉』（金永子編訳）新幹社.
金哲洙（1998）『韓国憲法50年——分断の現実と統一への展望』敬文堂.
金浩鎮（1993）『韓国政治の研究』三一書房.
金浩鎮（2007）『韓国歴代大統領とリーダーシップ』（小針進・羅京洙訳）つげ書房新社.
木村幹（2000）『朝鮮・韓国ナショナリズムと「小国」意識——朝貢国から国民国家へ』ミネルヴァ書房.
木村幹（2003）『韓国における「権威主義的」体制の成立　李承晩政権の崩壊まで』ミネルヴァ書房.
木村幹（2008a）『韓国現代史——大統領たちの栄光と蹉跌』岩波書店.
木村幹（2008b）『民主化の韓国政治　朴正熙と野党政治家たち1961 ～ 1979』名古屋大学出版会.

清宮四郎（1971）『新版　憲法Ⅰ』（法律学全集3）有斐閣.
クー，ハーゲン（2004）『韓国の労働者——階級形成における文化と政治』（滝沢秀樹・高龍秀訳）御茶の水書房.
久米郁夫ほか（2003）『補訂版政治学』有斐閣.
クリック，バーナード（1990）『現代政治学入門』（添谷育志・金田耕一訳）新評論.
孔義植・鄭俊坤（2005）『韓国現代政治入門』芦書房.
孔星鎮・川勝平太編（1997）『韓国の政治——南北統一をめざす新・先進国』早稲田大学出版部.
小林昭三『ワイマール共和制の成立』成文堂、1964年。
小林昭三『ワイマール大統領論研序説』成文堂、1980年。
小林良彰（1997）『現代日本の政治過程——日本型民主主義の計量分析』東京大学出版会.
小針進他編（2022）『崔書勉と日韓の政官財学人脈——韓国知日派知識人のオーラルヒストリー』同時代社.
駒村圭吾・待鳥聡史編（2016）『「憲法改正」の比較政治学』弘文堂.
作本直行編（1998）『アジア諸国の民主化と法』アジア経済研究所.
サッチャー，マーガレット（1996）『サッチャー回顧録』（石塚雅彦訳）日本経済新聞社.
佐藤幸人編（2001）『新興民主主義の経済・社会政策』アジア経済研究所.
サルトーリ，ジョヴァンニ（1980）『現代政党学——政党システム論の分析枠組み』早稲田大学出版部.
サルトーリ，ジョヴァンニ（2000）『比較政治学——構造・動機・結果』（岡沢憲芙監・工藤裕子訳）、早稲田大学出版部.
シュミッター，フィリップ・C.／ゲルハルト・レームブルッフ編（1984）『現代コーポラティズムⅠ　団体統合主義の政治とその理論』（山口定他訳）木鐸社.
シュミット，カール（1974）『憲法論（1928年）』（阿部照哉・村上義弘訳）、みすず書房.
新東亜編輯室編（1980）『朝鮮近代史年表』（鈴木博訳）三一書房.
愼斗範（1993）『韓国政治の現在——民主化へのダイナミクス』有斐閣.
申栄錫（2011）『韓国歴代政権の統一政策の変遷史』（中戸祐夫・李虎男訳）明石書店.
鈴木敬夫編訳（1984）『現代韓国の憲法理論』成文堂.
周藤吉之（1980）『高麗期官僚制の研究——宗制との関連において』法政大学出版局.
高安雄一（2014）『韓国の社会保障——「低福祉・低負担」社会保障の分析』学文社.
田口富久治（2001）『戦後日本政治学史』東京大学出版会.

武川正吾・李へギョン編（2006）『福祉レジームの日韓比較——社会保障・ジェンダー・労働市場』東京大学出版会.
武田幸男・宮嶋博史・馬渕貞利（1993）『朝鮮』朝日新聞社.
田中誠一（1997）『韓国官僚制の研究』大阪経済法科大学出版部.
田中誠一（2001）「韓国政治の構造と課題」岡野加穂留他編『比較政治学とデモクラシーの限界臨床政治学の展開』東信堂.
谷浦孝雄編（2000）『21世紀の韓国経済——課題と展望』アジア経済研究所.
ダール，ロバート・A.（1999）『現代政治分析』（高畠通敏訳）岩波書店.
池東旭（2002）『韓国大統領列伝——権力者の栄華と転落』（中公新書）中央公論社.
池明観・五十嵐正博・岡田正則・名古道功編（2002）『日韓の相互理解と戦後補償』日本評論社.
崔章集（2012）『民主化以後の韓国民主主義——起源と危機』（磯崎典世他訳）岩波書店.
辻中豊（1988）『利益集団』東京大学出版会.
筒井清忠編（2017）『昭和史講義3——リーダーを通して見る戦争への道』ちくま新書.
土岐寛・加藤普章編（2000）『比較行政制度論』法律文化社.
中野実（1992）『現代日本の政策過程』東京大学出版会.
中邨章（1997）『官僚制と日本の政治——国が変わる、行政が変わる』北樹出版.
南部鶴彦他編著（1994）『欧米の規制緩和と民営化——動向と成果』大蔵省印刷局.
西川知一（1986）『比較政治分析枠組』ミネルヴァ書房.
西原正編（1976）『東アジアの政治的腐敗』創文社.
日本財政学会編（2005）『グローバル化と現代財政の課題』有斐閣.
日本政治学会編（2006）『市民社会における政策過程と政策情報』木鐸社.
河信基（1990）『朝鮮が統一する日——盧泰愚大統領の挑戦』日本評論社.
朴一（1992）『韓国—— NIES 化の苦悩』同文館.
朴一（2002）『韓国——経済開発と民主化のジレンマ〔増補二版〕』同文館.
朴一（2004）『変貌する韓国経済』世界思想社.
朴正熙（1970）『朴正熙選集①韓民族の進むべき道、②国家・民族・私、③主要演説集』鹿島研究所出版会.
朴正熙（1973）『民族の底力』産経新聞社出版局.
バジョット，ウォルター（1970）『イギリス憲政論（1967年）』（小林春雄訳）世界の名著60、中央公論社.
原彬久編（1996）『国際関係学講義』有斐閣.

原田鋼（1968）『政治学原論』朝倉書店.
原田尚彦（1992）『地方自治の法としくみ（補訂版）』（学陽選書）学陽書房.
韓洪九（2015）『韓国・独裁のための時代――朴正熙「維新」が今よみがえる』（李泳采監訳・解説／左相洋子訳）彩流社.
ハンチントン, サミュエル・P．（1995）『第三の波――20世紀後半の民主化』（坪郷實他訳）三嶺書房.
ハンチントン，サミュエル・P．（2000）『文明の衝突と21世紀の日本』（鈴木主税訳）（集英社新書）集英社.
東田親司（2004）『現代行政と行政改革――改革の要点と運用の実際』芦書房.
福田有広・谷口将紀編（2002）『デモクラシーの政治学』東京大学出版会.
ブランド，デイヴィッド／ケネス・ワトキンス（1973）『イギリスは甦るか』（安世舟ほか訳）サイマル出版会.
フレンケル，エルンスト（1994）『二重国家』（中道寿一訳）ミネルヴァ書房.
ヘンダーソン，グレゴリー（1973）『朝鮮の政治社会――渦巻型構造の分析』（鈴木沙雄・大塚喬重訳）サイマル出版会.
ベンディクス，ラインハルト（1982）『国民国家と市民的権利――西洋社会の転換と公権力』（河合秀和訳）岩波書店.
ベントリー, アーサー・F．(1994)『統治過程論――社会圧力の研究』（喜多靖郎・上林良一訳）法律文化社.
堀江湛（1981）『議会デモクラシー――現代政治の危機と再生』学陽書房.
真渕勝（2009）『行政学』有斐閣.
水島次郎（2001）『戦後オランダの政治構造――ネオ・コーオポラティズムと所得政策』東京大学出版会.
武藤正敏（2001）『日韓対立の真相』悟空出版.
文京洙（2005）『韓国現代史』岩波書店.
文京洙（2015）『新・韓国現代史』岩波書店.
モムゼン，ヴォルフガング・J．（1994）『マックス・ヴェーバーとドイツ政治1890～1920 I』（安世舟他訳）未來社.
森山茂徳（1988）『韓国現代政治』東京大学出版会.
安 章浩・新谷浩史（2014）『変動期の公共政策――変容する行政への理論的接近とその実際』学陽書房.
安 章浩（2014）『憲法改正の政治過程――ドイツ近代憲法政治史から見えてくる憲法の諸相』学陽書房.
安 世舟（1999）『現代政治学の解明』三嶺書房.
安 世舟ほか（2000）「政治理論の研究」『ハンドブック政治学入門53講――資料と解説』大東文化大学法学部政治学科編.

藪野祐三（1984）『近代化論の方法――現代政治学と歴史意識』未來社.
尹景徹（1986）『分断後の韓国政治――1945～1986年』木鐸社.
尹健次（2000）『現代政治の思想――1980～1990年代』岩波書店.
尹昶重（1995）『金泳三大統領と青瓦台の人々』（平井久志訳）中央公論社.
読売新聞政治部（2003）『法律はこうして生まれた――ドキュメント立法国家』（中公新書ラクレ）中央公論社.
ライシャワー，エドウィン・O.（2001）『ライシャワーの日本史』（國弘正雄訳）（講談社学術文庫）講談社.
リンス，J.／バレンズエラ，A. 編『大統領制民主主義の失敗――その比較研究』（中道寿一訳）南窓社.
ルアード，イヴァン（1992）『グローバルポリティクス』（大六野耕作訳）人間の科学社.
ロー，ダニエル（2017）『「地政心理」で語る半島と列島』藤原書店.
蝋山正道（1969）『日本における近代政治学の発達』新泉社.
和田春樹・石坂浩一編（2002）『現代韓国・朝鮮』岩波書店.

〔論文〕

浅羽祐樹（2008）「ハンナラ党は自民党の前轍を踏もうとしているのか――中選挙区制における候補者擁立戦略と2006年韓国地方選挙の分析」『山口県立大学学術情報（国際文化学部紀要）』1、1-14頁.
浅羽祐樹（2009）「韓国における政党システムの変容――地域主義に基づく穏健多党制から2大政党制・全国政党化へ」『山口県立大学学術情報（国際文化学部紀要）』2、16-29頁.
大西裕（2004）「韓国におけるイデオロギー政治の復活」『国際問題』535号（10月）、17-30頁.
木船久雄（2003）「英国の電力改革――NETA以前・以降の成果と評価」『名古屋学院大学論集』社会科学篇、第40巻第2号、19-37頁.
木宮正史（1999）「韓国における経済危機と労使関係レジームの展開――政労使委員会の活動を中心に」『韓国の経済体制改革に関する研究』産業研究所、40-55頁.
国分紀子（2000）「韓国憲法における民主主義と立憲主義」全国憲法研究会編『憲法問題』第11号、三省堂、90-102頁.
田中誠一（2000）「韓国政治の構造の過程に関する一考察――権威主義から民主主義体制への移行とそれに伴う諸問題を中心として」『大阪法科大学法学論集』第47号、247-278頁.
田巻松雄（2011）「外国人労働者問題の日韓比較に関するノート」『宇都宮大学

国際学部研究論集』第32号、83-95頁.
水島玲央（2016）「シンポジウム　憲法適合的解釈についての比較法的検討7. 韓国」『比較法研究』第78号、88-103頁.
安 章浩（1996）「ニュー・ライト思想とイギリスの行政改革——サッチャーリズムを中心として」『早稲田政治公法研究』第53号、203-230頁.
山本健太郎（2004）「韓国における政治改革立法と政党の動向」『レファレンス』第641号、36-56頁.

【韓国語文献】

〔以下の韓国語の文献は、著者名日本語表記の50音順に並べている。〕

〔著書〕

안해균［安海均］（1993）『정치학원론［政治学原論］』차산출판사［茶山出版社］.
이경서［李ギョンソ］（1997）『현대행정론［現代行政論］』조명출판사［朝明文化社］.
이극찬［李克燦］（1998）『정치학［政治学］』법문사［法文社］.
이종복 편［李ジョンボク編］（2009）『21세기 한국 정치의 발전 방향［21世紀韓国政治の発展方向］』서울대학 출판 문화원［ソウル大学出版文化院］.
이남극 외［李ナムクッほか］（2014）『대한민국 역대 정부 주요 정책과 국정운영: 제1권 이승만・장면 정부［大韓民国歴代政府主要政策と国政運営——第1巻李承晩・張勉政府］』（한국행정연구원［韓国行政研究院］）대영문화사［大栄文化社］.
이남극 외［李ナムクッほか］（2014）『대한민국 역대 정부 주요 정책과 국정운영: 제2권 박정희 정부［大韓民国歴代政府主要政策と国政運営——第2巻朴正熙政府］』（한국행정연구원［韓国行政研究院］）대영문화사［大栄文化社］.
이남극 외［李ナムクッほか］（2014）『대한민국 역대 정부 주요 정책과 국정운영: 제3권 전두환 정부［大韓民国歴代政府主要政策と国政運営——第3巻全斗煥政府］』（한국행정연구원［韓国行政研究院］）대영문화사［大栄文化社］.
이남극 외［李ナムクッほか］（2014）『대한민국 역대 정부 주요 정책과 국정운영: 제4권 노태우 정부［大韓民国歴代政府主要政策と国政運営——第4巻盧泰愚政府］』（한국행정연구원［韓国行政研究院］）대영문화사［大栄文化社］.
이남극 외［李ナムクッほか］（2014）『대한민국 역대 정부 주요 정책과 국정운영: 제5권 김영삼 정부［大韓民国歴代政府主要政策と国政運営——第5巻金泳三政府］』（한국행정연구원［韓国行政研究院］）대영문화사［大栄文化社］.
이남극 외［李ナムクッほか］（2014）『대한민국 역대 정부 주요 정책과 국정운영:

제6권 김대중 정부［大韓民国歴代政府主要政策と国政運営――第6巻金大中政府］』（한국행정연구원［韓国行政研究院］）대영문화사［大栄文化社］.

이남극 외［李ナムクッほか］（2014）『대한민국 역대 정부 주요 정책과 국정운영: 제7권 노무현 정부［大韓民国歴代政府主要政策と国政運営――第7巻盧武鉉政府］』（한국행정연구원［韓国行政研究院］）대영문화사［大栄文化社］.

이남극 외［李ナムクッほか］（2014）『대한민국 역대 정부 주요 정책과 국정운영: 제8권 이명박 정부［大韓民国歴代政府主要政策と国政運営――第8巻李明博政府］』「한국행정연구원［韓国行政研究院］」대영문화사［大栄文化社］.

이범준［李範俊］（2009）『헌법법원：한국 현대사를 이야기한다［憲法裁判所――韓国現代史を語る］』궁리출판［グンリ出版］.

임혁백［任爀伯］（2011）『1987년 이후의 한국 민주주의 3김정치시대와와 그 이후』高麗大学校出版部.

오연천 외［呉然天ほか］（2016）『세계화 시대의 국가정책［世界化時代の国家政策］』박영사［博英社］.

강근복 외［カン・クンボクほか］（2016）『정책학［政策学］』도서출판대영문화사［図書出版大永文化社］.

한국 정치학회［韓国政治学会］（2003）『한국 정치학회50년사：1953년～2003년［韓国政治学会50年史――1953年～2003年］』사단 법인 한국 정치학회［社団法人韓国政治学会］.

김일용 외［金イルヨンほか］（2001）『한국 정치와 헌정사［韓国政治と憲政史］』한국 정치외교사학회 편［韓国政治外交史学会編］、한울아카데미［ハンオルアカデミー］.

김준기 외［金ジュンキほか］（2006）『정책학 사례연구：한국 전력구조개혁 및 민영화의 정책비용［政策事例研究――韓国電力構造改革および民営化の政策費用］』대영문화사［大永文化社］.

김석준［金錫俊］（2002）『한국 대통령연구1［韓国大統領研究1］』도서출판대영문화사［図書出版大栄文化社］.

김성재［金成濟］（2005）『핵심정책학 강의［核心政策要点学講義］』한국 학술정보［韓国学術情報］.

김철수［金哲洙］（1993）『신판 헌법개설［新版 憲法概説］』박영사［博英社］.

김철수［金哲洙］（1995）『법과 정치［法と政治］』교육 과학사［教育科学社］.

김태영 편［金テヨン編］（1998）『국제정치학［国際政治学］』법률행정연구원［法律行政研究院］.

김도래 외［金トレほか］（2014）『정책학 사례연구［政策学事例研究］』한국정책학회［韓国政策学会］、대영문화사［大永文化社］.

김동근［金ドングン］（2004）『세계화와 공공부분개혁［世界化と公共部門改革］』

박영사［博英社］.
김유남［金ユナム］(2000)『의회정치론：비교 의회연구［議会政治論――比較議会研究］』삼영사［三英社］.
김유남 외［金ユナムほか］(2001)『한국 정치학 50년：정치사상과 최근 연구 분야를 중심으로［韓国政治学50年――政治思想と最近の研究分野を中心に］』한국 정치학회［韓国政治学会］、한울아카데미［ハンオルアカデミー］.
길종백 외［キル・ゾンベクほか］(2016)『정책학 사례연구［政策学事例研究］』도서출판대영문화사［図書出版大永文化社］.
김만흠［金萬欽］(2016)『민주화 이후의 한국정치와 노무현 정권』한울아카데미［ハンウルアカデミー］.
권기헌［權祈憲］(2008)『미래 예측학：미래예측과 정책연구에 관한 방법론 서설［未来予測学――未来予測と政策研究に関する方法論序説］』법문사［法文社］.
권기헌［權祈憲］(2012)『맞는（정의）국가는 무엇인가［正しい（正義）国家とは何か］』박영사［博英社］.
권기헌［權祈憲］(2014a)『행정학 콘서트［行政学コンサート］』박영사［博英社］.
권기헌［權祈憲］(2014b)『정책학의 논리［政策学の論理］』박영사［博英社］.
권기헌［權祈憲］(2014c)『정부혁명 4.0：따뜻한 공동체, 스마트한 국가［政府革命4.0――暖かい共同体、スマートな国家］』행복한에너지［幸福なエネルギー］.
권기헌［權祈憲］(2014d)『대한민국 비정상의 정상화：국가혁신, 정부 4.0, 정상화과제전략과 해결법은 뭔가［大韓民国異常の正常化――国家革新、政府4.0、正常化への課題戦略と解決法は何か］』행복한에너시［幸福なエネルギー］.
권기헌［權祈憲］(2014e)『민주주의정책학과 성찰적인 국정관리［民主主義政策学と省察的な国政管理］』박영사［博英社］.
권기헌［權祈憲］(2018a)『정책학 콘서트：정책학의 거장들의 인생과 사상［政策学コンサート――政策学の巨匠たち人生と思想］』박영사［博英社］.
권기헌［權祈憲］(2018b)『정책학의 향연：인문학거장의 정책학적 이유［政策学の饗宴――人文学巨匠の政策学的理由］』박영사［博英社］.
권기헌［權祈憲］(2018c)『정치학강의［政治学講義］』박영사［博英社］.
권기헌［權祈憲］(2019)『정책분석론［政策分析論］』박영사［博英社］.
사공영호［司空ヨンホ］(2017)『정부와 정책：창조 원리에 숨겨진 실패의 위험［政府と政策――創造原理に隠れた失敗の危険］』대영문화사［大栄文化社］.
주재현［朱宰賢］(2016)『정책과정론［政策過程論］』대영문화사［大永文化社］.
신종현 외［シン・ゾンヒョンほか］(1997)『한국의 정치학：현황이라고 전망［韓

国の政治学——現況と展望]』한국정치학회편［韓国政治学会編］、법문사［法文社］.
지병문 외［池秉文ほか］(2003)『현대 한국 정치가 새로운 인식［現代韓国政治の新しい認識]』박영사［博英社］.
최한수［崔漢秀］(1996)『한국 선거 정치론［韓国選挙政治論]』대왕사［大旺社］.
최장집［崔章集］(2002)『민주화이후의 민주주의：한국 민주주의의 보수적 기원과 위기［民主化以降の民主主義——韓国民主主義の保守的起源と危機]』휴머니스트［フマニスト］.
전강석［全カンソク］(2004)『한국 헌법론［韓国憲法論]』법문사［法文社］.
심지연 외［沈之淵ほか］(2007)『한국 정치제도의 진화 경로：선거・정당・정치자금제도［韓国政治制度の発展経路——選挙・政党・政治資金制度]』백산서당［白山書堂］.
정정길 외［鄭正佶ほか］(1989)『정책학 원론［政策学原論]』대명출판사［大明出版社］.
정정래［鄭ジョンレ］(2016)『정정래의 국회 의원 사용법［鄭ジョンレの国会議員使い方]』도서출판푸른손［図書出版ブルンソン］.
정진민［鄭ジンミン］(2008)『한국의 정당 정치와 대통령제 민주주의정치［韓国の政党政治と大統領制民主主義政治]』도서출판 인간애［図書出版人間愛］.
도일, 티모시 외［ドイル，ティモシーほか］『환경정치학［環境政治学]』(이유진 옮김［李ユジン訳］) 한울아카데미［ハンウルアカデミー］.
노재석［盧在錫］(2016)『민주주의의 입법 과정론［民主主義の立法過程論]』도서출판오름［図書出版オルム］.
박기병［朴基秉］(2019)『격동의 짐마차 차륜 언론 길 60년［激動する荷馬車の車輪の言論の道60年]』도서출판태봉［図書出版テボン］.
박천오 외［朴天悟ほか］(1996)『한국 관료제의 이해：현상과 변화［韓国官僚制の理解——現状と変化』법문사［法文社］.
박홍윤［朴ホンユン］(2012)『정책평가론：실제와 사례［政策評価論——実際および事例』도서출판대영문화사［図書出版大栄文化社］.
백인립 외［白インリプほか］(2016)『정책사례연구：보편적 복지제도의 형성：민족주의와 군사독재의 관점에서［政策事例研究——普遍的福祉制度の形成：民族主義と軍事独裁の観点から]』한국 정책학회편［韓国政策学会編］、대영출판사［大永文化社］.
백승기［白承起］(2010)『정치학원론［政治学原論]』대영문화사［大永文化社］.
한상범［韓相範］(1993)『한국법의 현재 (상)［韓国法の現在（上）]』중앙대학출판부［中央大学出版部］.

한반도사회경제연구회［韓半島社会経済研究会］(2008)『노무현 시대의 좌절 - 진보의 재구성을 위한 비판적 진단 - 』창비［チャンビ］.
함성득［咸成得］(2002)『미국 정부론［アメリカ政府論］』나남출판［NANAM 出版］.
함성득［咸成得］(2002)『대통령 비서 실장론［大統領秘書室長論］』나남출판［NANAM 出版］
함성득［咸成得］(2003)『대통령학［大統領学］』나남출판［NANAM 出版］.
헬러, 헤르만［ヘラー，ヘルマン］(2016)『바이마르헌법과 정치사상［ワイマール憲法と政治思想］』(김효전 옮김［金孝全訳］) 산지니［サンジニ］.
호광석［ホ・カンソク］(1996)『한국 정당체계분석：제헌 국회에서 제 14회 국회까지의 한국 정당체계의 환경과 구조［韓国政党体系分析――制憲国会から第4回国会までの韓国政党体系の環境と構造］』도서출판 들녘［図書出版トルリョク］.
홍득표［洪トクヒョ］(2007)『한국 정당개혁론：이론과 실제［韓国政党改革論――理論と実際］』학문사［学問社］.
민준기［閔俊基］(1996)『한국의 정치［韓国の政治］』나남출판［NANAM 出版］.
유병용 외［兪炳勇ほか］(1997)『한국 현대정치사［韓国現代政治史］』(한국 정치외교사학회 편［韓国政治外交史学会編］)、집문당［集文堂］.
윤운기［ユン・ウンキ］(2016)『정책학의 담론［政策学の談論］』박영사［博英社］.
윤대규［ユン・デキュ］(2001)『한국 정치와 헌정사：민주화와 헌법의 역할［韓国政治と憲政史――民主化と憲法の役割］』한울아카데미［ハンウルアカデミー］.
라스웰 외［ラスウェルほか］(1985)『권력과 사회［権力と社会］』(김하용 옮김［金河龍訳］) 법문사［法文社］.

〔論文〕

안현효［安ヒョンヒョ］(2007)「우리나라의 전력산업의 발전 방향：새자유 주의의 퇴조와 새로운 정책전환［我が国の電力産業の発展方向――新自由主義の退潮と新しい政策転換］」『사회경제평론［社会経済評論］』제32호［第32号］、299-333頁.
이종수［李ジョンスウ］(2008)「한국의 역대　행정부의 정책체제의 특징에 있어서의 고찰［韓国歴代行政府の政策体制の特徴における考察］」『한국 행정사립학교집［韓国行政私学集］』한성대학교［韓成大学校］、77-103頁.
강문구［カン・ムンク］(2002)「한국의 민주적공고화와 개혁의 한계 - 김영삼 정부를 중심으로［韓国の民主的鞏固化と改革の限界――金泳三政府の改革政策を中心としてⅠ」、『21세기 정치학회보［21世紀政治学会報］』제12집

1호［第12集1号］、11－13頁。
강문구［カン・ムンク］(2012)「한국의 민주적 공고화와 개혁의 한계：김영삼 정부의 개혁정책을 중심으로［韓国の民主的な強固化と盧武鉉政府——貢献と限界］」『21세기 정치학회보［大韓政治学会報］』제12집 2호［第12集第2号］、263-283頁.
김명규［金明圭］(1995)「선거 제도에 관한 연구［選挙制度に関する研究］」『단국법학［檀國法学］』단국대학교［檀國大學校］、27-55頁.
최봉기［崔鳳基］(1988)「정책의제　형성의 유형별 의제형성 과정의 특징분석［政策議題形成の類型別議題形成過程の特徴分析］」『한국공공관리학보［韓国公共管理学報］』2호［2号］、한국공공관리학회［韓国公共管理学会］、181-212頁.
정정길［鄭正佶］(1979)「한국 에서의 정책연구：제약과 방향［韓国における政策研究——制約と方向］」『한국정치학회보［韓国政治学会報］』제13호［第13号］、137-152頁.
정정길［鄭正佶］(1994)「관료와 정책결정 구조：김영삼 정부의 경제 정책 관리를 중심으로［官僚と政策決定構造——金泳三政府の経済政策管理を中心に］」『한국 행정학회학술대회발표 논문집［韓国行政学会学術大会発表論文集］』한국 행정학회［韓国行政学会］、255-283頁.
하연섭［ハ・ヨンソプ］(2003)「정책 아이디어와 제도변화：우리나라에서의 신자유 주의의 해석과 적용을 중심으로［政策アイディアと制度変化——我が国での新自由主義の解釈と適用を中心に］」『행정논총［行政論叢］』제44집 제4호［第44巻第4号］、1-27頁.
유훈［兪焄］(1993)「한국의 참가자별 정책과정의 특징［韓国の参加者別政策過程の特徴］」『행정논총［行政論叢］』제32권2호［第31巻第2号］、128-152頁.

〔未刊行の博士論文・修士論文〕

이은정［李銀静］(2002)「국민건강보험정책 형성과정에 관계하는 연구：의료보험 통합 단일화 과정을 중심으로［国民健康保険政策形成過程に関する研究——医療保険統合一本化過程を中心に］」(석사논문［修士論文］) 경남대학교행정대학원［慶南大学校行政大学院］.
이창헌［李チャンホン］(2018)「1공화국기 권력구조 갈등 연구：헌법 제정, 1, 2차 개헌과정 중심으로「第一共和国期の権力構造をめぐる葛藤の研究——憲法制定、1・2次改憲の過程を中心に」(석사논문［修士論文］) 부산대 대학원 정치외교학과［釜山大学大学院政治外交学科］.
이한수［李ハンス］(2005)「공직선거법상의 지방선거 제도개선에 관한 연구：선거 활동으로부터 드러나는 문제점과 그 개선 방안을 중심으로［公職選挙

法上の地方選挙制度改善に関する研究——選挙運動から現れる問題点とその改善方案を中心に]」(석사논문 [修士論文]) 고려대학교법무대학원 [高麗大学校法務大学院].

이호동 [李ホドン] (2009)「전력 산업 구조 개편의 노동조합 대응에 관한 연구 [電力産業構造改編の労働組合の対応に関する研究]」(석사논문 [修士論文]) 고려대학교노동 대학원 [高麗大学校労働大学院].

이홍윤 [李洪允] (2000)「사회복지정책 결정과정 참가자의 역할에 관한 연구 : 김영삼 정부와 김대중 정부의 비교를 중심으로 [社会福祉政策決定過程参加者の役割に関する研究——金泳三政府と金大中政府の比較を中心に]」(박사논문 [博士論文]) 성균관대학교대학원행정학과 [成均館大学校大学院行政学科].

이영찬 [李永燦] (2003)「한국 사회복지 정책결정에 관한 연구 : 의료보험통합 정책결정 과정을 중심으로 [韓国社会福祉政策決定に関する研究——医療保険統合政策決定過程を中心に]」(박사논문 [博士論文]) 경남대학교행정대학원 [慶南大学校行政大学院].

강진한 [カン・ジンハン] (2003)「공기업민영화의 영향 요인에 관한 연구 : 한국 전력공사를 중심으로 [公企業民営化の影響要因に関する研究——韓国電力公社を中心に]」(석사논문 [修士論文]) 중앙대학교 행정학과행정학 전공 [中央大学校行政学科行政学専攻].

김진종 [金シンジョン] (2011)「한국 전력산업의 구조개편 성과에 관한 연구 [韓国電力産業の構造改編成果に関する研究]」(박사논문 [博士論文]) 서울 과학기술대학교 에너지 환경대학원 [ソウル科学技術大学校エネルギー環境大学院].

김상선 [金相善] (1990)「한국의 국회의원 선거 제도에 관한 연구 [韓国の国会議員選挙制度に関する研究]」(박사논문 [博士論文]) 조선대학교대학원 [朝鮮大学校大学院].

김지탁 [金知濯] (2013)「한국의 국회 의원 선거 제도변화 요인분석 : 신제도주의의 관점에서 [韓国の国会議員選挙制度変化要因分析——新制度主義の観点から]」(박사논문 [博士論文]) 경북대학교대학원 [慶北大学校大学院].

김호윤 [金ホウユン] (2015)「국민의료보험통합 정책변동 과정연구 : 정책흐름 수정 모델에 적용 [国民医療保険統合政策変動過程研究——政策流れ修正モデルに適用]」(박사논문 [博士論文]) 명지대학 대학원행정학과 [明知大学大学院行政学科].

고영주 [高ヨンジュ] (2009)「한국의 전력 산업 구조 개편의 노사관계의 변화 : 영국과의 비교 연구 [韓国の電力産業構造改編の労使関係の変化——イギリスとの比較研究]」(석사논문 [修士論文]) 고려대학교노동 대학원 [高麗大

学校労働大学院].
추성욱 [秋星旭] (2000)「민영화이후의 소유 구조정률방안연구 : 한국 전력공사를 중심으로 [民営化以降の所有構造定律方案研究——韓国電力公社を中心に]」(석사논문 [修士論文]) 연세대학교행정대학원 [延世大学校行政大学院].
조상진 [ジョ・サンジン] (2013)「대통령단임제의 개헌 과정에 관한 입헌론적 고찰 [大統領単任制の改憲過程に関する立憲論的考察]」(박사논문 [博士論文]) 경기대학교정치전문대학원 [京畿大学校政治専門大学院].
조승민 [趙承民] (2004)「민주화가 한국의 이익집단정치에의 영향에 관한 연구: 민주화 이행 양식을 중심으로 [民主化が韓国の利益集団政治への影響に関する研究——民主化移行様式を中心に]」(박사논문 [博士論文]) 숭실대학교 대학원 [崇實大學校大学院].
여인동 [ヨ・インドン] (2009)「한국 전력 산업 구조 개혁의 정치경제적動배움 [韓国電力産業構造改革の政治経済的動学]」(석사논문 [修士論文]) 서울대학교 대학원 [ソウル大学校大学院].

【英語文献】

〔著書〕

Armstrong, Charles K. (2007). *Korean Society: Civil Society, Democracy and the State*. 2nd ed., New York: Routledge.
Bedeski, Robert E. (1994). *The Transformation of South Korea: Reformation and Reconstruction in Six Republic under Noh-Tae Woo, 1987-1992*, London: Routledge.
Cole, David C., and Princeton N. Lyman (1971). *Korean Development*, Cambridge: Harvard University Press.
Common, Ricahrd (2001). *Public Management and Policy Transfer in Southeast Asia*, London: Taylor and Francis
Hahm, Pyong-Choon (1967). *The Korea Political Tradition and Law: Essays in Korean Law and Legal History*, Seoul, Korea: Hollym Corporation Pubilshers.
Henderson, Gregory (1968). *Korea: The Politics of the Vortex*, Cambridge: Harvard University Press.
Helgesen, Geir (1998). *Democracy and Authority in Korea: The Cultural Dimension in Korean Politics*, London: Curzon.

Hinton, Harold C. (1983). *Korea Under New Leadership: The Fifth Republic*, Westport, CT: Praeger...

Hyug, Baeg Im (2020). *Democratization and Democracy in South Korea, 1960–Present.*, Palgrave: Macmillan

Kihl, Young Whan (1984). *Politics and Policies in Divided Korea: Regimes in Contest*, Boulder: Westview Press.

Kim, Hak-Joon (1977). *The Unification Policy of South and North Korea*, Seoul: Seoul National University Press.

Kim, Hpyon, and Young Whan Kihl eds. (1988). *Political Change in South Korea*, N.Y.: Korean PWPA.

Kingdon, John W. (1996). *Agendas, Alternatives, and Public Policies*, Boston: Little, Brown.

Lee, Hahn-Been (1968). *Korea: Time, Change and Administration*, Honolulu: East-West Center Press.

McNamara, Dennis L. (1999). *Corporatism and Korean Capitalism*, London: Routledge.

Moon, Chung-in, and Jongryn Mo (1999). *Democracy and the Korean Economy*, Stanford: Hoover Institution Press.

Nahm, Andrew C. (1988). *Korea: Tradition and Transformation*, Seoul: Hollym.

Nam, Koon-Woo (1989). *South Korean Politics*, Lanham: University Press of America.

Norman, Jacobs (1985). *The Korean Road to Modernization and Development*, Champaign: University of Illinois Press.

Oh, John Kie-chiang (1968). *Korea Democracy on Trial*, Ithaca: Cornell University Press.

Pea, Sung M. (1986). *Testing Democratic Theories in Korea*, New York: Lanham: University Press of America.

Sabatier, Paul A. ed. (2018). *Theories of the Policy Process*, New York: Westview Press.

Wright, Edward R. ed. (1975). *Korean Politics in Transition*, Seattle: University of Washington Press.

〔**論文**〕

Koo, Hagen (1993). "The State, Minjung, and the Working Class in South Korea" in, Hagen Koo ed., *State and Society in Contemporary Korea*, Ithaca: Cornell University. pp. 1–11.

【インターネットサイト一覧】

・大韓民国国会（www.assembly.go.kr）
・産業資源部（http://www.motie.go.kr/www/main.do）
・行政安全部（http://www.mois.go.kr/）
・韓国法制研究院（http://elaw.klri.re.kr/kor_service/struct.do）
・法制処（http://www.moleg.go.kr/）
・国会法律情報システム（http://likms.assembly.go.kr/）
・ワウソウル（http://www.wowseoul.jp/map/）

現代韓国政治の解明——民主化前期の政策過程を中心として

2022年9月17日　初版第1刷発行

著　者　洪　性　暢
発行者　洪　性　暢
発行所　株式会社 WORLD DOOR
〒160-0022 東京都新宿区新宿3－23 －5 新東ビル7Ｆ
Tel. 03-6273-2874　Fax. 03-6273-2875

印刷・製本　中央精版印刷株式会社

ISBN978-4-910302-04-1